KiWi 124

Katharina Rutschky
Deutsche Schul-Chronik

Katharina Rutschky

Deutsche Schul-Chronik

Lernen und Erziehen in vier Jahrhunderten

Kiepenheuer & Witsch

Umschlag Hannes Jähn, Köln
Gesamtherstellung Clausen & Bosse, Leck
ISBN 3 462 01827 2

I.

Sehr verschiedene Lehrpersonen

Ein Hauslehrer (1838). J. Gailer, Neuer Orbis Pictus für die Jugend. Reutlingen 1838

Kommentar

Das auffälligste Merkmal aller Lehrpersonen ist ihre Individualität, das Übergewicht, das der Person im Guten wie im Bösen in einer Zeit zukommt, die das Unterrichtswesen nur schwach institutionalisieren und kontrollieren kann. Vom 16. bis zum 19. Jahrhundert ist das Lehrpersonal bunt und nicht unbedingt zuverlässig – auch wenn es vielleicht die Ausnahme ist, daß die Lehrer am Salzwedeler Gymnasium regelmäßig eine Stunde zu spät zum Unterricht erschienen, der darüber hinaus in völlig verdreckten Räumen stattfinden mußte. Das erinnert Wilhelm Harnisch (1787–1864) aus seiner Schulzeit um 1800. Andererseits mochten viele von der Laxheit der Lehrer auch profitieren. Jahrelang pflegte Paul Heyse (1830–1914) während des Mathematikunterrichts zu zeichnen. Sein Lehrer tolerierte das nicht nur, er schrieb ihm bei der schriftlichen Abiturprüfung auch noch die Aufgabenlösungen aufs Papier!
Jeder kann bis ins 19. Jahrhundert hinein Dorflehrer werden, bzw. richtiger: Er wird es nicht aufgrund einer Ausbildung, sondern er wird von der Gemeinde, mit der er einen Vertrag über seine Rechte, Pflichten und vor allem Einkünfte abschließt, ernannt. Vorher ging eine Prüfung seines Charakters, Lebenswandels und der Fähigkeiten im Lesen, Schreiben, Singen, die aber nicht allzu streng sein konnte, weil die Hungerleiderexistenz des Lehrers nur von wenigen, besitzlosen, einkommensschwachen Handwerkern oder gestrandeten Subjekten gesucht wurde. Die Ausbildung an einem Lehrerseminar setzte sich erst langsam im 19. Jahrhundert durch. In Bremen qualifizierte sich der künftige Lehrer durch Lehrlingschaft bei einem älteren, ehe 1858 das Seminar eingerichtet wurde, und so wurde es an vielen Orten gehalten. Trotzdem gab es seit dem 18. Jahrhundert erstaunlich vielseitig gebildete und pädagogisch ehrgeizige Dorflehrer, denn dieser Beruf war der einzige, der wissensdurstigen Jungen aus dem Volk eine gewisse Befriedigung ihrer Interessen versprach.
In den Städten wird das Unterrichten in den Elementarkenntnissen auf zünftiger oder freier unternehmerischer Basis betrieben. In Nördlingen gab es 1597 sechs sog. »Deutsche Schulen« – neben einer städtischen Lateinschule – auf die sich 570 Mädchen und Buben verteilten. In der größten saßen 200, in der kleinsten 30 – ein deutlicher Beleg für die Konkurrenz unter den Lehrern. Allein vom Schulgeld, das sie selbst eintreiben mußten, bestritten sie den Unterhalt und finanzierten die Schuleinrichtung. Unter diesen Lehrern finden sich auch öfter Frauen, meist Lehrerwitwen, denen man die Fortsetzung des Lehrhandwerks gestattete. Sonst tauchen Frauen nur in unter- bzw. der Schule vorgeordneten Bereichen auf, als Klippschullehrerinnen, die das Stillsitzen, Buchstabieren,

einige Bibelsprüche und Lieder lehren sollten; oder als Strick- und Nählehrerinnen, die am schulfreien Mittwochnachmittag der weiblichen Schuljugend Fertigkeiten beibrachten, deren Vermittlung man eher dem häuslichen Unterricht durch die Mutter zugetraut hätte.

Die Lehrer an Lateinschulen und Gymnasien waren in der Regel Theologen oder richtiger, Leute, die eine Pfarrstelle anstrebten, sie aber erst spät oder gar nicht erhielten. Preußen hat 1810 zuerst eine spezielle Prüfung für das Lehramt an Gymnasien eingeführt. Die Geprüften waren – wie es dem Unterrichtsschwerpunkt dieses Schultyps entsprach – in den alten Sprachen qualifiziert. Wie jedoch modernere Fächer, Naturwissenschaften, Mathematik, selbst Geschichte, Französisch oder Literatur betrieben wurden, hing ganz von der persönlichen Neigung und der selbständigen Fortbildung des Lehrers ab. Überhaupt ist die Persönlichkeit des Lehrers, sein Charakter, eher als sein Wissen oder seine zufälligen pädagogischen Talente ein Bildungsfaktor ersten Ranges. Wie sollte man es sich sonst erklären, daß viele Verfasser von Autobiographien nach Jahrzehnten noch in der Lage sind, präzise Schilderungen ihrer Lehrer zu liefern, ganze Schulkollegien (sie waren natürlich kleiner als heute) in ihrer Besonderheit zu beschreiben? Lebenslange Beziehungen und Freundschaften mit ehemaligen Lehrern kommen sehr häufig vor. Das Gewicht, das der Lehrerpersönlichkeit auch im Schulbetrieb zukam, erklärt aber auch, weshalb das Bild des Lehrers so oft als Karikatur gezeichnet wird. An ihren Lehrern studierten viele Generationen von Kindern zuerst die Menschheit.

Das Gewicht des Persönlichen wiegt noch schwerer bei jenen Präzeptoren, Hofmeistern, Hauslehrern, Kinderfräuleins und Gouvernanten, die in adligen und wohlhabenden Familien Erziehung und Unterricht der Kinder leisteten, oft so ausschließlich, daß die Eltern für die Entwicklung kaum noch Bedeutung hatten. Wer sich Hauslehrer oder Gouvernante nicht leisten konnte, gründete oft, wie der Vater Friedrich Bodenstedts (1819–92) in Peine, einen Unterrichtszirkel mit anderen Eltern. Goethes Vater war wohlhabend genug, die Unterrichtung seiner beiden Kinder selbst zu beaufsichtigen, und bediente sich zu seiner Durchführung einer langen Reihe sehr spezifisch qualifizierter Personen, nicht unbedingt von Lehrern. Für Mädchen bestand die Chance, eine höhere Schulbildung zu erhalten, ohnehin nur im Privatunterricht. Die Möglichkeit, Bildungsprozesse spontaner zu improvisieren, auch individuelle Neigungen eines Kindes spezieller zu fördern, war natürlich den Wohlhabenden vorbehalten. Auch ist zu bedenken, daß das Leben der (in der Regel) unverheirateten Hauslehrer und Gouvernanten harten Einschränkungen unterworfen war. In jedem Fall kam mit dem Sieg des Berechtigungswesens in der 2. Hälfte des 19. Jahrhunderts und den standespolitischen Erfolgen der Lehrerschaft das Ende einer pädagogischen Ära, in der Personen wichtiger waren als alles andere.

Literatur:

E. Mentzel, Wolfgang und Cornelia Goethes Lehrer, Leipzig 1909

L. Fertig, Die Hofmeister. Ein Beitrag zur Geschichte des Lehrerstandes und der bürgerlichen Intelligenz, Stuttgart 1979

I. Brehmer, Hrsg.: Lehrerinnen. Zur Geschichte eines Frauenberufs, München 1980

A. LaVopa, Prussian Schoolteachers. Profession and Office 1763–1848, Chapel Hill 1980

Zürich usw., um 1517

Fahrende Schüler und Wanderlehrer

Da war einer aus Wallis von Visp, hieß Antonin Venetz, der wiegelte mich auf, wir wollten miteinander gen Straßburg ziehen. Da wir gen Straßburg kamen, waren gar viele arme Schüler da und, wie man sagt, nicht eine gute Schule. Zogen wir auf Schlettstadt zu ...

Da wir nun in die Stadt kamen und Herberge hatten bei einem alten Paar Ehevolk – und war der Mann stockblind – da gingen wir zu meinem lieben Herrn Präzeptor selig, Herrn Johannes Sapidus, baten ihn, er sollte uns annehmen. Fragte uns, von wo wir wären. Als wir sagten: aus dem Schweizerland, von Wallis, sprach er: da sind leichtfertige böse Bauern, jagen alle ihre Bischöfe aus dem Land. So ihr weidlich wollt studieren, braucht ihr mir nichts zu geben, wo nicht, so müßt ihr mich zahlen oder ich will euch den Rock vom Leib ziehen. Das war die erste Schule, wo mich deucht, daß es recht zuging ... Als ich nun in die Schule kam, konnte ich nichts, noch nicht den Donat lesen; war doch schon 18 Jahre alt; setzte mich zu den kleinen Kindern, war eben wie eine Kluckhenne unter den Hühnlein. An einem Tag las Sapidus seinen Schülern vor, sprach, ich habe viele barbara nomina, ich muß sie einmal ein wenig lateinisch machen. Hernach las er aber, da hatte er mich aufgeschrieben erstlich als Thomas Platter, meinen Gesellen als Antonin Venetz; die hat er umgewandelt in Thomas Platerus, Antonius Venetus und sprach: wo sind die zwei? Da wir aufstanden sprach er: Pfui! das sind zwei so räudige Schützen und haben so hübsche Namen! Und das war auch zum Teil wahr, besonders mein Geselle, der war so räudig, daß ich ihm manchen Morgen das Bettuch vom Leib, wie einer Geiß die Haut ziehen mußte, denn ich war die fremde Luft und Speise besser gewöhnt als er.

Als wir jetzt von Herbst bis auf Pfingsten dort gewesen waren und noch immer mehr Schüler von allenthalben zugereist kamen, konnte ich uns nicht mehr wohl ernähren. Zogen wir weg nach Solothurn. Da war eine ziemlich gute Schule, auch bessere Nahrung, aber man mußte so gar viel in der Kirche stecken und Zeit versäumen, so daß wir heim zogen. Und ich blieb eine Weile daheim, ging zu einem Herrn in die Schule, der lehrte mich ein wenig Schreiben und ander, ich weiß schier nicht was ... In derselben Zeit lehrte ich meiner andern Base Büblein (das hieß Simon Steiner) das ABC in einem Tag, der kam nach einem Jahr zu mir nach Zürich ... Im folgenden Frühling zog ich mit zwei Brüdern wieder aus dem Land ... Und blieben sie zwei im Entlebuch, ich aber ging nach Zürich ... Und ging zum Frauenmünster in die Schule. Da war ein Schulmeister, der hieß Meister Wolfgang Knöwell von Barr bei Zug, war Magister Parisiensis, den man zu Paris genannt hat grand diable. Er war ein großer, redlicher Mann, hatte aber der Schule nicht viel acht, sah mehr, wo die hübschen Mädchen waren, derer er

sich kaum erwehren konnte. Ich hätte gern studiert, denn ich konnte verstehen, daß es Zeit war.
Zur selben Zeit sagte man, es würde ein Schulmeister von Einsiedeln kommen, der wäre vorher zu Luzern gewesen, ein gar gelehrter Mann und getreuer Schulmeister, aber schrecklich wunderlich. Da machte ich mir einen Sitz im Winkel, nicht weit von des Schulmeisters Stuhl, und dachte, in dem Winkel willst du studieren oder sterben. Als er nun kam ... sprach er: das ist eine hübsche Schule, denn sie war erst kürzlich neu gebaut, aber mich dünkt, es sind ungeschickte Knaben; doch wir wollen sehen; wendet nur guten Fleiß an! Da wußte ich, hätte es mein Leben gegolten, ich hätte nicht ein nomen primae declinationis deklinieren können; und konnte doch den Donat auswendig auf den Nägeln. Denn als ich in Schlettstadt war, hatte Sapidus einen Baccalaurium ... der vexierte die Bacchanten so jämmerlich übel mit dem Donat, daß ich gedacht hatte: ist es denn so ein gutes Buch, so willst du es auswendig studieren; und indem ich es lesen lernte, studierte ich ihn auch auswendig. Das kam mir bei dem Patre Myconio zugute ... Da ist er oft mit mir umgegangen, daß mein Hemdlein naß geworden ist, ja auch das Sehen ist mir vergangen, und doch hat er keine Streiche gegeben, höchstens mit der linken Hand an die Backe. Wenn er aber auch rauh mit mir war, führte er mich heim und gab mir zu essen, denn er hörte gern erzählen, wie ich alle Länder in Deutschland ausgelaufen hatte und wie es mir allenthalben ergangen war, das wußte ich dazumal noch gut.

73, 63 ff.

Tübingen 1531 ff.
Der Präzeptor

Herr Froben Christof von Zimmern ist in seiner Jugend von dem älteren Philipp von Mespelbrunn, auch seinem Gemahl, der alten Gräfin von Werdenberg, erzogen worden bis in das zwölfte Jahr seines Alters. Seine Ahnfrau ließ ihn anno 1526 zu Aschaffenburg firmen; geschah von Erzbischof von Kurfürsten von Mainz ... Hiezwischen man ihm zu Mespelbrunn, auch Aschaffenburg, etliche Jahre einen Präzeptor gehalten, war ein Kanonikus auf dem Stift zu Aschaffenburg, hieß Herr Johann Blumenschein, ein gelehrter und verständiger Priester, der ihn die Grammatik und anderes, so diesem Alter füglich und gehört, unterwiesen ... Als nun der junge Herr das zwölfte Jahr erreicht, ward er von seinem Herrn Vater heim gefordert, das Vorhabens, ihn samt seinem älteren Sohn, Herrn Johann Christof, dem Domherrn zu Straßburg, gen Tübingen auf die Hochschule zu schicken. Also schied der junge Herr am Freitag nach Pfingsten im Jahr 1531 von Mespelbrunn, kam an Unser Herrgottsabend nach Sigmaringen. Es kam auch denselben Abend dahin der große Graf von Tengen, Graf Christof, mit seinem Gemahl, der Gräfin von Zollern, und hielt der alt Graf Christof von Werdenberg ein großes Fest des andern Tags. Sobald aber derselbe alte Herr den jungen, seinen Vetter, ansieht und vermerkt, daß er ein lang Rapier trug, konnte es nicht unberedet lassen, wie sein Manier war, und als er ihn gegrüßt, spricht er in Schimpf zu den Umstehenden: »Sommer die feifel! Ich seh ihm an, er tut nimmer gut. Was tust, Vetter,« spricht er, »mit dem langen Schwert? Hängst du am Schwert, oder das Schwert an dir?« Es war aber ein Rapier, das hatte Philipp von Reifenberg der Jüngere diesem jungen Herrn geschenkt ...

Hiezwischen ward Herr Johann Christof, der Domherr von Straßburg, herauf erfordert ... bracht er ein Präzeptor mit sich von Straßburg, ein Magister, genannt Christof Mathias, ein gelehrter Mann, hatte etliche Jahr davor zu Wittenberg studiert und war gebürtig von Lauterburg ... Den haben beide junge Herren hernach zehn Jahre lang, bis anno 1541, bei sich behalten.

Also blieben die zwei jungen Herrn nicht lang daheim, sondern wurden gleich mit dem Präzeptor gen Tübingen geschickt ... Und als der Herr Präzeptor alle Sachen für das Studieren gerichtet, darzu dann neben anderm Bücher gehörten, wie er aber dem alten Herrn darum schrieb und Bescheid begehrt, Bücher zu kaufen, ward ihm die Antwort, es wäre nicht vonnöten, viele Bücher zu kaufen und also unnötig die Kosten hinaufzutreiben, so die Herren hätten ein Buch oder zwei ausgelernt und es wohl kennten, sollte er ihnen alsdann andere kaufen.

Es waren die Herren noch nicht zwei Monate dargewesen, da begehrte der alte Herr, ihr Präzeptor sollte ihm die Rechnung aller aufgelaufenen Kosten, der gewöhnlichen und außerordentlichen zuschicken. Das geschah. Über wenige Tage kam die Rechnung wieder samt einem Schreiben: »Bei welchen Posten sie ein Ringlein finden, das hätte wohl mögen erspart werden.« Wie man die Rechnung eröffnet, waren es wenig Posten, die nicht bezeichnet waren. Zeig ich allein darum an, wie es einst so knapp zugegangen ist; was man aufs Studium verwendet hat, das ist alles zuviel gewesen, sonst ist daneben vertan worden, fast alles was da ist.

98, Bd. 3, 76 ff.

Stadthagen, 1730
Unheimliches Betragen von Rektor und Kantor

Der einzige, der mir die Schule unangenehm machte, war der Rektor Meinecke, ein langer, hagerer und mürrischer Mann, und zwar um des Vorfalls willen. Die ganze Schule war zu der Versetzungszeit in dem großen Hörsaal beisammen, und ich kam auf einer der letzten Bänke vorn an zu sitzen. Der Rektor ging in dem Zimmer also hin und her, daß er seinen alten, kahlen und sehr befleckten schwarzen Mantel um sich her, und selbst über den untern Teil des Gesichts schlug, vermutlich weil es in dem Zimmer, welchen keinen Ofen hatte, kalt war. Seine Gestalt kam mir so sonderbar, oder vielmehr so fürchterlich vor, daß ich ihn immer ansah. Als er dieses schon oft bemerkt hatte, fragte er mich, in plattdeutscher Sprache, willst du mir was? Und da ich antwortete, nein! so erwiderte er, so will ich dir was, und in dem Augenblick, da er dieses sagte, rauschte seine knöcherne rechte Hand aus dem Mantel hervor, und fuhr so heftig in mein Gesicht, daß mir Hören und Sehen verging. Diese unerwartete Begegnung machte mir den Mann so schrecklich, daß ich beständig vor ihm zitterte.

Desto freundlicher und liebreicher war der unterste Lehrer der Schule, Johann Cornelius Walther, zu dem ich gern in die Klasse ging, der aber doch einmal eine Härte an mir ausübte, die mir beinahe das Leben, wenigstens die Gesundheit, gekostet hätte. Ich mußte des Sonntags nachmittags in der Kirche mit in den Katechismusunterricht des Predigers gehen, ob mir gleich das lange und müßige Stehen in der Mitte der Kirche beschwerlich und unangenehm war. Auf einer Seite standen die Knaben, und auf der andern die Mädchen. Es fügte sich einmal, daß meine Cousine, Freundin und Mitgesellin, Sophie Eleonore Büsching ... gerade gegen mir über stand, und wir verabredeten durch Gebärden mit dem Kopf, durch Gesicht und Hände, Spielwerke, die wir nach der Kirche vornehmen wollten. Dieses sahe der Kantor Walther von dem Chor, und ärgerte sich heftig darüber. Anstatt bis auf den folgenden Tag zu warten, um mich in der Schule mit der Rute zu bestrafen, schlug er, beim Beschluß des Gottesdienstes in der Kirche, mit Fäusten und mit dem Gesangbuch so stark und lange von allen Seiten an meinen Kopf, daß er dick anschwoll, und ich ganz unkenntlich nach Hause kam, ich ward auch Monate lang täglich oftmals von der Epilepsie befallen. Mein Vater vergrößerte durch Drohnungen die Furcht und Angst, die der Kantor über seine große Unbedachtsamkeit und Unvorsichtigkeit empfand; ich aber, nachdem ich endlich den gefährlichen Zustand, in welchen ich geraten war, überstanden hatte, und der Kantor sich wieder sehr liebreich gegen mich betrug, liebte ihn so wie vorher ...

14, 3 f., 2

Weimar, 1768 ff.
Zehn Jahre mit Kandidat Restel, dem Hofmeister

Zuerst erhielt ich einen Magister Senfting, der ein gar lustiger Bursche, wahrscheinlich alles mit mir spielend treiben wollte, mit mir auf der Erde herumkroch, mich auf sich reiten ließ (Ich war sechs Jahre alt) usw. Aber ich lernte nichts dabei ... Nun bekam ich aber einen andern Erzieher von ganz entgegengesetzter Art, der 10 Jahre bei mir blieb und dessen Einfluß für mein ganzes Leben, und nicht bloß für meine Studien, sondern auch für meinen Charakter, entscheidend gewesen ist. Es war ein Kandidat der Theologie Restel aus Zürbig, schon über 30 Jahr und schon seit 6 Jahren Hofmeister, ein ernster, strenger, hagerer, wenig sprechender Mann, mit einer Habichtsnase, ja einem völlig ciceronianischen Gesichte ... Er war ein Schüler Ernestis in Leipzig, philosophisch und theologisch gründlich gebildet, aufgeklärt, insofern dies Freiheit von allem Aberglauben und Mystizismus heißt, aber festhaltend an lutherischen Bibelglauben und an den Grundsätzen der alten strengen Erziehung. Er nannte mich Er, sprach außer den Schulstunden wenig mit mir, freundliche Worte oder Mienen waren Seltenheiten, Lachen kam gar nicht vor. Unbedingter Gehorsam, Verbot alles Widerspruchs, pünktliche Beobachtung der Schulstunden, Auswendiglernen (besonders von lateinischen Vokabeln), anhaltender Fleiß und Beschäftigung, genaue Beobachtung von Zeit und Ordnung, und bei Übertretungen strenge Verweise, selbst körperliche Züchtigungen, das waren die Grundzüge. Die Einteilung des Tages war folgende: Früh 6 Uhr aufgestanden, dann ein Frühstück, halb 9 Uhr Butterbrot oder Obst, von 9–12 Uhr Schule, dann Mittagessen, nachher bis 3 Uhr Bewegung im Garten oder Hause, von 3–5 Uhr Schule, dann Vesperbrot von Obst oder Brot mit Salz oder ein wenig Zucker, dann Spaziergang im Webicht oder im Winter oder bei schlechtem Wetter eine Selbstbeschäftigung, um 7 Uhr frugales Abendessen (eine Suppe, mit Brot, entweder mit Obst oder Butter oder Mus oder Möhrensaft). Dann bei den Geschwistern und von 8 bis 9 Uhr bei dem Vater mit den Schwestern, wo ich gewöhnlich etwas vorlesen mußte, dann wieder zum Hofmeister auf dessen Zimmer, hier noch lesen oder auswendiglernen. Gewöhnlich übermannte mich der Schlaf, dann mußte ich stehen, aber auch im Stehen schlief ich oft ein. Dann zu Bette, in welchem ich die Hände falten und den lutherischen Abendsegen nebst Vaterunser beten mußte ...

Die Einrichtung in der Schule, wobei auch die Schwestern größtenteils gegenwärtig waren, war folgende. Zuerst jeden Tag ein Kapitel in der Bibel von Anfang an gelesen ... dann Theologie nach einem von Restel selbst aufgesetzten streng dogmatischen Entwurf in Fragen und Antworten, – alles, besonders die Sprüche auswendig zu lernen. Dann Latein und in der Folge noch Griechisch.

Hierbei hatte er eine sehr gute Methode. Die besten Autoren wurden kursorisch durchgelesen, dann schriftlich ins Deutsche übersetzt (wobei zugleich die deutsche Orthographie und Stil korrigiert wurden) und dann Rückübersetzung ins Lateinische. So habe ich eine Menge Autoren ganz durchgelesen. Die alten Sprachen waren die Hauptsache des Unterrichts. Nebenbei Geschichte, Geographie und Naturgeschichte ...
Gesellschaft hatte ich nur Sonntags nachmittags und auch da nicht immer. Es waren die jungen Leute der Familien, welche auch Hofmeister hatten, Seidlers, Kotzebues, Lynker, Wilken, im Winter Witzleben. Hier wurde im Sommer im Garten oder auf Spaziergängen geturnt, Ball geschlagen, Krieg gespielt, im Winter besonders auf kleinen Theatern mit selbstverfertigten Figuren Komödien aufgeführt oder Professor gespielt, wobei ich besonders viel Beifall fand. Einer, nachdem er sich vorher einen Buckel und lächerlichen Anzug gemacht hatte, bestieg einen Stuhl und unterhielt nun die anderen, die herumsaßen, mit Späßen und Schnurren ... Währenddessen saßen die Hofmeister im Nebenzimmer und unterhielten sich bei Bier und Tabak über gelehrte Gegenstände.

41, 27ff.

BERLIN, 1769

Ein Kinderfräulein gesucht!

Eine adlige Herrschaft außer Berlin verlangt eine Person weiblichen Geschlechts, die im Christentum gegründet, wenigstens geschriebene Schrift lesen kann und der französischen Sprache mächtig ist, zur Aufsicht kleiner Kinder in ihre Dienste. Wer gesonnen ist, in diese Dienste zu gehen, kann nähere Nachricht bey dem Kaufmann Herrn Rhau in der Stralauer Straße empfangen. (*Vossische Zeitung*)

13, Bd. 3, 165

Knauthain, um 1775

Herr Weyhrauch, der Lehrer, Bienenvater und Spargelzüchter

Bei meinem Herr Paten, dem Schulmeister Held in Posern, hatte ich für einen Phönix im Lernen gegolten; hier bei dem Weyhrauch in Knauthain galt ich für einen ausgemachten Dummkopf... Er hatte seine liebe Not mit mir, und ich mit ihm. Ich glaubte zwar seiner Aburteilung über meine Dummheit nicht ganz, war aber doch ganz verblüfft, daß ich dem Manne durchaus gar nichts zu Danke machen konnte... Wer zuerst etwas Ätherisches in mir entdeckte, war der Pfarrer Magister Schmidt, ein rechtlicher, jovialer, ziemlich gebildeter und ziemlich orthodoxer Mann, in dessen Charakter aber der Grundzug freundliches Wohlwollen und Güte des Herzens war. Er schloß aus meinen oft sonderbaren Antworten in den öffentlichen Kirchenprüfungen auf meinen eigenen, zuweilen sehr barocken Ideengang, unterhielt sich viel mit mir und berichtigte meine Gedanken... Nun sprach er mit dem Schulmeister, Herrn Weyhrauch, über die Methode des Unterrichts bei einem solchen Kopfe; die Einwendungen des Schulmeisters wurden gehoben; der Pfarrer zeigte ihm, daß ich kein Mechaniker und kein Schönschreiber werden und mich schwerlich mit Nachbeten begnügen würde. Man beschränkte sich nun auf die Negative und überließ die Positive mir selbst. Von nun an nahm man wenig Notiz mehr von meinen krummen und schiefen Linien auf dem Papier und meinen Stelzfüßen und Buchstaben, sondern nur von meinen Ideen, womit ich den Schulmeister und auch wohl zuweilen den Pfarrer in einige Verlegenheit setzte. In kurzer Zeit übersprang ich alle Matadorjungen des Dorfes in der Schule und war bald der Erste und Statthalter des Herrn Weyhrauch bei dessen Abwesenheit als Bienenvater und Spargelgärtner...

Ich mochte ungefähr zehn Jahre alt sein, als ich schon an der Spitze der Dorfschuljugend stand, unter denen doch wohl einige ihr vierzehntes geschlossen hatten. Mein Regiment galt für sehr strenge, aber nie für ungerecht; und ich war damals der Dorfklerisei erster Minister bei der Einführung der neuen Schulordnung, die zu derselben Zeit etwas strenge gehandhabt wurde. Ich erinnere mich aus dieser Periode bei eben dieser Gelegenheit eines Vorfalls, wie ich ein Märtyrer meiner Überzeugung ward. Es war befohlen, die Kinder sollten ordentlich nach Rang und Alter in der Schule paarweise nach Hause gehen, um das wilde Herumschwärmen zu verhüten... Die meiste Not machte mir ein fast fünfzehnjähriges großes Mädchen... Beständig war sie bald rechts, bald links aus der Reihe, bald im Grase, bald im Schotenfelde, und schien des kleinen ohnmächtigen Wichtes von Führer nur zu spotten. Es dem Herrn Weyhrauch zu klagen, schien mir unter meiner Würde... Als ich ihr eines Tages einige Mal ohne Erfolg Ordnung geboten hatte, ergriff mich mächtig schnell der Amtseifer, daß ich

hinsprang, um sie aus einem Haferfelde in Reihe und Glied zu bringen ... ich fasse das Weibsstück beim Kragen, um sie in die Ordnung zu ziehen, schleudere sie aber aus dem Haferfelde unglücklicherweise den Berg hinab in die Sandgrube, wo sie denn gar unsanfte Purzelbäume schoß und sich wenigstens Hände und Gesicht empfindlich an den Steinen zerstieß ...
Herr Weyhrauch mit dem Haselszepter zitierte den jungen Primus vor zum Verhör und Standrecht. Ich erzählte die Sache und bestand auf meinem Recht; nur bedauerte ich den Sturz in die Sandgrube ... Der Schulmeister wollte seinem Vikar doch so viel ausübende Justizgewalt nicht zugestanden wissen, und meinte, Weisung und Meldung sei mein Amt. Ich behauptete im Gegenteil, daß ich damit nicht auskommen könnte. Herr Weyhrauch glühte auf ... er brachte mir im Amtseifer gehörigen Orts einen tüchtigen Schilling bei ... Beim Abmarsch nach meinem Sitze verwahrte ich mich noch mit Protest, ich habe doch recht getan. »Hast du?« rief Herr Weyhrauch, und fing mit neuem Eifer die Exekution von vorn an. Nun schritt ich rasch an meine Tafel ... und stieß trotzig durch die Zähne: »Ich hab doch recht getan«. Die Nachbarn lachten, und der Schulmonarch fragte despotisch, was da wäre ... Ohne weitere Erörterung fing die Bearbeitung noch exemplarischer zum dritten Mal an ... Mein Vater, der den Vorfall hörte, sagte weiter nichts als sein bedenkliches Hm, und ich habe nie seine Meinung über den streitigen Punkt erfahren ... Herr Weyrauch mochte das Harte seiner Züchtigung meiner kleinen Hartnäckigkeit fühlen; denn er suchte es durch allerhand freundliche Aufträge, wofür mir gewöhnlich eine Belohnung von herrlichem Brot mit bestem Honig ward, wieder in das alte Gleis zu setzen.

88, 47ff.

Göttingen, um 1780
Aus dem Bildungsgang eines Professorensohnes

Gottfried Phillip Michaelis geb. 1768 in Göttingen, gestorben 1811 als Garnisonsarzt in Harburg an einer damals heftigen Ruhrepidemie. Er war ein hübscher munterer Knabe, aber auch heftig, mir war er, da wir an Jahren uns so nahe standen, ein lieber Spielkamerad. In die öffentliche Schule ist er nicht gegangen. Wir hatten beständig einen Hauslehrer, in früher Zeit wohl ausgezeichnete Männer, die sich später auch einen berühmten Namen erworben haben, wie Kleuker in Kiel Professor, und den Abt, ich glaube Feldlusen, in Hannover vor uns. Mein Bruder wohnte und schlief mit ihnen in Erkerstübchen und Kammer neben dem großen Hörsaal. Außer den Stunden und Arbeiten machen hatte mein Bruder wohl nichts mit ihnen zu tun, da sie zugleich Studenten waren, aber immer stille und fleißige Leute, Theologen. Ich besinne mich auch nie, wenn ich zur Stunde kam, etwas Ungebührliches oder Besuch gefunden zu haben. So ein Lehrer weiß ich noch, erhielt 50 Groschen! Wohnung, aber nicht Mittagstisch, dies war ein Freitisch, Kaffee frei, und den Abend eine warme Schüssel auf sein Zimmer. Ich bin auch nur selten oben gewesen außer den Stunden.

Wohl kam uns ein Herr Bernstein näher, der wohl mit ausgefahren ist, ein sehr guter, aber armer und häßlicher Mensch, der bei dem Brande von Gera wieder alles Erworbene verlor und mein Vater ihn nun wieder für Phillip und mich ins Haus nahm, und er sich sonst mit Stunden geben ernährte ... Dies war auch der letzte Lehrer, und nachdem erhielt mein Bruder Stunden in allen Fächern der Wissenschaft bei Repetenten und den Rektor der Schule, denn abwesend ist er als Schüler nicht gewesen, aber zur Zeit der Konfirmation hörte er den Winter Moral mit bei dem Vater und auch Hebräisch. Vater meinte, dies würde ihm nie schaden, welches Studium er ergreifen würde. So hatte er auch besonders guten Unterrricht in der Mathematik, welches, wie Er sagte, die Urteilungskraft stärkte. IUDICIUM sagte Er. Das Wort hörte man öfter von Vater wie: ein Mann ohne IUDICIUM. Im Jahre 86 mußte er doch wohl die Akademie beziehen ... und hörte Anatomie bei Wrisberg. Ich denke noch an das blasse und ekle Gesicht, als er nach damaliger Sitte um 12 Uhr zum Essen kam ... Doch um wieder zu seinem 14. Jahre zurück zu gehn, so füllte da eine große Lücke Blumenbach aus, der viel in unser Haus kam, auch wohl weil er sich um Caroline bemühte ...

Magister Blumenbach hatte eine große Liebe zu meinem Bruder. Er war immer bei ihm, und ging, wo er sich verweilte hin, ins Naturalienkabinett usw., wie auch war er bei allen Versuchen mit der Luftpumpe und Elektrisiermaschine, deren er mancherlei hatte, besonders auch eine sehr große; mein Bruder glaubte sie einmal nicht geladen und bekam einen solchen Schlag, daß Blumenbach ihn ohne Bewußtsein fand. In der Zeit hatten Er und ich auch Tanzstunde mit B., der sich ausbilden sollte in seinem Äußeren, womit er stets geneckt wurde ... Mein Bruder unterlag auch im 14. Jahr einer heftigen Brustkrankheit, wo ihm B. ein treuer Wärter und Gesellschafter war, obgleich so viel älter. Wir zweifelten an seinem Aufkommen, und meine Mutter war B. sehr dankbar. Die Freundschaft hat sich durchs Leben gehalten – auch promovierte Er Michaelis, wie später den Sohn Adolph Michaelis ...

94, 90ff.

Gotha, um 1785
Unterrichtender Umgang bei Hofrätin Schläger

Die Hochzeit meiner Schwester war im Jahre 1784, wo ich auch im Herbst mit der Familie des Professors Koppe ... nach Gotha ... reiste, um meine Ausbildung in den Jahren 14 bis 16 nicht in Göttingen zu erhalten und zu früh in die Welt zu treten. Ich kam wie meine Schwestern zu der Frau Geheime Hofrätin Schläger. Die Frau von dem berühmten Bibliothekar in Gotha, der starb wie ich in Gotha war. Ein Aufenthalt, der mir von großer Freude war und Nutzen, eine sehr gebildete und am Hofe ausgezeichnete Frau, um welche sich auch immer, wenn sie die Karten abgab, und zu den jungen Leuten kam, ein Kreis sammelte in der damals in Gotha berühmten Teegesellschaft, welche für Fremde wie einheimische junge Leute, die eingeführt werden konnten, sehr ausbildend war, und wo ich auch die jungen Männer Friedrich Jacobs und seinen Bruder, wie den berühmten Schlichtegroll habe kennen lernen und auf den Bällen mit ihnen getanzt und sie bei der Frau Geheime Hofrätin Schläger gesprochen habe, wo alle ausgezeichnete Welt hin kam ... Sie war auch wohl eine gelehrte Frau, unterrichtete aber mehr mit Gespräch wie durch eigentlichen Unterricht ... Die Teegesellschaft, die dabei verknüpften Bälle in Privathäusern, wie eine so gebildete Umgebung, anders wie eine gewöhnliche Pension, machten, daß ich in meinem 16. Jahre, als ich nach Göttingen zurücke kam und denn in der Welt erscheinen sollte, ich nicht ganz fremde mit ihr war, obwohl ich mich öfters etwas unvorsichtig benommen habe.

94, 7f., 12

Märkisch-Friedland, um 1797
Privatstunden

Märkisch-Friedland hatte ... einen gelehrten Rabbiner, unter welchem ein Seminar stand, in dem sich junge Juden zu Rabbinern und Lehrern bildeten. Einer dieser Bocher spielte den gebildeten Schöngeist, obwohl nicht in Gegenwart des Rabbiners. Er war vorher Kaufmannsdiener in Berlin gewesen, kleidete sich anständig wie die Christen und sprach ein besseres Deutsch, als die meisten der dortigen Juden. Dieser Bocher nun hatte sich zu Privatstunden erboten, und mein Vater entschloß sich, mich zu ihm gehen zu lassen; denn das muß ich ihm zu seinem Ruhme nachsagen, daß er, wenn es auf mein Lernen ankam, sich immer großherzig bewies und nicht knauserte ...
Ich ging zu dem Bocher täglich einige Stunden ins Haus und erhielt den Unter-

richt gemeinschaftlich mit einigen jüdischen Kindern beiderlei Geschlechts. Hier lernte ich die Regeldetri und den Anfang der Rechnung mit Brüchen, aber nur mechanisch. Besonders war dem Lehrer aufgegeben, Briefschaften und Stilübungen mit mir vorzunehmen. Ich habe aber nichts anderes geschrieben, als Wechselschemata aller Art, die mir ganz unverständlich blieben, obgleich ich seine Erklärungen auswendig lernte. Der Unterricht im Briefstil bestand darin, daß der Bocher uns monatlich einen Brief diktierte, den wir nachher ins Reine schreiben mußten. Ich habe überhaupt nur zwei geschrieben, der letzte war ein Brief, der einen Vater über den Verlust seines Kindes trösten sollte und der mir übermäßig geschraubt vorkam. Die lieben Engelein spielten darin eine Hauptrolle und übernahmen das ganze Geschäft der Tröstung. In den Schreibstunden mußte ich eine ganz andere Handschrift zu erlernen suchen, als diejenige, an welche ich bisher gewöhnt war ... Daneben aber erlernte ich auch mit den übrigen Schülern zugleich die jüdisch-rabbinische Schrift, die von der hebräischen sehr abweicht ...
Ich sollte auch noch wöchentlich eine Stunde geographischen Unterricht erhalten, denn nach diesem sehnte ich mich sehr. Da aber kein anderer Liebhaber zu demselben weiter vorhanden war, so erhielt ich ihn allein, ohne daß die übrigen Schüler gegenwärtig waren. Er bestand nur darin, daß der Lehrer mir den ersten Teil von der ältesten Ausgabe von Büschings Geographie in die Hände gab, aus welcher ich laut vorlesen mußte, während er sich neben mir halbnackt vollständig wusch, rasierte, kämmte, seine Kleider ausbürstete und zum Sabbath vorbereitete. Dabei sprach er kein Wort, berichtigte nichts, nicht einmal die Aussprache der Namen, die ich alle deutsch las, wußte meine Fragen nicht zu beantworten, besaß keine Karte, und wenn die Stunde aus war, nahm er mir das Buch aus der Hand, klappte es zu und sagte: über acht Tage weiter.

42, 107f.

Berlin, 1810ff.

Ein Dämon und ein Jugendtraum

Ich komme jetzt auf den schon früher erwähnten Professor Nieräse zurück ... Obgleich der schon etwas herangewachsene Knabe nicht mehr dieses kindische Grauen, wie vor einem ganz unheimlichen, furchtbaren Wesen ihm gegenüber empfinden konnte, so war und blieb doch die Scheu vor diesem Manne eine große, unüberwindliche. Ich kann nicht sagen, daß er wirklich so überaus streng gewesen sei, allein die Art seines Zorns, seine Gewalt geltend zu machen, hatte etwas Empörendes. Es drückte sich stets die heftigste Leidenschaftlichkeit darin

aus. Er richtete, wenn ein Schüler seinen Zorn reizte, einen durchbohrenden, ich möchte sagen, wutentflammten Blick auf ihn, zu dem sein stechendes Auge, wie überhaupt die scharfe Charakteristik seiner Züge ganz geeignet war. Sein Gesicht war schon an sich rötlich gefärbt, und diese Röte stieg dann zum dunkelsten Purpur. Ich erinnere mich indes nicht, daß je eine seiner Drohungen, die er in solchem Fall ausstieß, wirklich zu einer ungesetzlichen Gewaltsamkeit oder harten körperlichen Bestrafung geführt habe. Nie ist dergleichen von ihm gegen mich gerichtet worden; ich hütete mich aufs Äußerste dies zu veranlassen. Dennoch war dieser Lehrer mein steter Gegner und ich darf sagen Verfolger.
Zu der Eigenschaft dieser äußersten Erregbarkeit fügte er noch eine andere, die einer unwillkürlichen Parteilichkeit hinzu ... Durch die Art, wie er endete, wird sein eigentümliches Benehmen vielleicht erklärt und entschuldigt. Er erschoß sich in einem Anfall tiefer Melancholie; ich hatte zu dieser Zeit das Gymnasium schon verlassen. Mehrere Jahre zuvor war eine lange Krankheit dieser Katastrophe vorangegangen ... Ich kann nicht leugnen, daß sein langes Ausbleiben mir hoch willkommen war, und ich die stille Hoffnung nährte, er werde nicht wieder ins Gymnasium zurückkehren ... Dennoch hat das Staunen vor seinen Kenntnissen, ja die Ehrfurcht vor seinem Wissen immer gleichen Schritt bei mir mit der Scheu vor ihm gehalten. Ob dasselbe wirklich so groß gewesen, konnte der Schüler gar nicht beurteilen, auch möchte ich es jetzt fast bezweifeln ... Jedenfalls war dieser Lehrer eine merkwürdige Erscheinung in meinem und unserm gesamten Jugendleben ...
In warmer Anhänglichkeit, ich darf sagen Begeisterung, muß ich aber eines der Lehrer gedenken, der, wie hoch ich später einige geschätzt, doch in jener Periode, wo ich seines Unterrichts genoß, der einzige war, dessen Wesen ganz das meinige traf, der das Geheimnis gefunden hatte, Liebe und Begeisterung zugleich für sich zu gewinnen. Es war der berühmte Übersetzer des Herodot, Lange, welcher in Tertia, gerade in dem Zeitraum, wo ich im Übrigen am wenigsten leistete, meine tadelnswerteste Schulzeit auf dem Werderschen Gymnasium hatte, die Geschichte vortrug. Sein lebendiges, feuriges Wesen, seine Art des Vortrags, hatten mich ganz gefesselt. Es gibt auch Äußerlichkeiten, die dem Schüler imponieren, ihm Liebe einflößen; so auch er; ich kannte keinen Mann, der mich schon durch den Anblick, durch sein lebhaftes Auge, seine freundliche Lippen so gefesselt hätte. Vollends aber sein Vortrag. Er weckte in mir die ganze Liebe für das Hellenentum, die sich bis heute in mir erhalten hat, die in meinen ersten dichterischen Versuchen fast allein vorherrschte, und bis heute eine vorwiegende Stelle behauptet hat ...
Es bestand zwischen diesem Lehrer und mir unstreitig eine innere Verwandtschaft, von der er freilich wenig oder nichts geahnt haben mag, da sich auch nicht einmal ein Anlaß fand, um mich durch irgend eine Arbeit in seinen Lehr-

stunden auszuzeichnen. Aber mit gespanntem Blick hing ich an seiner Lippe, wenn er hohe Männer der griechischen Welt ... schilderte ...
Auch für seine eigene Persönlichkeit gewann sich Lange in mir einen Bewunderer durch einige Schilderungen aus seinem Leben, namentlich eine, wie ihn zu Halle der alte Turnvater Jahn ... einmal in seiner Tüchtigkeit geprüft, und er wohlbestanden habe. – So weit ich mich erinnere, teilten meine Mitschüler diese meine Verehrung, doch glaube ich nicht, daß irgendeiner ihm in solchem Grade angehangen hat. Und diese Anhänglichkeit, diese Begeisterung trug ich ganz still in meinem Innern, ich wagte nicht, ihm gegenüber damit hervorzutreten. Dazu war meine Ehrfurcht zu groß. Allein bei uns zu Hause, bei den Eltern und Geschwistern hatte ich nur von ihm zu erzählen und zu sprechen, und er war der einzige Lehrer, für den sich in dieser Knabenzeit (ich mochte vierzehn Jahre zählen) eine warme Liebe in mir entzündet hatte. Später hat mich das Leben nur in flüchtigsten Berührungen mit ihm zusammengeführt ... Eine wärmere Beziehung, nur von fern jener frühesten ähnlich, hat sich nie wieder angeknüpft. Das Verhältnis war ein Jugendtraum!

77, 100f.; 105; 107ff.

Wesselburen, um 1820
Jungfer Susanna in der Klippschule

In meinem vierten Jahr wurde ich in eine Klippschule gebracht. Eine alte Jungfer, Susanna mit Namen, hoch und männerhaft von Wuchs, mit freundlichen blauen Augen, die wie Lichter aus einem grau-blassen Gesicht hervorschimmerten, stand ihr vor. Wir Kinder wurden in dem geräumigen Saal, der zur Schulstube diente und ziemlich finster war, an den Wänden herum gepflanzt, die Knaben auf der einen Seite, die Mädchen auf der andern; Susannas Tisch, mit Schulbüchern beladen, stand in der Mitte, und sie selbst saß, ihre weiße tönerne Pfeife im Munde und eine Tasse Tee vor sich, in einem Respekt einflößenden urväterlichen Lehnstuhl dahinter. Vor ihr lag ein langes Lineal, das aber nicht zum Lininienziehen, sondern zu unserer Abstrafung benutzt wurde, wenn wir mit Stirnerunzeln und Räuspern nicht länger im Zaum zu halten waren; eine Tüte voll Rosinen, zur Belohnung außerordentlicher Tugenden bestimmt, lag daneben. Die Klapse fielen jedoch regelmäßiger, als die Rosinen ... An den Tisch wurden Groß und Klein von Zeit zu Zeit herangerufen, die vorgerückteren Schüler zum Schreibunterricht, der Troß, um seine Lektion aufzusagen ... Eine unfreundliche Magd, die sich hin und wieder sogar einen Eingriff ins Strafamt erlaubte, ging ab und zu ... Hinter dem Hause war ein kleiner Hof, an den

Susannas Gärtchen stieß; auf dem Hof trieben wir in den Freistunden unsre Spiele, das Gärtchen wurde vor uns verschlossen gehalten. Es stand voll Blumen ... von diesen Blumen brach Susanna uns bei guter Laune wohl hin und wieder einige ab ... Susanna verteilte ihre Geschenke übrigens sehr parteiisch. Die Kinder wohlhabender Eltern erhielten das Beste ... die Ärmeren mußten mit dem zufrieden sein, was übrig blieb, und bekamen gar nichts, wenn sie den Gnadenakt nicht stillschweigend abwarteten ... Der Grund war, weil Susanna auf Gegengeschenke rechnete, auch wohl rechnen mußte, und von Leuten, die nur mit Mühe das Schulgeld aufzubringen wußten, keine erwarten durfte ...

Ich blieb in Susannas Schule bis mein sechstes Jahr und lernte dort fertig lesen. Zum Schreiben ward ich, meiner Jugend wegen, wie es hieß, noch nicht zugelassen; es war das Letzte, was Susanna mitzuteilen hatte, darum hielt sie vorsichtig damit zurück. Aber die notwendigen ersten Gedächtnisübungen wurden auch schon mit mir angestellt, denn so wie der Knirps sich vom geschlechtslosen Rock zur Hose und von der Fibel zum Katechismus aufgedient hatte, mußte er die zehn Gebote und die Hauptstücke des christlichen Glaubens auswendig lernen ...

Gegen das Ende meines sechsten Jahres trat in den holsteinischen Schuleinrichtungen ... eine große Veränderung ... ein. Bis dahin hatte der Staat sich in die erste Erziehung gar nicht, in die spätere wenig, gemischt; die Eltern konnten ihre Kinder schicken, wohin sie wollten, und die Klipp- und Winkelschulen waren reine Privat-Institute, um die sich selbst die Prediger kaum bekümmerten, und die oft auf die seltsamste Weise entstanden. So war Susanna einmal an einem stürmischen Herbstabend, ohne einen Heller zu besitzen, und völlig fremd, auf hölzernen Pantoffeln nach Wesselburen gekommen und hatte bei einer mitleidigen Pastorswitwe um Gottes willen ein Nachtquartier gefunden; diese entdeckt, daß die Pilgerin lesen und schreiben kann, auch in der Schrift nicht übel Bescheid weiß, und macht ihr daraufhin Knall und Fall den Vorschlag, im Ort ... zu bleiben und Unterricht zu geben ... Susanna stand ganz verlassen in der Welt da ... sie vertauschte die gewohnte Handarbeit daher gern ... mit der schweren Kopfarbeit, und die Spekulation glückte vollkommen und in kürzester Frist. Den mehr herangewachsenen Knaben und Mädchen öffneten sich freilich ernst und finster Rektorat und Konrektorat, die unter einer Art Kontrolle standen und sich nötigenfalls durch den weltlichen Arm rekrutierten, wenn der Nachwuchs nicht von selbst einsprach. Aber auch hier wurden trotz der pomphaften ... Namen, womit sie stolzierten, nur die notdürftigsten Realien traktiert, und ein wegen seiner Gaben allgemein angestaunter Bruder meiner Mutter, den der keineswegs überbescheidene Rektor mit der feierlichen Erklärung verließ, daß er ihm nichts weiter lehren könne, weil er so viel wisse, als er selbst, war allerdings ein gewaltiger Kalligraph und putzte seine

Neujahrswünsche mit Tusche und Schnörkeln heraus ... konnte jedoch nicht einen einzigen grammatikalischen Satz zu Stande bringen.

36, 147ff.

WIEN, 1835ff.

Gouvernantenfestzug

Um 1835

Als meine Schwester ihre Wanderung ins sechste und ich die meine ins fünfte Lebensjahr zurückgelegt hatte, sollten wir eine Gouvernante bekommen. Es war Spätherbst, und wir waren in Wien, und schon seit längerer Zeit hatte Pepinka ihre Drohungen mit den Strafgerichten Papas in Drohungen vor den Strafgerichten der Gouvernante umgesetzt ... Kein Wunder, daß wir der Ankunft der neuen Machthaberin ohne Begeisterung entgegensahen ... Schlafen sollten wir nach wie vor bei der Kinderfrau, tagsüber jedoch bei der Gouvernante bleiben in ihrem eigens für sie eingerichteten Zimmer. Es war kein Prachtgemach! Es hatte die Aussicht auf einen mit Glasfenstern versehenen Gang, der das Haus auf der Hofseite umlief. Nicht der geringste Ausblick ins Freie bot sich dem Fräulein; Zerstreuung konnte ihr nur die Betrachtung ihrer neuen Möbel bieten. Unter ihnen zeichnete sich ein großes Kanapee aus, das durch eine kunstreiche und zu jener Zeit noch ungewöhnliche Einrichtung spielend leicht in ein bequemes Bett umgewandelt werden konnte.

Ach, du lieber Gott! Auf diesem Kanapee werden wir neben der ›Gubernante‹ sitzen müssen den ganzen Tag ... und wir werden von allem, was sie zu uns sagt, kein Wort verstehen, denn sie spricht nur Französisch, so eine ›Gubernante‹.

Sie kam, und als Mama uns zur Begrüßung zu ihr führen wollte, machte ich eine Szene, schrie und heulte, und mußte über die kleine Stiege, die aus der Kinderstube ins Gouvernantenzimmer führte, getragen werden.

Wie freudig bin ich seitdem alle Morgen die fünf Stufen derselben kleinen Treppe hinabgehüpft, um gleich nach dem Frühstück zu Mademoiselle Hélène zu eilen ... Mademoiselle ... war unsern Eltern durch die Gräfin Saint-Aulaire, die damalige französische Botschafterin empfohlen worden. Sie stammte aus gutem Hause und war eine äußerst sympathische Erscheinung ... Reinste Freude bot uns der Umgang mit ihr; eine ›leçon‹ war helle Unterhaltung. Nach kurzer Zeit konnten meine Schwester und ich Französisch reden und lesen ...

Mademoiselle Hélène hatte kaum zwei Jahre bei uns zugebracht, als es ... von ihr scheiden hieß. Ihre Familie rief sie nach Frankreich zurück. Sie trennte sich nicht leicht von uns Kindern ...

Um 1837

Was wir an ihr verloren hatten... das ermaßen wir aber erst völlig, nachdem ihre Nachfolgerin eingetroffen war ... Wer Mademoiselle Henriette unsern Eltern empfohlen hatte, wußten wir nicht, doch wir waren überzeugt: Beim Jüngsten Gericht wird er darüber zur Rechenschaft gezogen werden ...

Äußerlich eine mittelgroße, schlanke Brünette, mächtiges Dunkel im Haar, Feuer in den Augen. Innerlich – ein Drache. Eine treue Anhängerin der Moral ... »sich auszuleben«. Sehr unwillkürlich bildeten ihre Zöglinge dabei doch einige Hindernisse, und als solche hat sie uns herzlich gehaßt. Es regnete Strafen ... Hoch angerechnet soll übrigens der leidenschaftlichen Dame eines werden ... wohl hat sie uns hungern, hat uns bis zur Erschöpfung im Winkel stehen, viele Seiten aus Noël et Chapsal auswendig lernen lassen ... geschlagen hat sie uns nicht ... Trotzdem lernten wir durch sie aufs gründlichste erfahren, wie tief unglücklich Kinder sein können, die sich wehrlos einer böswilligen Macht überantwortet fühlen. Wir würden nicht lange unter den Launen der Tyrannin gelitten haben, wenn Mama sich damals um uns hätte kümmern können ...

Um 1841

Das Fräulein, dem jetzt unsere Erziehung anvertraut wurde, hieß Marie Kittl und war eine Deutschböhmin, die Tochter eines Fürstlich-Schwarzenbergischen Hofrates und Schwester des damaligen Direktors des Prager Konservatoriums. Wir kamen bei diesem Regierungswechsel aus der Hölle in den Himmel. Ich wüßte keine gute und vortreffliche Charaktereigenschaft zu nennen, die unser Fräulein Marie nicht besessen hätte ... Sie kannte keine Rücksicht auf ihr eigens Interesse, ihr Behagen, ihre Gesundheit, wenn es sich um unser Wohl handelte. Wie viele Nächte hat sie an unseren Krankenbetten durchwacht ... wie klug und geschickt uns lernen gelehrt, mit welcher Hingebung an unseren Spielen teilgenommen! Daß wir sie nicht von der ersten Stunde an vergötterten, daran trug ihr Äußeres schuld ... Im Gegensatz zu unseren früheren, groß und schlank gewachsenen Gouvernanten war ihre Gestalt und waren auch ihre Hände und Füße etwas ins Breite geraten. Sie stand in den Zwanzigern, schien aber viel älter ... Ein feiner, nobler, etwas schwärmerischer Geist sprach aus ihren kurzsichtigen Augen, und bald wurde es uns zur Ehrensache, sie beifallspendend auf uns ruhen zu sehen ...

Kaum zwei Jahre hatten wir unter der Obhut unserer guten Marie gestanden, als sie nach Prag berufen wurde, wo ihr Vater und ihr Bruder an Typhus erkrankt waren ... So blieb denn nichts übrig, als sich dem bedenklichen Auskunftsmittel einer provisorischen Regierung zu bequemen, und unser Haus wurde der Schauplatz eines seltsamen Gouvernantenfestzuges ...

22, 771 ff.; 821 ff.

Haslach, um 1840
Der Heckenlehrer für die Hirtenbuben

Wie beneideten wir in jenen Tagen die einsamen Berg-Hirtenknaben der umliegenden Dörfer, die große Herden und dabei auch Schafe hüten durften droben auf den Bergen, und hüten durften nicht bloß den ganzen Tag, sondern auch den ganzen lieben Sommer bis tief in den Herbst hinein – und die keine »Schule« hatten ... Noch kannte ich in meinen Knabenjahren den alten Hirtenlehrer aus dem Fischerbach. Er war Stammgast im Vaterhaus. Ihn hatten vor Jahren die Bauern angestellt als Lehrer für ihre Hirten im Felde. Ein »Seminar« hatte er nie gesehen, nicht einmal eine Volksschule, aber er konnte lesen, schreiben und rechnen wie ein »Professor«, war ein armer Teufel und ließ sich deshalb folgendes gefallen: Die Bauern gaben ihm, je einer acht Tage lang, Speise und Trank und für die Nacht Lager auf der Ofenbank, und dafür ging er den Tag über zu den Hirten in die Berge, setzte sich mit ihnen unter eine »Hecke« und lehrte sie die Elemente alles Wissens. An Sonntagen schrieb er den Bauernmädchen ihre Briefe an die Soldaten, besorgte die Korrespondenz des Bauers und verdiente dabei noch einiges Bare.
Das war der Stand des »Heckenlehrers«, wie er allgemein hieß – vor vierzig Jahren ... die Hirtenbüblein trieb man später Sommer und Winter in die Schule und der Heckenlehrer mußte mit Besenmachen sein Geld verdienen ...

35, 154f.

Heidelberg, um 1846
Lehrer, für alle Sättel gerecht

Das alte Heidelberger Gymnasium war keineswegs eine Musteranstalt. Es litt vor allem an dem Übelstand, daß die Lehrer eigentlich keine Lehrer von Beruf und demnach, wie dies heute zu sein pflegt, für bestimmte Fächer speziell vorbereitet, sondern, wie einer dieser Lehrer selbst das rühmend hervorzuheben pflegte, »für alle Sättel gerecht waren«. Es konnte vorkommen, daß derjenige, der bis dahin in philologischen Fächern unterrichtet hatte, plötzlich Naturwissenschaften übernahm, ohne sich mit diesen irgendwie eingehender beschäftigt zu haben. Besonders für die Klassenlehrer bestand noch die Einrichtung, daß sie einen großen Teil der Lehrfächer der betreffenden Klasse verwalteten, gleichgültig, ob diese ihrem eigenen Studienfach entsprachen oder nicht ... Dies mochte wohl damit zusammenhängen, daß ... die Gymnasiallehrer im allgemeinen aus der Theologie zum Lehrerberuf übergetreten waren und nur für die

Realfächer, wie Mathematik oder auch Naturwissenschaften, gelegentlich tüchtigere Schul- oder Seminarlehrer ergänzend zur Seite hatten. Dabei fügte es sich nun leicht, daß die aus der Theologie zum Gymnasium übergegangenen Lehrer sich nicht durch besondere pädagogische Talente, sondern eher durch die Abwesenheit solcher auszeichneten ... So sind mir namentlich drei jetzt längst verstorbene und im ganzen damals schon einer älteren Generation angehörige Lehrer in Erinnerung, von denen jeder ein Original war. Der eine dieser trefflichen Männer hatte die Gewohnheit, die Schule regelmäßig über seine eigenen häuslichen Angelegenheiten zu unterhalten, mochten es nun kleine häusliche Zwiste sein oder Äußerungen über die Mitglieder seine Familie, die den Inhalt solcher Mitteilungen bildeten. Ein zweiter blieb die ganze Stunde auf dem Katheder sitzen, so daß nun den Schülern überlassen blieb, wo immer der Sehbereich des Katheders nicht zureichte, zu tun, was ihnen beliebte. Ein dritter litt an abnormer Zerstreutheit und hatte daher die Gewohnheit angenommen, Aufgaben abzuhören, während er selbst ganz in seine eigenen Gedanken vertieft war, so daß der Schüler statt der fünfzig Homerverse, die er aus dem Gedächtnis rezitieren sollte, sich etwa mit fünf begnügen konnte, die er unaufhörlich nacheinander wiederholte ...

97, 42f.

Elberfeld, 1857

Rezension der Lehrer in Tertia

Eine Reihe von Fächern, wie Religion, Naturgeschichte usw., waren für Ober- und Untertertia gemeinsam. Dann zog in der Untertertia, welche zugleich als Aula diente und nur teilweise von der Klasse gefüllt wurde, der ganze Schwarm der Obertertianer ein, und es entwickelte sich ein munteres Leben. Zwar in der Religionsstunde, welche von dem strengen und unheimlich düsteren Direktor Bacterwek erteilt wurde, ging es sehr ernst zu. Eine reichliche Ausgabe von Liederversen und längeren Bibelstellen zum Auswendiglernen hielt uns von Stunde zu Stunde in Angst, bis wir dahinterkamen, daß sich auch bei diesem gefürchteten Schulmonarchen hinter dem Rücken des Vordermanns ablesen ließ. Im ganzen wurde durch diese Stunde der Schatz des aus Bibel und Gesangbuch Auswendiggelernten bedeutend bereichert, nie aber fühlten wir unser religiöses Empfinden durch diesen düsteren Fanatiker angeregt oder erwärmt. Sehr lustig ging es hingegen in der Naturkunde bei Dr. Völker zu, welcher schon durch sein formloses Auftreten zum Spotte reizte und schlechterdings keine Disziplin zu erhalten wußte, namentlich wenn er der ganzen kombinierten Tertia gegenüber stand. Störende Zwischenrufe und Schelmereien von seiten der Schüler, polternde Strafreden des Lehrers von fürchterlichem Gesichterschneiden begleitet, füllten einen großen Teil der Stunde aus. Gleich in der ersten Stunde trat dies in die Erscheinung. Die neu Zugekommenen, unter ihnen Johannes (mein Bruder) und ich, saßen auf der vordersten Bank unmittelbar vor dem Lehrer. Kaum war dieser eingetreten, so entwickelten die Veteranen auf den hinteren Bänken den größten Unfug, worüber Johannes in aller Unschuld das Gesicht zum Lächeln verzog und dafür von dem weisen Pädagogen mit einer schallenden Ohrfeige bedacht wurde, während er sich zu den hinteren Bänken vorzudringen gar nicht getraute. Später, als auch wir nach hinten aufrückten, beteiligte ich mich auch selbst an dem Unfug in der Naturgeschichtsstunde. So konnte ich mich eines Tages, als der Kuckuck besprochen wurde, nicht enthalten, den Kuckucksruf hören zu lassen. Eine Untersuchung nach dem Urheber blieb natürlich erfolglos, und die furchtbaren Drohungen des Lehrers, daß er die ganze Klasse bestrafen wolle, wenn er, der Täter, sich nicht meldete, schreckten uns nicht, da sie niemals ausgeführt zu werden pflegten. Ich blieb also unentdeckt, fühlte aber, zu Hause angelangt, Gewissensbisse weniger über meine Tat, als darüber, daß ich nicht den Mut gehabt hatte, mich zu ihr zu bekennen. Endlich beschloß ich, zu Völker in die Wohnung zu gehen und meine Schuld zu beichten. Unterwegs stellte ich mir vor, wie ihn dies rühren werde, wie er gütig verzeihend die Hand reichend, ja mich vielleicht in seine Armen schließen und für meine Aufrichtigkeit beloben werde. Ich war daher furchtbar enttäuscht, als der Mann, kaum, daß er mein Geständnis vernommen, mich mit einer Flut von Schmähreden überhäufte und endlich zwar ungestraft, aber unter den furchtbarsten Drohungen entließ.

Unser Ordinarius war Dr. Petry, ein blonder, wohlgebildeter Mann, der auch Herz für uns hatte. Als ich einstmals in Strafarrest saß und noch weiteres auf dem Kerbholz hatte, da stellt er sich vor mich hin und sagte mit einer Betrübnis, die mir unendlich wohltat: »Du kommst aus dem Arreste ja gar nicht mehr heraus.« Er war ein eifriger und pflichttreuer, leider aber nicht sehr geschickter Lehrer, so daß die Klasse, welche er im Lateinischen und Griechischen unterrichtete, am Ende des Schuljahres nicht eben glänzend dastand. Nicht viel gewandter war auch der Mathematiklehrer, Professor Fischer, der uns sehr scharf anfassen konnte und daher den treffenden Spitznamen Isegrimm erhielt ...

Da wir durch Petry in den alten Sprachen nicht genügend gefördert worden waren, so erhielten wir nach unserer Versetzung in die Obertertia als Ordinarius den Professor Clausen, einen der ältesten und erfahrensten Lehrer der Schule, welcher in einer fast magischen Weise die Schüler an seine Lehre wie an seine Person zu fesseln wußte. Klein von Gestalt, mit stark ergrautem Haar und Bart,

mit lebhaftem, durchdringenden Blicke, so trat er uns entgegen, und alles, was er sagte, war Geist und Leben. Wenn er gelegentlich von seinem Xenophon abschweifte und aus dem Hundertsten ins Tausendste kam, so wußte er in uns den Sinn für alles Große und Schöne zu beleben. Eine Unbotmäßigkeit kam bei ihm so gut wie nie vor, und doch strafte er eigentlich niemals ...
Eine andere charakteristische Erscheinung unter dem Lehrerpersonal der Obertertia war der eben als junger Lehrer und zugleich als Turnlehrer debütierende Gideon Vogt. Weniger durch hervorragende Intelligenz als durch festen, in den Zügen um Kinn und Mund sich kundgebenden Willen bemerkenswert, wußte er sich bei uns sehr bald in Respekt zu setzten. Freilich waren seine Mittel barbarisch. Ich selbst mußte einmal wegen eines geringfügigen Vergehens aus der Weltgeschichte von Pütz den ganzen Karl den Großen dreimal abschreiben, eine Arbeit, an der ich mehrere Tage zu tun hatte. Ernst Schnabel hatte einmal eine ähnliche lange Strafarbeit, und im Vertrauen darauf, daß sie nicht durchgesehen werden würde, fügte er am Schlusse die Bemerkung bei: »Schon die Kinder Israels wurden von den Vögten hart geplagt.« Unglücklicherweise fiel Vogts Blick bei der Abnahme der Strafarbeit gerade auf diese Stelle, und er applizierte meinem Vetter Schnabel vor der ganzen Klasse eine furchtbare Ohrfeige.

16, 50ff.

Wiesbaden, um 1875
Ein Hauslehrer für ernsthafte Mädchenbildung

Mein Vater, der zum Lehrer erzogen und Lehrer gewesen war, verabscheute die damals gebräuchliche Erziehung der »höheren Tochter«. Ein bißchen Französisch, eine oberflächliche Kenntnis der Muttersprache, ein bißchen dilettantisch betriebene Musik oder Zeichnen nach Vorlagen, dazu das Notwendigste von Geschichte und Erdkunde sowie Literatur- und Handarbeitsstunden: das war das durchschnittliche geistige Rüstzeug, womit ein junges Mädchen in die Welt trat. Mein Vater äußerte: er würde es einfach nicht ertragen, ein halbgebildetes Geschöpf, das nicht imstande sei, auch nur ein Stück Brot redlich zu verdienen, um sich herumlungern und auf den Mann warten zu sehen. Meine Mutter, selbst Berufsfrau (Schauspielerin), pflichtete ihm völlig bei. Beide einigten sich dahin, daß ich nach meines Vaters Lehrplan daheim, mit Hilfe eines guten Hauslehrers, unterrichtet werden sollte.
Diesmal was das Entsetzen über die eigenbrötlerische Denkweise meiner Eltern unter Freunden und Verwandten fast allgemein ... »Arme Treibhauspflanze!«,

sagte bedauernd der Herr Stabsarzt ... Ich stand im neunten Jahr, als in mein Dasein neben die Dreiheit Vater, Mutter, Tante noch ein vierter trat, dessen Andenken mir in wolkenlosem Licht steht: mein Hauslehrer Ferdinand Sauer. Er war, so viel ich weiß, Lehrer am Realgymnasium, hatte keinen weiblichen Zögling außer mir. Ein schlanker, mittelgroßer Mann, krauses schwarzes Haar, freundliche braune Augen, farbige Kravatten, die mich außerordentlich interessierten, da mein Vater solche nicht trug. Eine angeborene Väterlichkeit besaß dieser Junggeselle – das ist er zeitlebens geblieben –, die er in Ermangelung eigener Kinder auf seine Schüler verteilte. Vielleicht bekam ich den Löwenanteil, denn vom ersten Augenblick an fühlten wir zwei uns zueinander hingezogen ... Ich war lernbegierig im höchsten Grade, mein Lehrer besaß die Gabe der Mitteilung – so kam es, daß ihm und mir der Unterricht nie zur Last wurde. Sehr viel später, schon in gestandenem Alter, habe ich nochmal an meinen lieben Lehrer geschrieben, ihm für all das Schöne jener Zeit gedankt.

74, 29 ff.

2.

Das Schulalphabet: Von Akademie bis Zimmerschule

Klassenzimmer des Katharinengymnasiums in Lübeck. Aus: W. von Siemens, Lebenserinnerungen. München 1966

Kommentar

Bis ins 18. Jahrhundert hinein kann man die Schulen ganz gut übersehen. Entsprechend der Forderung der Reformatoren wandte die Obrigkeit ihre Aufmerksamkeit (selten mehr) den niederen Schulen zu, die eigentlich Religionsschulen waren; außerdem den Lateinschulen, die künftige Theologen oder Juristen auf die Universität vorbereiten sollten. Dazu kamen auf der ökonomischen Grundlage eingezogenen Kirchenbesitzes die Fürstenschulen in Sachsen und die Klosterschulen in Württemberg. Die Jesuiten gründeten seit dem Ende des 16. Jahrhunderts eine ganze Reihe von Gymnasien, die Unterricht und streng katholische Glaubensübung pädagogisch und sozialpolitisch effektiv miteinander verbanden. Der Adel versuchte sich in den Ritterakademien (von 1598 bis 1842 etwa 18 Gründungen) eine ihm gemäße höhere Bildungseinrichtung zu schaffen, wo technische Fächer, moderne Sprachen und Körpertraining vor allem die künftige militärische Elite für ihre Aufgaben befähigen sollten.

Aus vielen Gründen verfiel dieses in seinen Grundzügen aus dem 16. Jahrhundert stammende Schulwesen der Kritik. Das niedere in Stadt und Land erschien ineffektiv, weil es in ihm nur – vereinfacht gesagt – auf die Konfirmation ankam, die die Schulzeit beendete, nicht auf die Bildung brauchbarer Untertanen. Das Höhere galt für verwahrlost, weil es auf anthropologischen Voraussetzungen beruhte, über die der Zivilisationsprozeß hinweggeschritten war. Bis dahin machte man zwischen Kindern und Erwachsenen, Lehrern und Schülern keine entwicklungspsychologischen Unterschiede aus, nur solche von Wissen und Nichtwissen. Das Problem der »Disziplin« bei einer korporativ (in den Internaten) verstandenen oder außerhalb der Schulmauern selbständig lebenden Schülerschaft wurde zwar schon von Anfang an aufgegriffen, konnte aber zugunsten der Erwachsenen bzw. der Lehrer und der Schule so lange nicht gelöst werden, wie diese sich auf den Machtkampf einließen, in dem beide Teile siegen konnten. Die Brutalität dieser Zustände wurde obsolet. Ehe so etwas wie Entwicklungspsychologie auch nur in rudimentären Ansätzen vorhanden war, entwickelt das 18. Jahrhundert im Begriff der Erziehung ein zwischen den Generationen intermittierendes Verhältnis, das die Konfrontation durch einfühlsame Beherrschung ersetzt. Nicht bei der Reform des öffentlichen, bei der Reform der Privaterziehung und der Forderung nach einer Kleinkinderziehung setzen die Philanthropen an. Wenn Eltern Kinder als Aufgabe wahrnehmen, kann auch die Idee des Massenunterrichts in der Schule frisch ergriffen werden, weil sie nicht mehr nur von der Hierarchie des Wissens allein getragen wird, sondern auch von der Idee der Formbarkeit, der Erziehungsfähigkeit jedes, und gerade des jungen Menschen. Die pädagogische Phantasie explodiert und objektiviert sich in zahllosen Schulgründungen, Schulprojekten oder Unterrichtsideen, die häufig private, idiosynkratisch anmutende Einfälle einzelner verarbeiten. Für die neue, bereits durch die reformierte Familienerziehung mit Autorität identifizierte Kindergeneration scheint erst jetzt die Verschulung der Lernprozesse mit Aussicht auf Erfolg durchgeführt werden zu können. Hatte man sich z. B. in Füssen bis dahin mit einer Knaben- und Mädchenschule sowie einer Lateinschule begnügt – erstere besaß nicht einmal ein Schulhaus – so gründet man Ende des 18. Jahrhundert eine sog. »Normalschule«, d. h. eine Musterschule für die Lehrerausbildung. Das 19. Jahrhundert erhebt dann jeden wünschenswerten Unterrichtsgegenstand zu einem besonderen Schulzweck, ehe dann einige dieser Unterrichtsgegenstände im für »Allgemeinbildung« zuständigen Schulwesen Platz finden. 1806 gründet man eine Baumschule, 1814 eine Handarbeitsschule, 1827 eine Zeichenschule für Knaben, 1831 eine Musikschule, 1855 eine Kleinkinderanstalt für den Nachwuchs armer, wie man meint, erziehungsunfähiger Eltern, 1852 noch eine Landwirtschaftsschule. Anderswo versucht man Unterricht und Arbeit in den sog. Industrieschulen zu verbinden. Fröbels Internat Keilhau bietet das derbe Landleben gegen die Gefahren städtischer Verweichlichung auf, andere werben für ihre Schulen mit Gymnastik und Wasserkuren zur Festigung der Gesundheit usw. usf. Auch wenn die meisten dieser Schulen nicht lange bestanden, sie belegen den Sieg der Schule als einer Institution, der man die Erfüllung fast aller Ziele zutraut.

Eine andere Serie von Schulgründungen seit dem Ende des 18. Jahrhunderts antwortet auf die soziale Frage: diese Schulen wenden sich an die Kinder bestimmter Schichten und Klassen und schließen andere aus. Das gilt besonders für das Mädchenschulwesen, das sich ja auf privatwirtschaftlicher Basis entwikkelt. In Celle mußte der Vater zumindest Kaufmann sein, wenn seine Tochter aufgenommen werden wollte – andere sollten die Stadtschulen besuchen. Der Besuch einer Armen- oder Freischule, die kein Schulgeld forderte, wirkte selbstverständlich diskriminierend, so daß sich mancher dieser zweifelhaften Wohltat zu entziehen versuchte. Das wird aber immer schwieriger, denn daß Kinder in die Schule gehören, diese Überzeugung setzt sich auch gegen den Augenschein und auf Kosten der Kinder durch. Die Abschaffung oder auch nur Einschränkung der Kinderarbeit auf dem Lande war nicht möglich, schon gar nicht im Sommer. In Kaufbeuren kam man auf die Idee, »Sommersurrogatschulen« zu errichten, wo Kinder am arbeitsfreien Sonntag nach dem Besuch des Gottesdienstes je vier Stunden Religions- und Elementarunterricht erhalten sollten. Man versuchte auch, für alle 12–18jährigen »Sonn- und Feiertagsschulen« durchzusetzen. Die Lehrgegenstände waren Schreiben, Rechnen, Religion und Moral. Auch hier hatte man mit dem Widerstand der Halbwüchsigen zu kämpfen, die es vorzogen, ihre arbeitsfreie Zeit anderswo als in der Schule zu verbringen. Vergleichbare Probleme hatten in Fabrikgegenden die Fabrik- oder Abendschulen.

Bei der Verschulung aller Lehr- und Bildungsprozesse war man auf die Dauer erfolgreich – andere beabsichtigte Erfolge (ökonomische und klarer erkennbare disziplinierende) sind umstritten. Vielleicht kann man sagen, daß die Schule, fußend auf der Idee der Erziehung, siegte, weil sie Ordnung schuf zwischen den Generationen, ein Bedürfnis, das in dieser Abstraktheit erst an einem bestimmten Punkt der gesellschaftlichen Entwicklung auftritt. Auf diesem vernünftigen Ordnungssystem konnten weitere aufgebaut und erklärt werden, die mit dem Stichwort Berechtigungswesen nur angedeutet seien und die in weitester Konsequenz die ungleichen Macht- und Konsumchancen plausibel machten, die nun einmal existierten.

LITERATUR:

M. Prosch, Das Schulwesen der Stadt Füssen von den ältesten Zeiten bis 1900, Füssen 1932

Ch. Berg, Volksschule im Abseits von Industrialisierung und Fortschritt. In: Pädagogische Rundschau 28, 1974: 385–406

S. Lange, Zur Bildungssituation der Proletarierkinder im 19. Jahrhundert. Kinderarbeit und Armenschulwesen in der sächsischen Elbestadt Pirna, Berlin 1978

P. Lundgren, Sozialgeschichte der deutschen Schule im Überblick, 2 Bde. Göttingen 1980 u. 1981

Moselgegend, 16.–19. Jahrhundert

Niedere Schulverhältnisse

Säkulare Schulen für das Volk auf dem platten Lande gab es im Mittelalter nicht, etwa von Vallendar (bei Ehrenbreitstein), wo eine solche bereits am Ende des 15. Jahrhunderts entstand, und einigen anderen Orten abgesehen; in den Städten war zu Meisenheim 1503, in Sobernheim 1530, in Trarbach 1536, in Kastellaun im ersten Drittel des 16. Jahrhunderts eine Schule nachweislich vorhanden ... und auch im ... 17. Jahrhundert noch sind die Anfänge, trotz der Erlasse und Bemühungen von obenher, sehr kümmerlich ... Berufsmäßig gebildete Lehrer waren nicht vorhanden, ebensowenig die erforderlichen materiellen Mittel; dazu trat in abgelegenen kleinen Ortschaften, die meist nicht in der Lage waren, einen eigenen Lehrer zu halten, der Umstand, daß ungünstige Witterung ... die Erreichung der nächsten Schule unmöglich machten. Noch für das 19. Jahrhundert berichtet die ... Schulchronik von Kelberg (Hocheifel): Bis zum Jahre 1846/47 waren die Wege von Köttelbach und Zermüllen noch in einem schlechten Zustande. Darum wurden diesen Ortschaften Winterschulen gestattet, welche von Allerheiligen bis Ostern dauerten ... Für Müllenbach (Hocheifel) wird berichtet, daß dort noch 1820 bis 1840 nur eine Winterschule bestand! Ein Handwerker unterrichtete im Lesen, Schreiben und Rechnen. Bei seinem geringen Einkommen arbeitete er während der Schulzeit zu »geeigneten Zeiten« am Webstuhl. Mädchenschulen, z. B. in Nürnberg, Lübeck und St. Goar bereits im 15. Jahrhundert vorhanden, kamen im Mosellande erst später auf. In der pfälzischen Oberamtsstadt Simmern fungierte 1616 eine Bürgersehefrau als Mädchenlehrerin; in Kreuznach fanden sich 1610 zwei Mädchenschulen; in der hintern Grafschaft Sponheim besuchten hier und da Mädchen die Schule, aber keine Gemeinde hatte eine gesonderte Mädchenschule ... In Kirn unterrichtete eine Lehrersfrau die Mädchen ...

Was ... die Unterrichtsgegenstände betrifft, so werden wir nach dem, was bisher über die äußeren Verhältnisse der Elementarschule gesagt ist, nur geringe Erwartungen hegen. Wenn Schmitz noch um die Mitte des 19. Jahrhunderts allgemein für die Eifel sagen kann: Die Schule begann mit Martini und endete am Samstag vor Palmsonntag ... wenn eine auf die Förderung des Schulwesens bedachte Behörde im letzten Viertel des 17. Jahrhunderts die Schulpflicht nur für die Zeit vom siebten bis zum vollendeten elften Lebensjahre festsetzte, dann kann man nicht hohe Erwartungen hegen. So erfahren wir, daß in der Mehrzahl dieser Schulen sich der Unterricht auf das Lehren des deutschen Lesens, auf Übungen im Schreiben und im Gesang und auf religiöse Unterweisung beschränkte. Im Religionsunterrichte wurden, soweit er evangelisch war, hier und da mit den im Lesen Geübteren einzelne Abschnitte der Bibel gelesen, meist wurde aber nur der Katechismus gedächtnismäßig eingeprägt ... Wer neben dem Gedruckten auch Geschriebenes lesen konnte, galt als hervorragender Schüler. Daß das Schreiben nicht überall mit den Schülern geübt ward, geht aus der Bestimmung in Enkirch hervor, nach welcher die Schüler, welche außer dem Lesen auch das Schreiben lernten, ein höheres Schulgeld zahlten. In Wehr konnte 1699 der Lehrer wohl lesen, aber nicht schreiben; dagegen wurde in Valwig sogar gewünscht, daß der Lehrer auch im Latein unterrichtete. In Hellingen konnten noch 1716 von Meier und Schöffen, den acht fähigsten Leuten des Ortes, fünf gar nicht schreiben; sie mußten eine Urkunde mit »Handzeichen unterhandzeichnen«, zwei schrieben die Anfangsbuchstaben ihrer Namen, nur einer seinen ganzen Namen. Das Rechnen wird in früherer Zeit fast nicht erwähnt, hat jedoch nicht gänzlich gefehlt (es gab für den Rechenunterricht schon frühe Lehrbücher). Nach der Kirner Schulordnung ... sollten beide Lehrer an jedem Predigttag in der Kirche sein und darauf halten, daß alle Schüler zur Kirche kamen ... auch examinieren, was diese von der Predigt behalten hätten ... Welches Interesse brachte der Bauer der Schulbildung entgegen? ... Die mir vorliegenden Nachrichten stimmen in der Klage über große Interesselosigkeit der Bauern überein ... So wird geklagt, daß bei einer Visitation nur der sechste Teil der »schulbaren« Jugend in der Schule zu finden war; in Trittenheim ordnete der Visitator 1669 für die Eltern, welche die schulpflichtigen Kinder (von 7 bis 10 Jahren) nicht zur Schule schickten, eine Strafe von 1 fl. an ... das erzbischöfliche Offizialat in Koblenz klagte 1715, daß die Anordnungen von 1712 nicht befolgt würden, und konstatierte, daß durch Verschulden der Eltern die Jugend im Winter die Schule versäume, im Sommer überhaupt nicht besuche ... Dabei waren die Bestimmungen ziemlich streng: der Lehrer sollte monatlich die Liste der Schulsäumigen und der Schulgeldrestanten an Pastor und Sendschöffen einreichen, der Pastor diese alle zwei Monate dem Landdechanten zustellen und dieser vierteljährlich beim Offizialat Bericht erstatten ... In Münstereifel übernahm nach Aufhebung des Stifts (1803) ein Unterlehrer die Schule privatim, »weil kein Mensch aus dem Gemeindevorstande sich um die Schule kümmerte«. Dabei hatte diese Stadt wahrscheinlich 1500 Einwohner. Angesichts der praktischen Schwierigkeiten konnte im 19. Jahrhundert auch die preußische Regierung nicht mit einem Schlage Wandel schaffen. So bestanden in den Gebirgskreisen Prüm, Daun, Bitburg, Wittlich und Bernkastel 1855 noch 102 Winterschulen, 1869 noch 86, von denen 31 mehr als 25 Schüler hatten.

Die Winterschulen, besonders in den armen Gegenden der Eifel, der Ardennen, des Hunsrück und der Saar heimisch, wuchsen gleichwohl im Laufe des 18. Jahrhundert an Zahl beständig ... Lehrer war in der Regel ein des Lesens und Schreibens kundiger Handwerker, welcher den »Wandeltisch« bei den Familien hatte, deren Kinder er unterrichtete; er wurde gewöhnlich zur Nachkir-

mes von den Gemeindegliedern für möglichst geringen Lohn »gedungen«. Ein Schulhaus gab es meist nicht ... In der Regel wurde der Unterricht in einem Bauernhaus gehalten; das Holz zum Heizen brachten die Kinder mit ...
Ein geschlossener Lehrerstand war bis weit ins 19. Jahrhundert hinein nicht vorhanden ... erst 1784 konnte ein Lehrerseminar mit mindestens halbjährlichem Kursus in Koblenz ins Leben treten; 1786 wurde allgemein ein festes Normalgehalt für ständige Lehrer festgesetzt, das der Bürgermeister erheben und dem Lehrer liefern mußte, und eine freie bequeme Amtswohnung gesichert ...

57, 49 ff.

Paderborn, 1667

Klassenordnung und Altersgruppen an einem Jesuitengymnasium

Das Gymnasium im engeren Sinne umfaßte sechs Jahresklassen: die Vorbereitungsklasse (infimae classis grammaticae ordo inferior oder Intima), die unterste Grammatikalklasse (grammaticae infima classis oder Tertia), die mittlere Grammatikalklasse (gr. media cl. oder Secunda), die oberste Grammatikalklasse (gr. suprema cl. oder Syntaxis), die Klasse der Humanität (humanitas, cl. poetica) und die Klasse der Rhetorik (cl. rhetorica). – Das Gymnasium im weiteren Sinne umfaßte außer den sechs genannten Gymnasialklassen (studia inferiora) noch das philosophische Triennium (studia superiora), nämlich die Logik, die Physik und die Metaphysik ...
Nach dem noch erhaltenen Schüler-Album betrug die Frequenz der einzelnen Klassen im Jahre 1667: Tertiani (Alter: 8–16 J.) 130, Secundani (Alter: 10–18 J.) 89, Syntaxistae (Alter: 12–18 J.) 143, Humanistae (Alter 14–22 J.) 92, Rhetores (Alter: 15–22 J.) 121, Logici (Alter: 14–22 J.) 107, Physici (Alter: 17–22 J.) 68, Metaphysici (Alter: 17–23 J.) 61. Dazu kamen ungefähr 110 Infimistae.

78, 247 f.

Dresden, 1772–1841

Eine Stift- oder Armenschule, Polizeischule genannt

Zweiundzwanzig Jahre erst war mein Vater alt, als ihm schon das Glück lächelte. Das Hungerjahr 1772–1773 hatte in Dresden zwei kleine Stift- oder Armenschulen ins Leben gerufen, in welchen eine Anzahl armer Kinder unentgeltlich unterrichtet wurden. Eine dieser Lehrerstellen war zu besetzen, und der

Vorstand jener beiden Anstalten, der Kriegsrat Schmieder, wendete sich mit der Bitte an den allgemein geehrten Garnisonkantor Pfeilschmidt, ihm einen tauglichen Mann als Lehrer vorzuschlagen. Als solchen empfahl P. meinen Vater, welcher somit einen, wenn schon nur kleinen Anfang zu seiner Selbständigkeit machte. Auch in seiner neuen Stellung erwarb mein Vater sich die Zufriedenheit seiner Vorgesetzten, so daß man ihm schon nach drei Jahren auch die zweite Stiftschule, deren Lehrer mit dem Tode abgegangen war, anvertraute. Zugleich wurde mit der Schule eine Speiseanstalt verbunden, daß die ärmsten Schüler früh bei ihrem Eintritt in die Schule mit einer warmen Brotsuppe beköstigt, mittags mit einer Portion Gemüse gesättigt und am Schluß des Unterrichts je mit einem halben Pfund Brots entlassen wurden. Die hierzu erforderlichen Geldmittel herbeizuschaffen, war der Menschen- und Kinderfreund Schmieder in Dresden von Haus zu Haus gewandert und hatte die Inwohner um milde Beiträge gebeten, welche die damals nicht unbedeutende Summe von 5800 Talern erreichten und bis zu der im Jahre 1841 erfolgten Auflösung jener Schule deren Stiftungsvermögen bildeten. Mein Vater hatte sogleich bei seiner ersten Anstellung seine Mutter zu sich genommen, welche nunmehr die Beköstigung der armen Kinder besorgte. Für jede Portion des Mittagessens, das des Sonntags abwechselnd aus Milchspeise und Fleisch mit Gemüse bestand, zahlte die Behörde 6 Pfennige, die, bei immer teurer werdenden Preisen, jedoch in einer langen Reihe von Jahren nach und nach auf 9 Pfennige erhöht wurden...
Für die 200 Taler jährliche Besoldung mußte mein Vater 100 Armenschüler unterrichten. Da hierzu noch eine nicht ganz unbedeutende Anzahl von Extranern kam, so machte sich die Einteilung sämtlicher Schüler und Schülerinnen in zwei Klassen nötig. Die erste Klasse verwaltete mein Vater, die zweite ein Hilfslehrer, den mein Vater aus seinem Beutel bezahlen mußte. In beiden Klassen waren – wie damals in allen höheren und niederen Volksschulen – die Geschlechter ungetrennt. Zu der Zeit meines Schuleintritts war ein junger Mann, namens Romberg, Hilfslehrer bei unserer Schule, dessen Händen ich übergeben wurde. Gleich meinem Vater hatte auch R. eine eigentliche pädagogische Bildung nicht erhalten, sondern aus sich selbst heraus zum Lehrer sich gebildet. Alle Sonn- und Feiertage geigte er abends und die Nacht hindurch auf einem gemeinen Tanzboden der Scheunenhöfe bei Neustadt-Dresden, wo er auch nebst seiner Mutter wohnte. Daß R. nach einer solchen Tanznacht zum Lehren wenig aufgelegt sein konnte, versteht sich von selbst. Von meinem Vater erhielt R. monatlich vier Taler Besoldung, freien Mittagstisch und nach dem Schlusse der Schulstunden ein Butterbrot auf den Weg. Dafür hatte R. wöchentlich 30 Lehrstunden zu erteilen und außerdem noch mir in etlichen Stunden wöchentlich Klavierunterricht zu geben.

65, 5f.; 26f.

Preussisch-Friedland, um 1794

Vorschule, Zimmerschule, Leseschule

Da ich noch nicht lesen konnte, wurde ich in die Vorschule gebracht, welche von einer mehr als siebzig Jahre alten Frau gehalten wurde. Sie bewohnte ein kleines schlechtes Häuschen am katholischen Kirchhofe, das nur eine Stube und den Hausflur umschloß. Das Zimmer war auf dem Fußboden mit Ziegeln belegt, die kleinen Fenster befanden sich oben nahe der Decke und waren so blind, daß man nicht hinaus sehen konnte. Ein großer Ziegelofen stand neben dem Kamin, und vor diesem saß die alte Frau und spann den ganzen Tag, neben sich auf einem Schemel eine hölzerne Kelle und eine Rute, die einzigen und mir schon sehr wohlbekannten Lehrmittel. Drei freistehende rohe, doch glatt geriebene Bänke ohne Lehnen nahmen die Schuljugend, Knaben und Mädchen, auf, bis sie notdürftig lesen konnten. Die eine Bank trug die ABC-Schützen, die zweite buchstabierte, die dritte fing zu lesen an. Der Schulunterricht begann mit dem Gesange eines feststehenden Liederverses, den man wie seine Melodie durch den Gebrauch lernte, und einem feststehenden kurzen Gebete, welches einer im Singsang hersagte, und hierauf ging einer nach dem andern zur spinnenden Frau und sagte aus der gewöhnlichen Fibel mit dem Hahne seine Buchstaben oder sein »a, b, ab« her. Die Alte sprach wenig, machte ein Kind Fehler, so schob sie ihr Spinnrad zur Seite, kippte mit einer Hand das Kind über den Schoß, hob mit der andern den Rock in die Höhe, ergriff die Kelle oder Rute und bearbeitete nach Gutdünken das Sitzfleisch. Dann kam ein anderes Kind an die Reihe, bis man durch war. Etwas anderes wurde nicht vorgenommen, und lange Stunden saß man still und müßig, bis die bestimmte Zeit verflossen war. Die Schule wurde geschlossen wie sie angefangen hatte. Zu viel lernte man nicht, ausgenommen Jungenstreiche, die nach natürlicher ... Methode einer dem anderen mitteilte ... Ich ging übrigens mit großer Unlust in die Schule, nicht weil ich sie für schlecht hielt, denn davon verstand ich nichts, auch nicht weil ich mich langweilte, denn daß das nicht geschah, dafür sorgten wir ja untereinander; aber ich glaubte die Zeit besser benutzen zu können, und begriff nicht, was mir das Lesen helfen sollte. Nur das wußte ich, daß ich dann zum Rektor in die Schule kommen könnte, was mich jedoch nicht lockte.

42, 51 ff.

STEINAU, UM 1800
Präzeptor Zinckhan, eine pädagogische Institution

Carl und ich waren entsetzlich wild und mutwillig ... Jacob und Wilhelm waren die fleißigsten, konnten aber in Steinau nichts mehr lernen ... Bald darauf kamen beide aufs Lyzeum nach Kassel, wir gingen noch weiter zum Zinckhan. An ein ernstliches Lernen wurde aber nicht gedacht, sondern meist Mutwille getrieben. In die Schule ging ich nur deshalb gern, weil ich da mit den Schulkameraden zusammenkam und Spektakel gemacht ... wurde. Hätte Zinckhan mich nicht eingesperrt und hätte es keine Schläge gegeben, ich wäre gewiß in der Woche drei- bis viermal neben die Schule gegangen, um in Wiesen und Wäldern herumzuschwärmen ...
Zinckhan gab mir Unterricht in der Violine, Klavier, Rechnen, Schreiben, Religion und Lateinisch. Wir bekamen oft Schläge, ich beinahe alle Tage. Er hatte Stöcke und kurze lederne Peitschen, denen er Namen gegeben hatte, und je nachdem die Strafe war, wurde der Stock gewählt ...
Sommer und Winter mußten wir uns sonntags bei ihm versammeln, morgens vor der Kirche, und wenn es das zweite Mal geläutet hatte, marschierte er voran, und wir mußten folgen, und ein viel älterer Schüler ... mußte ihm ein erwärmtes Brettchen nachtragen, worauf er beim Orgelspielen saß; wir froren oft entsetzlich in den zwei langen Stunden ... selten sangen wir ordentlich mit; nicht selten, wenn er bemerkte, daß wir ... lachten, ließ er unbemerkt den G. die Orgel weiterspielen, kam von der anderen Seite hinter uns und fragte jeden, an welchem Vers jetzt gesungen werde, und wenn er sah, daß wir's nicht wußten, mußten wir alle acht jeder einzeln hinter die Orgel kommen und bekamen unsre Schläge ...
Im Winter gingen die Bürgerjungen von acht bis elf Uhr in die Schule und von elf bis zwölf wir, und sie von mittags von eins bis drei und wir von drei bis vier ... Jeder Bürgerjunge brachte anstatt Geld ein Scheit Holz mit, das wurde in der Schulstube in einer Ecke aufgehäuft, und nach der Schule mußten einige das Holz nach dem Hof tragen und in Ordnung legen. Er liebte eine Art militärischer Ordnung; so mußten die Jungens, wenn die Schule aus war, zwei und zwei hintereinander abmarschieren ... Er ging ans Fenster und sah solange nach, bis keiner mehr auf dem Kirchplatz war ...
In unserer lateinischen Stunde führten wir unsere Streiche feiner aus, und er gab besser acht. In die Stunde gingen außer uns dreien 1. Wilhelm Denhard, Sohn des Zollerhebers; 2. Adolf Bode ... Sohn des Rentmeisters; 3. Ph. Möller, Sohn des Stadtschreibers ... 4. Jacob Pauli ... Sohn des Stadtrentmeisters; 5. Andreas Hufnagel, Sohn des Ochsenwirts ... 6. Johannes Menge, Sohn des Schweinehirten ... Nachdem wir ein Weilchen versammelt waren, ging die Türe auf, und er

kam, blickte jeden an, ob vielleicht einer lachte oder ob er sonst etwas bemerke; war das nicht der Fall, so ging er an sein Pult ... er rauchte große Dämpfe aus seiner Pfeife. Wir standen in Front aufgestellt und er sagte: »Habt ihr alle eure Grammatik?« ... Nun wurde Carl gefragt: »Was ist eine lateinische Grammatik?« – »Ist eine Anweisung zur lateinischen Sprache, die da lehret, wie man dieselbe recht schreiben, verstehen und reden soll.« Nun wurde der zweite gefragt: »Was ist eine griechische Grammatik?«; der dritte »Was ist eine hebräische, eine ungarische usw.«, worauf dann jeder das nämliche sagte wie bei der lateinischen Grammatik. Diese Aufgabe kam jeden Tag vor ... Nun kamen die Konjugationen; das ging auch so ziemlich, weil wir sehr weniges immer drei bis vier Wochen lang aufbekamen; zuletzt die Wörter, höchstens vier bis fünf; aber höchst selten konnte sie einer alle, da sagte er: »Setzt euch hin und lernt sie besser.« Er selbst nahm unterdes wieder eine andere Arbeit vor, zog eine neue Saite auf die alte Violine oder arbeitete an einer alten Lampe, für die er aus Binsen Dochte gemacht und an der er allerlei erfunden und verbessert hatte ... Nach einer halben Stunde ging er wieder an den Pult, setzte den Brill auf die Nase und rief: »Könnt ihr eure Wörter?« – »Ja!« rief ein jeder ... Nun wurde ein jeder die fünf Wörter gefragt, aber höchstens konnte jeder zwei bis drei ... er schwieg aber still und rief: »Bete, wer muß!« worauf der, an dem die Reihe war: »Pater noster, qui es usw.«; wie der fertig war, sagte er: »Ihr bleibt alle hier und lernt eure Wörter, und wenn ich in einer Stunde heraufkomme und ihr könnt sie noch nicht, bleibt ihr hier, bis die Sterne am Himmel stehen!« Dann ging er auf den nochmaligen Zuruf seiner Frau: »Die Klöß' sind gar« ... langsam die Treppe hinunter ...

Er hatte drei Gärten, auch Wiesen und Äcker ... Wenn eine Kindtaufe bei ihm oder in der Kirche war, oder die Ernte war gut ausgefallen, oder er hatte ein Kalb vorteilhaft verkauft u. dgl., dann geschah es wohl, daß er mit uns einen Spaß machte, und dann war er auch außerordentlich nachsichtig ... Beim Heumachen hatten wir auch gute Tage, da waren die Stunden sehr kurz oder gar keine ... Im Sommer kam er in unser Haus, der Lotte Unterricht zu geben; wir mußten dann daneben sitzen und lernen. Die Lotte stand neben ihm und bekam ein Hölzchen in die Hand, worin eine Stecknadel befestigt war; mit dem Stecknadelkopf mußte sie die Buchstaben deuten und ihm dieselben nachsprechen. Die Mutter saß auf dem Kanapee und strickte.

33, 39ff.

MÜNCHEN, 1806ff.

Leiden im Kadettenkorps

14. 10. 1806

Liebe Tante ich will dir schreiben was wir den ganzen Tag tun. Zu früh um fünf stehn wir auf. Von 6 bis 12 haben wir Stunden ausgenommen von 9 bis 10 nicht wo wir in den Hof gehen. Um 12 essen wir. Im Winter gehen wir von 1 bis 3 spazieren dann lernen wir von 3 bis 6. Den Sommer gehen wir von 5 bis 7 spazieren wo wir dann von 2 bis 5 lernen.

Anfang 1807

Ich habe immer entsetzliche Kopfschmerzen weiß du nicht was ich dafür brauchen kann denn ins Krankenzimmer gehe ich sehr ungern 1.) weil man den Sonntag darauf nicht ausgehen darf. 2.) weil man wenigstens drei Tage hintereinander nichts als Suppe zu essen bekömmt.

19. 6. 1807

Vorgestern badete ich mich zum ersten Mal in meinem Leben mit den andern. Ich wagte mich zu tief hinein und sank hinein. Ich konnte keinen Atem mehr holen aber in dem nämlichen Augenblick als ich zu Grunde gehn wollte trieb mich das Wasser in die Höhe, ich wäre aber gleich wieder hinabgesunken wenn mich nicht einer (namens Engelbrecht) bei der Hand erwischte und hervorzog. Diesen hast du das Leben deines Sohnes zu danken. O es muß ein schrecklicher Tod sein das Ersticken. Aber vergiß dein Versprechen nicht nämlich, daß du und der Vater mich aufs Jahr abholen. Hältst du dieses Versprechen, so will ich auch das meinige halten und will immer fleißig und gut sein, damit ich (wenn ich dir um den Hals falle) sagen kann ich habs verdient.

7. 8. 1807

Freilich liebe Mutter, du stellst dir es des Sonntags ganz anders vor. Des Sonntags stehn wir erst um 5 Uhr auf (die Werktage um 4 Uhr). Dann ziehen wir uns an bis ½ 7 Uhr. Dann gehen wir hinunter im Speisesaal. Dann wird gebetet ein Morgengebet das Vaterunser und gegrüßt sei du Maria ... Dann haben wir eine Stunde dann frühstücken wir, dann wird visitiert. Dann geht man in die Kirche.

3. 9. 1807

Ich konnte dir aber nicht gleich Nachricht geben wegen den Examen. Dienstag den 1ten fing es an und heute sind wir fertig. Morgen früh ist nur noch Tanzen und fechten und morgen nachmittag werden die Preise ausgeteilt. Ich bin neugierig ob ich einen bekomme.

23. 3. 1808
Die Noten vom Monat Februar sind aufgehängt worden. Ich habe viel Fleiß und gutes Betragen und unter 48 Schüler der 12te. In der deutschen Sprache bin ich dieses Monat (Februar) der 1te werde es im jetzigen (März) in der Religion und vielleicht auch wieder im Deutschen. Im Französischen bin ich der 3te ... Ich war den 21ten bei General Werneck und auch noch nicht lange bei Schelling. Ich war wie ich dir schon geschrieben habe 3 Wochen krank da bin ich wieder in der Mathematik recht zurückgeblieben. Ich sah letzhin die Zauberflöte wieder. Wenn ich nicht krank gewesen wäre, so wäre ich in Bayard gekommen. Es ärgert mich recht. Samstags den 20ten (es war Feiertag) sah ich die Wachsfiguren ... Ich habe mir eine Tabelle gemacht worin ich die Tage bis an die Vakanz abzähle, denn ich freue mich unendlich darauf.

18. 11. 1808
Also den 13ten war Dein Geburtstag, teure Mutter! Ich war da eben im Theater. Es wurde aufgeführt: 1. Verstand und Herz, ein Lustspiel in einem Akt, dann 2. Paul und Virginie ein Ballet in 3 Aufzügen ... Von meinen 8 Täfelchen Schokolade habe ich nur noch 5. Wegen eines Vergehens bekam ich heute Säbelarrest (die entehrendste Strafe). Es war Folgendes: Eben als ich in die Lektion gehen wollte erhielt ich das Paket. Ich konnte mich der Neugier nicht enthalten und las den Brief in der Lektion. Hauptmann Baur sah es und forderte den Brief. Ich wollte ihn nicht hergeben weil ich ihn nicht gern gelesen haben wollte. Er ward sehr zornig und führte mich nach der Stunde zum Herrn Oberstleutnant. Man nahm mir den Brief mit Gewalt ab, und nachdem er allerseits gelesen worden war bekam ich ihn wieder zurück. Dafür erhielt ich Säbelarrest. Ich muß nun bei den Spaziergängen ohne Säbel mitgehen, darf nicht ausgehen wenn ich eingeladen bin, nicht ins Theater, und muß auch ohne Säbel in die Kirche gehen.

4. 1. 1809
Dann wird im Speisesaal hinunter marschiert, und dann betet einer vor. Dann statten die Unteroffiziere Rapport ab und dann wird in die Lektionen marschiert, und in Reih und Glied. (Du wirst sehen wenn ich dir den weiteren Tagesablauf erzähle, wie oft dies Aufstellen in Reih und Glied geschieht. Und wenn man unter diesen vielen Malen im Gliede nur einmal den Fuß ein wenig bewegt oder gar den Kopf dreht, so bekömmt man abends nichts zu essen oder noch eine härtere Strafe. Ist das nicht entsetzlich!?) Die Lektionen dauern nun bis 9 Uhr. Dann wird wieder aufgestellt und das Brot ausgeteilt. Es kommen die Offiziere und visitieren uns ob wir ganz ordentlich angezogen (z. B. das Halstuch gut und schön gebunden), Wer das nicht ist bekömmt wieder Strafe oder sonst Verdruß. Dies dauert nun bis 10 Uhr, dann wird wieder in die Hörsäle

abmarschiert. Die Lektionen dauern nun bis 1 Uhr. Da wird gegessen. Das Gemüse ist immer schlecht gekocht. Doch wer keins ißt, bekömmt auch kein Rindfleisch oder sonst eine Strafe. Um ¾ auf 2 wird aufgestanden und wieder aufgestellt. Da gehts spazieren, immer in Reih und Glied wie die Soldaten wir dürfen da kaum miteinander reden. Um 4 Uhr kommen wir wieder nach Hause. Es geht wieder in die Hörsäle. Alles in Reih und Glied. Um 7 hören die Lektionen auf. Es wird wieder aufgestellt und die Unteroffiziere statten Rapport ab. Dann wird zu Nacht gegessen. Um 8 Uhr aufgestanden. Die Stunde von 8 bis 9 ist nun die einzige Freistunde, und diese haben wir manchmal nicht einmal. Um 9 Uhr wird wieder aufgestellt, Rapport abgestattet und im Schlafsaal hinauf marschiert. Da müssen wir noch eine Zeit lang in Reih und Glied stehen. Endlich heißt es: auseinander. Wir müssen uns geschwinde ausziehen und ins Bett legen. Ist das ein Leben für Menschen? Jeder Hund, jede Katze, ja, jeder gemeine Soldat hat es besser als wir. Und du, liebe Mutter, kannst mir zumuten, daß ich hier gern sein soll!

72, 7, 9, 13, 17, 19, 26f., 35, 38f.

Wolfskehlen, 1807–1841

Einrichtung einer Industrieschule auf dem Dorf

Zunächst galt es, die Schule, die infolge der Kriegszeiten (1795) fast leer geworden war, wieder zu füllen und die Kinder zu einem regelmäßigen und unausgesetzten Schulbesuch zu bewegen. Die zahlreichen Schüler wurden sodann in drei Klassen geteilt... Da aber der Schulraum nur zwei Klassen zugleich faßte, so war immer eine Klasse unbeschäftigt, die dann meist zu Störungen Anlaß gab ... Auch erlernten anfangs nur die Knaben das Schreiben, bei den Mädchen war es eine seltene Ausnahme. Ja, es gab sogar Eltern, die sich dem Schreibenlernen der Mädchen widersetzten, da es für sie eine unnütze, ja wohl gar gefährliche Sache sei.
Daher verfiel man bald darauf, um den Mädchen, während eine andre Klasse von ihnen vom Lehrer unterrichtet wurde, eine nützliche Beschäftigung zu verschaffen, ihnen das Stricken als eine zeitverkürzende, geräuschlose und dabei sehr nützliche Arbeit zu empfehlen ...
Nur mit vieler Mühe ... konnte dieser erste Grund zur Verbindung des Arbeitens mit der Lehrschule gelegt werden. Indes die von dem Pfarrer Sauer zu Rüthen in Westfalen freundschaftlich mitgeteilten Notizen über das dortige Industrieschulwesen erweckten in (Pfarrer) Lanz den Wunsch, bald mehr ... tun zu können. Solange der alte Herr Hornung lebte, war nicht daran zu denken.

Sobald dieser aber im Jahre 1807 gestorben war und Lanz selbst die Schule in die Hand genommen hatte, brachte er die Verbindung des Arbeitens, sowohl abwechselnd mit dem Schulunterricht als auch während desselben, bei allen Unterrichtsgegenständen, wobei die Hände unbeschäftigt bleiben – den Religionsunterricht ausgenommen, bei welchem nicht gearbeitet werden durfte – in regelmäßigen Gang. So beschäftigten sich von Anfang des Jahres 1808 sämtliche Mädchen ... 42 an der Zahl, und von den 58 Knaben 24 ... mit Stricken in der Schule, und in den ersten Monaten des Jahres wurden schon 60 Paar neue Strümpfe, 58 Paar angestrickte und drei Paar Handschuhe verfertigt.
Da der im Mai 1808 neu eintretende Schullehrer gar kein Interesse für diese neue Schuleinrichtung mitbrachte ... geriet die schöne Sache ins Stocken und wäre jedenfalls ganz eingegangen, wenn sie nicht zur selben Zeit ein Gegenstand der besonderen Aufmerksamkeit des Großherzoglichen Kirchen- und Schulrats zu Darmstadt geworden wäre ... Durch (dessen) Reskript ... wurde ... zu Wolfkehlen die erste öffentliche Industrieschule ... genehmigt ... Schulpflichtig waren alle Mädchen und alle notorisch dürftigen Knaben, namentlich alle, die Unterstützungen empfingen. Von den 66 Unterwiesenen stellten 44 ihr Material selbst, 22 empfingen es von der Schule.
Die Lehrerin, Frau Sänger, bedurfte der Unterstützung ihrer erwachsenen Tochter, da sie statt an vier, vielmehr an sechs Tagen morgen von 9–10 Uhr Unterricht erteilte, sowie noch mittwochs und Samstag nachmittags von 1–3 Uhr. Die Schüler, Mädchen und Knaben, besuchten von 7–9 die Lern- und von 9–10 Uhr die Arbeitsschule. Nach 10 Uhr wurden dann noch die Elementarschüler in die Anfangsgründe des Lesens eingeführt. Jedes Kind hatte bei seinen Arbeitsstücken ein Verzeichnis derselben und eine bestimmte Blechnummer. Die Handarbeiten wurden in verschließbaren Tischschubladen aufbewahrt.
Die mühsam und glücklich gegründete Anstalt verlor ihre Lehrerin ... schon 1809 durch den Tod. Der Unterricht wurde ihrer Tochter Caroline Sänger übertragen. Für ein größeres Schullokal wurde ein Geschenk von 600 fl. aus dem Kirchenfond sowie eine Quantität Eichen- und Tannenbauholz von der Regierung bewilligt. Von 1810–1811 wurde der Bau vollendet. Eine neue Lehrerin wurde gewonnen in der kinderlosen Witwe des achtbaren Mädchenlehrers Seibert zu Groß-Gerau. Auf Antrag des Beamten zu Dornberg und des Pfarrers zu Wolfskehlen wurde sie ... mit 150 fl. Gehalt angestellt. ...
Die Unterrichtsgegenstände ...
1. Mit dem Stricken, als dem für jede Hausfrau unentbehrlichsten und leichtesten, wird der Anfang gemacht. Vom gewöhnlichen bis zum Dessein- und Perlenstricken von Strümpfen, Socken, Handschuhen, Kleidchen, Häubchen, Röcken, Wämsern, Geldbeuteln, Uhrbändern; so jedoch, daß die ärmeren Kinder mehr zu dem Alltäglichen angehalten werden ... 2. Flickarbeiten, Stopfen,

Nähen gröberer und feinerer Gegenstände ... 3. Spinnen. Dies lernen zwar die meisten zu Hause, jedoch muß jedes Mädchen des Jahres einmal auch in der Schule spinnen ... Überhaupt sollen alle Arbeiten, die einer Hausfrau auf dem Lande vorkommen und in der Stube gezeigt und geübt werden können, von der Lehrerin gelehrt werden ...
Die Industrielehrerin soll ... während des Unterrichts erzählen, vorlesen lassen, sich unterreden, und so bilden und veredeln. Namentlich soll sie durch kindlich reine und heitre Lieder die schlechten und sittenverderblichen Volkslieder verdrängen helfen. Zur Begleitung der Gesänge wird eine Schulorgel angeschafft ... Insbesondere die dritte Lehrerin, Fräulein Köhler ... wirkte lange mit großer Liebe, Geduld und nachhaltigem Segen ... Durch Dekret ... 1817 hier angestellt, blieb sie bis ... 1830 ... Mit Weggang der Fräulein Köhler hörte durch kreisrätliche Verfügung und Wegfall der größeren Besoldung ... die umfassend organisierte tägliche Industrieschule auf. An deren Stelle trat eine Mittwoch und Samstag nachmittags im Winter, und Dienstag und Freitag nachmittags im Sommer von 12 bis 2 Uhr und von 2 bis 4 Uhr für die oberen und unteren Mädchenabteilungen zu erteilende Unterweisung im Stricken, Nähen, Stopfen und etwa Straminnähen und Häkeln.

70, 59ff.; 67ff.

Magdeburg, um 1810
Die Kantorschule antediluvianischer Tradition

Ich wurde nunmehr mit meiner um fast anderthalb Jahr älteren Schwester in die unserem Hause gegenüberliegende Kantorschule geschickt, wo ich in der gewöhnlichen Weise lesen, schreiben und rechnen lernte. Diese Schule war noch ganz in dem Stil eingerichtet, der jetzt nur als eine antediluvianische Tradition bei uns existiert. Eine ungeheure, saalartige Stube. Zwei durch einen großen Zwischenraum getrennte Reihen von Bänken und Tischen, die amphitheatralisch aufstiegen, so daß der Lehrer alle Schüler übersehen konnte. Auf der einen Seite nach den Fenstern zu ... saßen die Knaben, auf der anderen die Mädchen. Die ABC-Schützen saßen auf einer sehr niedrigen Bank voran, unmittelbar vor dem Lehrer. Sie hatten sich nur mit Stillsitzen zu beschäftigen. Am angenehmsten war es, wenn sie schliefen, denn ihre fast einzige Tätigkeit bestand darin, daß sie am Schluß der Schule auf einer Papptafel, die neben der Tür hing, die Buchstaben des großen und kleinen, deutschen und lateinischen Alphabets nebst den Zahlen, auf welche der Lehrer mit einem Rohrstöckchen wies, teils einzeln, teils im Chor hersagten. Da nun die Erwachsenen aus Ungeduld, her-

auszukommen, fleißig vorsagten, so ist es Wunder genug, daß die Kinder überhaupt wirklich lesen lernten. Von Schulbüchern erinnere ich mich nur der Bibel, des Gesangbuchs und eines französischen Lesebuchs. Ich habe in dem kleinen Druck meiner Halleschen Handbibel lesen gelernt und erinnere mich noch, welch schwierige Leseprobe die vielen Namen der Geschlechtsregister im alten Testament waren.
Die Disziplin wurde in einer Zeit, in welcher das Spießrutenlaufen noch in der preußischen Armee bestand, mit vielem Prügeln gehandhabt. Manche Jungen erwarben im Geprügeltwerden einen gewissen Ruf, indem sie bei der Exekution sich gewaltig sträubten, so daß ihre Bestrafung für die Schule immer ein grausenerregendes und doch sehr unterhaltendes Fest war, ähnlich wie Hinrichtungen die Massen anziehen. Die Strampelnden und Abwehrenden mußten an Füßen und Händen gehalten und über einen Reitsessel gelegt werden, wo sie dann ihre weitschallenden Bullenfinkenhiebe erhielten ... Ich lernte ganz gut in der Bibel lesen und legte auch im Schreiben einen guten Grund.

81, 7f.

Calbe, 1821–1831
Die Schulen der Pastorentochter

Von ziemlich früher Selbständigkeit zeugt, daß das erst vierjährige Kind darauf einging, sich von einer ... Predigerfamilie ... mitnehmen zu lassen, nach Breitenhagen. Als ihre Eltern nach einigen Tagen hinkamen sie abzuholen, hatte sie inzwischen sehr hübsch stricken gelernt ... Außer nach (der Domäne) Gottesgnaden ging sie auch in der Stadt nun in die Strickschule zu der alten Mamsell »auf dem Graben«. Bei jenen Mittwochs- und Sonnabendsgängen aber gab eine gute Magd, die am Wege wohnte, wenn sie mit ihrem kleinen Handkorb vorüberkam, ihr oft das Geleite ...
Als die kleine Marie 5 Jahre alt war, begann der Unterricht. Scherzhaft rühmte sie sich öfters, daß sie die Lautiermethode in der ganzen Diözese eingeführt habe ... Ihr Vater war ein eifriger Schulmann, hatte eine Präparandenanstalt; einer der Präparanden mußte an Mariechen den ersten Versuch machen, und sie lernte ganz außerordentlich rasch lesen. Sie erinnerte sich sehr wohl, wie sie vor vielen versammelten Pastoren und Kantoren ihre Künste hatte machen müssen, und das war denn sehr überzeugend.
Von nun an besuchte sie regelmäßig die Schule »hinter den Scheuren« ... Dort hielt die Schule für die kleinen Mädchen ein ganz altes Original von Schulmeister, im Sommer in seinem Blumengarten, und als er nicht mehr konnte, sein

Schwiegersohn und Nachfolger, Herr Tänzer, ein gewaltig großer Mann mit einer feinen Stimme und nicht zu großem Geiste ...

Aus der kleinen Mädchen-Schule »hinter den Scheuren« war unsere Marie inzwischen – die Zeit läßt sich nicht genau bestimmen – in die Küster-Schule übergegangen. Diese, eine gewöhnliche Elementarschule, war das höchste, was die Stadt Calbe ihren »höheren Töchtern« dazubieten vermochte (der Rektor hatte die Knaben), und mit gesundem Takte – der wohl auch durch die finanziellen Rücksichten, bei dem schon fast unerschwinglichen Schul- und Universitätsleben der vielen Knaben aufs wirksamste unterstützt ward – wollten die Eltern die Tochter nicht aus dem Hause, nicht »in Pension« geben. So war denn für diese, was da zu lernen war, bald wieder gelernt; sie saß dann mehrere Jahre lang – weil doch bis zur Konfirmation in die Schule gegangen sein mußte – konstant als die oberste, und machte den Kursus immer von neuem mit durch. Deutsche Aufsätze nach Art unserer höheren Töchterschulen hat die nachmalige Schriftstellerin nie machen gelernt ... Noch weniger war natürlich von fremden Sprachen oder des etwas die Rede. Kopfrechnen ware ihre Hauptforce.

62, 26ff.; 78

Menzendorf und Lübeck, 1824–34

Aus der Lern- und Schulkarriere eines künftigen Ingenieurs

Als meine Schwester und ich dem Unterrichte der Großmutter ... entwachsen waren, gab uns der Vater ein halbes Jahr selbst Unterricht. Der Abriß der Weltgeschichte und Völkerkunde, den er uns diktierte, war geistreich und originell und bildete die Grundlage meiner späteren Anschauungen. Als ich elf Jahre alt geworden war, ward meine Schwester in eine Mädchenpension nach der Stadt Ratzeburg gebracht, während ich die Bürgerschule des benachbarten Städtchens Schönberg ... besuchte. Bei gutem Wetter mußte ich den etwa eine Stunde langen Weg zu Fuß machen. Bei schlechtem Wetter waren die Wege grundlos, und ich ritt dann auf einem Pony zur Schule ...

Eine entschiedene Wendung meines Jugendlebens trat Ostern 1828 dadurch ein, daß mein Vater einen Hauslehrer engagierte ... Der Kandidat der Theologie Sponholz war ein noch junger Mann. Er war hochgebildet, aber schlecht angeschrieben bei seinen geistlichen Vorgesetzten, da seine Theologie zu rationalistisch, zu wenig positiv war ... Über uns halbwilde Jungen wußte er sich schon in den ersten Wochen eine mir bis heute rätselhafte Herrschaft zu verschaffen. Er hat uns niemals gestraft, kaum je ein tadelndes Wort gesprochen, beteiligte sich aber oft an unseren Spielen ... Sein Unterricht war im höchsten Grade anregend und anspornend ... So gelang es ihm schon in wenigen Wochen, aus verwilderten, arbeitsscheuen Jungen die eifrigsten und fleißigsten Schüler zu machen, die er nicht zur Arbeit anzutreiben brauchte, sondern vom Übermaß derselben zurückhalten mußte. In mir namentlich erweckte er das nie erloschene Gefühl der Freude an nützlicher Arbeit und den ehrgeizigen Trieb, sie wirklich zu leisten. Ein wichtiges Hilfsmittel, das er dazu brauchte, waren seine Erzählungen. Wenn uns am späten Abend die Augen bei der Arbeit zufielen, so winkte er uns zu sich auf das alte Ledersofa, auf dem er neben unserm Arbeitstische zu sitzen pflegte, und während wir uns an ihn schmiegten, malte er uns Bilder unsres eignen künftigen Lebens aus, welche uns entweder auf Höhepunkten des bürgerlichen Lebens darstellten, die wir durch Fleiß und moralische Tüchtigkeit erklommen hatten ... oder welche uns wieder in traurige Lebenslagen zurückgefallen zeigten, wenn wir in unserm Streben erlahmten ... Leider dauerte dieser glücklichste Teil meiner Jugendzeit nicht lange, nicht einmal ein volles Jahr. Sponholz hatte oft Anfälle tiefer Melancholie ... In einem solchen Anfall verließ er in einer dunklen Winternacht mit einem Jagdgewehr das Haus und ward nach langem Suchen ... mit zerschmettertem Schädel gefunden. Unser Schmerz über den Verlust des geliebten Freundes und Lehrers war grenzenlos ... Der Nachfolger von Sponholz war ein ältlicher Herr, der schon lange Jahre in adligen Häusern die Stelle eine Hauslehrers inne gehabt hatte ... Sein Erziehungssystem war ganz formaler Natur. Er verlangte, daß wir vor allen Dingen folgsam waren und uns gesittet benahmen. Wir sollten die vorgeschriebenen Stunden aufmerksam sein und unsre Arbeiten machen, sollten ihm auf Spaziergängen gesittet folgen und ihn außerhalb der Schulzeit nicht stören. Der arme Mann war kränklich und starb nach zwei Jahren in unserm Hause an der Lungenschwindsucht ... Nach dem Tode des zweiten Hauslehrers entschloß sich mein Vater, Bruder Hans und mich auf das Lübecker Gymnasium, die sogenannte Katharinenschule, zu bringen, und führte diesen Plan aus, nachdem ich ... konfirmiert war ... Wir kamen in keine eigentliche Pension, sondern bezogen ein Privatquartier bei einem Lübecker Bürger, bei dem wir auch beköstigt wurden. Mein Vater hatte so unbedingtes Vertrauen zu meiner Zuverlässigkeit, daß er mir auch das volle Aufsichtsrecht über meinen etwas leicht gesinnten Bruder gab ...

Die Lübecker Katharinenschule bestand aus dem eigentlichen Gymnasium und der Bürgerschule, die beide unter demselben Direktor standen und bis zur Tertia ... Parallelklassen bildeten. Das Gymnasium genoß damals hohes Ansehen als gelehrte Schule. Im Wesentlichen wurden auf ihm nur die alten Sprachen getrieben. Der Unterricht in Mathematik war sehr mangelhaft und befriedigte mich nicht; ich wurde in diesem Gegenstande in eine höhere Parallelklasse versetzt, obschon ich bis dahin Mathematik nur als Privatstudium betrieben hatte, da

beide Hauslehrer nichts davon verstanden. Dagegen fielen mir die alten Sprachen recht schwer, weil mir die schulgerechte, feste Grundlage fehlte ... Ich arbeitete mich zwar in den beiden folgenden Jahren gewissenhaft bis zur Versetzung nach Prima durch, sah aber doch, daß ich im Studium der alten Sprachen keine Befriedigung finden würde, und entschloß mich, zum Baufach, dem einzigen damals vorhandenen technischen Fache, überzugehen. Daher ließ ich in Sekunda das griechische Studium fallen und nahm statt dessen Privatstunden in Mathematik und Feldmessen, um mich zum Eintritt in die Berliner Bauakademie vorzubereiten. Nähere Erkundigungen ergaben aber leider, daß das Studium auf der Bauakademie zu kostspielig war ...
Aus dieser Not rettete mich der Rat meines Lehrers im Feldmessen, des Leutnants im Lübecker Kontingent, Freiherrn von Bülzingslöwen ... Dieser riet mir, beim preußischen Ingenieurskorps einzutreten, wo ich Gelegenheit erhalten würde, dasselbe zu lernen, was ich auf der Bauakademie gelehrt würde. Mein Vater ... war ganz damit einverstanden ... Ich nahm daher Ostern 1834 im siebzehnten Lebensjahre Abschied von dem Gymnasium und wanderte mit mäßigem Taschengelde nach Berlin ...

89, 10ff.

Berlin, 1825–1831
In der Mayetschen Erziehungsanstalt

Als dann meine Eltern den Landaufenthalt mit Berlin vertauschten, fand ich bald darauf in der Mayetschen Erziehungsanstalt, einer der ersten jener Zeit, Aufnahme. Ich wohnte bei meinen Eltern und besuchte von ihnen aus, wie man es heute nennen würde, als Tagespensionärin, den Unterricht bei Mayets in den Jahren von 1825–1827 ... Drei Schwestern, die Mamsellen Mayet, wie sie damals genannt wurden, hatten eine sehr einfache Wohnung inne, zwei Treppen hoch, an der Ecke Friedrich- und Französische Straße.
Die Ausstattung des größten Raumes, der gleichzeitig als Schul- und Eßzimmer diente, bestand aus zwei großen Bücherschränken und einem langen schmalen Tisch, an dem auch mittags gegessen wurde. Die einzige Sitzgelegenheit waren Holzbänke, ohne Lehnen; nur ... die älteste Schwester saß mittags auf einem Stuhl, den sonst, während des Unterrichts, der Lehrer einnahm. Dies Eßzimmer war für die 2. Klasse, die am zahlreichsten besetzt war. Die 1. und 3. Klasse befanden sich in einem kleinen Nebenzimmer. Da stand auf der einen Seite, am Fenster, auch ein schmaler, aber kleiner Tisch mit Bänken. Auf der anderen Seite, vor dem steifen kleinen Sofa, ein größerer Tisch, der für die beiden Klas-

sen zur gemeinsamen Zeichen- und Schreibstunde benutzt wurde. In einer Ecke war noch ein kleines Etablissement mit ganz niedrigen Bänken – hier wurden einige ABC-Schützen unterrichtet. Im hinteren Raum, dem Mädchenzimmer, wurden die Sachen der nur zum Unterricht kommenden Kinder abgelegt. Was für eine Bazillentheorie würde man heute auf der Tatsache kultivieren, daß die nassen Mäntel und Hüte der jungen Mädchen dort stundenlang auf den nicht immer blütenweißen Betten der Dienstmädchen lagen ...
Die Tanzstunden, auf welche besonderes Gewicht gelegt wurde, fanden in der 1. Klasse statt. Als Vorbereitung wurden 2-3 Talglichter angezündet ... In diesen Räumen, bei ähnlicher Beleuchtung, fanden auch die Feste statt ... die Eingeladenen sahen französischen Lustspielen und Gruppentänzen bewundernd zu. Ich sehe noch Agnes Exleben mit Grazie Gavotte tanzen, und Dora Hellwig Shawltanz vorführen. Nach den Vorstellungen wurde allgemein getanzt, und es waren dazu immer einige leibhaftige Leutnants, Kadetten oder ähnliches, Brüder von Pensionärinnen, da.
Von den Schwestern Mayet war die jüngste, Mademoiselle Lotte, ganz taub. Sie war lange in Frankreich gewesen und gab alle französischen Stunden ... Ich gehörte zwar dem Alter nach nicht zur 1. Klasse, war aber, von frühester Jugend an französisch unterrichtet, den Kenntnissen nach reif dafür ...
Der Unterricht bei Mayets, der sich hauptsächlich auf das Französische beschränkte und sonst manche Mängel bot, genügte meinen Eltern auf die Dauer nicht, und so traten wir Schwestern in die Büttnersche Schule ein; diese war sehr besucht und genoß den besten Ruf.

10, 54ff.; 65

MAGDEBURG, 1836

Aufgabe der Abend- und Sonntagsschulen

Weil aber noch manche Kinder in den Fabriken arbeiten müssen, so sind für diese zwei Abendschulen in dem Lokal der großen Volksschule errichtet; jedoch ist vom Magistrate die weise Anordnung getroffen, daß kein Kind, welches noch nicht lesen kann, in Fabriken arbeiten darf; dadurch wird nicht allein der Mißbrauch mit zu zarten Kinderkräften verhütet, sondern auch der Erfolg des weiteren Unterrichts in den Abendschulen gesichert. – Die Sonntagsschulen, von 3–6 Uhr, sind nur für diejenigen, welche in der Zichorien- und Kartoffelernte sich durch Feldarbeit ihre Bekleidung für den Winter gewinnen. Sie erhalten von dem Schul-Inspektor die Erlaubnis, auf einige Wochen die Tagesschule zu versäumen, und müssen, damit keine Lücke entsteht, statt dessen in die

Sonntagsschule gehen. Ihre Zahl ist sowohl in dieser (etwa 20), als in den Abendschulen verhältnismäßig nur gering.

45, 307

BERLIN, UM 1843

Ein Besuch in der Armenschule

In den Familienhäusern traf ich auch auf Schulstuben. Ein Privatverein hat daselbst eine Kleinkinderschule, ein anderer drei Primarschulen, zwei für Knaben und eine für Mädchen, gestiftet und bis jetzt unterhalten. Die Zahl der Kinder wird sich auf circa dreihundertfünfzig belaufen. Sie sehen im Durchschnitt recht gut aus; viele scheinen mit schönen Anlagen reichlich begabt. In der Kleinkinderschule sind gegen hundertundvierzig Knaben und Mädchen von zwei bis sechs Jahren unter der Leitung eines alten Ehepaares täglich sechs bis acht Stunden beisammen. Solchen, deren Eltern den ganzen Tag abwesend sind, gibt der Lehrer ein Mittagbrot für 6 Pfennige. Die äußere Einrichtung der Schule ist zweckmäßig, die innere hat mich unangenehm überrascht. Die armen Kleinen werden schon mit Schulkenntnissen abgequält, und dies auf die traurigste Weise. Die Haare standen mir zu Berg, als die Kinder folgende Fragen im Chor und taktmäßig beantworteten: Wie heißt das Buch, in welchem Gott mit uns spricht? Was für Teile hat die Bibel? Womit beginnt das alte, das neue Testament? Was ist Taufe? Wovon handelt das achte, vierte, sechste, das siebente Gebot? Was für Lehranstalten gibt es in Berlin? Was für Beamte? Was für Königreiche sind in Europa? Was für Flüsse in Deutschland, Frankreich, Spanien? – Die vierjährigen Buben und Mädchen, die vom Ehebruch sprachen, kommen mir zeitlebens nicht aus dem Gedächtnis. – Die untere Mädchenschule, wo Kinder von sechs bis zehn Jahren unterrichtet werden, versetzte mich ganz in eine Dorfschule des verflossenen Jahrhunderts. Dreiundvierzig Schüler buchstabierten miteinander aus Hornungs Leselernbüchlein, und der Lehrer schlug mit dem Stock den Takt dazu. Zum Schluß der Stunde wurden die heiligen zehn Gebote im Chor aufgesagt und einige schwere Lieder auswendig auf's Jämmerlichste abgesungen. Die Privatschulen werden doch auch unter der Aufsicht des Staates stehen? Der Lehrer an der Mädchenschule sagte mir wenigstens, daß er von den hohen Erziehungsbehörden examiniert worden sei.

6, 585 ff.

ALTONA, 1863 ff.
Auf dem Christianeum in der Hohenschulstraße

Den Weg nach Altona wiesen mehrere dorthin vorangegangene Schüler Pastor Thomsens. Dieser hatte mich und meinen Mitschüler bei Direktor Lucht für die Sekunda angemeldet. Wir stellten uns dem Direktor vor; er wies uns an den Konrektor Dr. Henrichsen, den Klassenlehrer der II. Der ... bestellte uns auf einen der nächsten Vormittage zur Aufnahmeprüfung ... Wir nahmen um den großen runden Tisch in der Wohnstube des Herrn Konrektors Platz, wo Papier bereit lag. Er diktierte uns einen nicht eben allzu langen deutschen Text zum Übersetzen ins Lateinische. Die Sache fiel für alle genügend aus ... Eine Prüfung in anderen Fächern fand nicht statt, so sehr beherrschte das Lateinschreiben noch den ganzen Schulbetrieb.
Das Christianeum in Altona galt als die vornehmste Gelehrtenschule der Herzogtümer ... Im 18. Jahrhundert gegründet ... hatte es den Charakter eines »akademischen« Gymnasium erhalten; die beiden Oberklassen bildeten eine Art Mittelstufe zwischen Schule und Universität, im Unterricht und auch in den äußeren Ordnungen. So erzählte der spätere Rektor Schumacher von Husum, der als geborener Altonaer am Anfang des 19. Jahrhunderts Schüler des Christianeums war, wie die Primaner nicht wenig stolz auf das Recht gewesen seien, ihre Plätze in der Klasse selbst zu belegen. Diese Reste alter Herrlichkeit waren inzwischen geschwunden. Das Christianeum hatte die allgemeine Form des neuhumanistischen Gymnasiums angenommen; die geltenden Klassen- und Lehrordnungen gingen auf die Reform des holsteinischen Gelehrtenschulwesens zurück, die K. W. Nitzsch ... als Inspektor ... in den 30er Jahren durchgeführt hatte. Es war im ganzen die preußische Ordnung ... der altklassische Kursus, ergänzt durch einen Kursus in den modernen Wissenschaften. Doch hatte Nitzsch aus seiner sächsischen Heimat ... die Anschauung mitgebracht und herverpflanzt, daß der modern-realistische Kursus sich mit der Stellung eines Nebenfaches begnügen ... müsse ... Für Mathematik und Naturwissenschaften galt einigermaßen der Grundsatz: wenn's einer kann, ist's gut, wenn er's nicht kann, ist's auch nicht schlimm. Eine Erinnerung an die größere Vergangenheit der Anstalt ... waren die stattlichen Gebäude. Sie füllten eine Seite einer ganzen Straße, der »Hohenschulstraße«, fast vollständig aus. Drei große Häuser schlossen sich ... um einen Vorhof zusammen; eine Reihe geschnittener Linden vor dem zweistöckigen Mittelgebäude gab diesem einen altmodisch-vornehmen Anstrich ... Diese drei Häuser enthielten die Klassenräume und die Lehrerwohnungen. Im Mittelgebäude waren im Parterre die vier oberen ungeteilten Klassen I-IV untergebracht; den oberen Stock bewohnte der Direktor. Im rechten Seitengebäude waren drei Lehrerwohnungen ... im linken zwei

Lehrerwohnungen und die große Aula. Im Souterrain wohnte hier der Pedell, bei dem zwei alte Bekannte, ältere Schüler von Pastor Thomsen ... einlogiert waren ... Hinter diesem Gebäudekomplex war ein Hof, auf dem das stattliche Bibliotheksgebäude und einige Turngeräte standen.

Diese Gebäude erschienen damals außerordentlich ansehnlich und reich. Die Gegenwart würde sie wohl kaum mehr als eine auch nur erträgliche Unterkunft ansehen, die Lehrerwohnungen wie die Unterrichtsräume. Nicht nur fehlten Zeichen-, Physik- und Gesangsäle, es war nicht einmal ein Lehrerzimmer vorhanden. Die Lehrer versammelten sich vor den Stunden einfach auf dem offenen Flur ... Hier standen regelmäßig, Sommer und Winter, wenn wir eben vor 8 oder 2 in die Schule kamen oder aus der Pause um 10 ¼ zurückkehrten, drei, vier, fünf unserer Lehrer, der Direktor meist unter ihnen, in lebhaftem Gespräch; der Direktor hielt sich dabei nicht zu vornehm, den Gruß der hier vorübergehenden Primaner und Sekundaner mit jedesmaligem Abziehen des Hutes zu erwidern ...

Der Personalbestand der Anstalt war leicht übersehbar: 8 ordentliche Lehrer, 7 Klassen und 250–300 Schüler. Die Schüler der unteren Klassen waren fast ausschließlich aus der Stadt, Septima eine Art Vorschule, VI–IV die Unterstufe des Gymnasiums, die wohl auch von Schülern besucht wurden, die nicht dem Studium bestimmt waren. Mit der III und noch entschiedener mit der II nahm die Anstalt durchaus den Charakter der auf die Universität vorbereitenden Gelehrtenschule an ... Der Druck des Einjährigensystems führte damals den holsteinischen Gymnasien noch nicht die von Lagarde so genannten »Schnuraspiranten« zu; die dem Kaufmannsstand bestimmten Knaben zogen den Besuch höherer Bürgerschulen vor ... So waren die holsteinischen Gymnasien damals viel mehr als die preußischen eigentliche Gelehrtenschulen. In den beiden ungeteilten Oberklassen war ein ansehnlicher Teil der Schüler von auswärts ... viele von ihnen draußen privatim vorbereitet, manche schon in höherem Lebensalter ... so ein bärtiger Mann, der schon jahrelang zur See gefahren war.

Von den 8 Lehrern der Anstalt waren die 6 Klassenordinarien natürlich klassische Philologen; dazu kam der Mathematiker und für die VII ein seminaristisch gebildeter Lehrer. Nicht zum Kollegium gehörte ein Franzose, der einige französische Stunden gab, und der Gesanglehrer. Vom Zeichnen und Turnen weiß ich keinen Bescheid zu geben ... Ebensowenig gab es Jugendspiele oder Schulausflüge.

68, 114ff.

ESSLINGEN, UM 1870

Die Kinderschule

Verstehen konnte ich nie, wie man so etwas tun konnte: nämlich kleine Kinder in die Kinderschule schicken. Warum sollte man aus seiner Heimat und von seinen Spielsachen weg, von Mutter, Dorle und Mine ... um in einer großen Stube voll fremder Kinder an langen niedrigen Bänken und Tischen zu sitzen und Dinge zu tun, die man »müssen mußte«, nicht »dürfen durfte«; Stäbchen legen und Papierblätter ineinanderflechten? Oder um an einem langen Seil, das viele Holzgriffe trug, paarweise spazieren zu gehen und zu singen: »Ist's auch eine Freude Mensch geboren sein?« oder sonst ein Lied.
Die »Schwester« lief in einer weißen gestärkten Haube und im dunkelblauen weißgepunkteten Kleid an der Schlange, die wir bildeten, als Wächterin entlang, daß sie alle ihre Schäflein übersehe, und sang überlaut, und nickte aufmunternd mit dem Kopf, wenn es hinten oder vorne, oder wo sie zur Zeit nicht war, leiser wurde mit dem Singen oder gar aufhörte. Dann wurde es eine kleine Zeitlang wieder stärker, aber nicht für lange. Es war ein mühseliges Stolpern an dem Seil und wenig Freude dabei ...
Andre Kinder waren ganz zufrieden und fröhlich in der Kinderschule; die Mutter schickte mich ... nicht gern aus dem Hause, aber sie hatte so viel mit den kleinen Geschwistern zu tun, die nacheinander daherkamen. Außerdem aber war es ein bißchen bedenklich mit mir; ich kam oft auf die sonderbarsten Ideen und versuchte sie auszuführen, wenn ich mir selbst überlassen war: ich mußte »in einer Ordnung« sein.
So bekam ich ein Vespertäschchen, auf dem mit Glasperlen ein weißes Kätzchen gestickt war, umgehängt, und wurde in die Fremde geschickt. In dem Täschchen war außer Brot und Apfel noch ein frisches Taschentuch, das »zum Wedeln« diente. Es wurde nämlich in der Kinderschule an jedem Morgen ein Vers im Chor gesungen, der sich auf die Sauberkeit von Gesicht und Händen bezog, und auch von einem »frischen Sacktüchlein, das nicht vergessen sein« durfte, handelte. Da zog man denn als Beweis das Tüchlein heraus und wedelte heftig damit, und wer es etwa doch vergessen hatte, der wedelte mit dem Schürzen- oder die Buben mit dem Jackenzipfel.
An sehr heißen Tagen, wenn ihre Schäflein unlustig zu Spiel, Gesang und Aufmerksamkeit müde und mit schweren Augendeckeln in den Bänken saßen, hielt die Schwester eine allgemeine Schlafstunde ab, die ebenfalls mit einem Gesang eingeleitet wurde. Er ist mir in sehr schläfriger und schleppender Erinnerung und wurde zur Aufmunterung mit der Ziehharmonika begleitet. Seine Worte, die davon handelten, daß man kein Geräusch machen, sondern still sein solle, endigten in dem Reim: »Immer still, und immer still, weil's die Schwester haben

will«, was von uns verstanden wurde: »weil die Schwester schlafen will«. Das kam uns sehr begreiflich vor und wir waren nicht wenig überrascht, als eines Tages der Pfarrer in die Stube trat, während wir diesen Schlafreim daherleierten, und die Schwester in höchster Erregung versicherte, sie wolle ja gar nicht schlafen – und nach dem Abgang des geistlichen Herrn jedem, der noch einmal »schlafen will«, singe das Meerrohr versprach, das neben der Rute am Spiegel steckte.

Ich habe nie seine Bekanntschaft gemacht, aber es gab genug Tränentage, an denen gehauen wurde, was hauptsächlich dann vorkam, wenn die kleinen Buben und Mädchen nicht zu rechter Zeit ihre körperlichen Bedürfnisse anmeldeten. Ich hatte einen Freund, den ich glühend bewunderte, weil er sich nicht hauen ließ: ein zähes, kleines Kerlchen, das sich, wenn das Meerrohr in Aktion treten wollte, und nach seinem Hosenboden zielte, gewandt im Kreise um die Schwester her bewegte, und sie, die ihn mit einer Hand festhielt, mit sich drehte, so daß der Stab Wehe ebenfalls mit hintendrein mußte, bis der Missetäter dann einen Augenblick ersah, in dem sich der feste Griff der Hand ein wenig lockerte, und er entwischen konnte. Er lief dann heim, kam aber am andern Morgen seelenruhig wieder und war ein bedeutendes und unterhaltendes Glied der Herde …

Immerhin dauerte es nicht sehr lange, bis ich mich ernstlich dagegen wehrte, ferner noch zu Schwester Nane zu gehen …

84, 172 ff.

Hamburg, um 1875
Privatschule mittlerer Ordnung für Kleinbürger

Die nächsten Freunde waren zwei Brüder im gleichen Alter, Söhne eines Krämers im Dorf, die dieselbe Schule besuchten. Andere Knaben fanden sich hinzu, und so gingen sie meistens in einem ganzen Rudel dahin. Es waren durchweg Söhne von Kleinbürgern, Handwerkern und Gewerbetreibenden, die ihren Kindern eine bessere Erziehung, als die Volksschule im Dorfe sie gewähren konnt, zuteil werden lassen wollten. Alle diese Knaben besuchten Privatschulen, deren Unterricht vom siebten bis zum vierzehnten Lebensjahre reichte, und die nicht die Berechtigung hatten, sich zum einjährigen Militärdienst vorzubereiten. Die Söhne der wohlhabenden Eltern, die Privatschulen höherer Ordnung oder gar das Gymnasium besuchten, hielten sich fern. Die Kinder schon schieden sich streng nach der sozialen Stellung ihrer Eltern, und mit dieser Absonderung war gleich eine Art von Gegnerschaft verbunden. Die Gymnasiasten benahmen sich gegen Johann und seine Kameraden wie diese sich wieder gegen die Volksschüler des Dorfes benahmen. In der Schule selbst dagegen war der Ton einheitlich ... Wenn in der obersten Klasse gefragt wurde, welchen Beruf die Knaben ergreifen wollten, kamen auf einen Handwerker immer fünf Kaufleute. Danach war auch der Lehrplan eingerichtet. Wer die Schule verließ, konnte als Lehrling in ein Kaufmannskontor eintreten, war dort imstande einen französischen Brief nach Bordeaux zu schreiben ... oder einen englischen nach Hull ... Daneben beherrschte er die deutsche Sprache, wußte das Grundlegende in Geographie und Geometrie, kannte nicht übel die Begebnisse der Weltgeschichte von Lykurg bis zur Herrschaft Napoleons des Ersten ... Es kam ... vieles zur Sprache, was in den großen Staatsanstalten kaum berührt wird; der Unterricht war persönlicher, die Lehrer gingen mehr menschlich aus sich heraus und plauderten sich unbefangener vor den Kindern aus, als die beamteten Schullehrer es tun ... Und dann hatte der Schulleiter alle Ursache, die Eltern für seine Anstalt zu interessieren, da er von dem Ertrag doch lebte ... Untergebracht war die Schule in einem Stockwerkhaus, das dem Schulleiter gehörte. Das Erdgeschoß war an Geschäftsleute vermietet, dort befanden sich Kontore; das erste und zweite Stockwerk enthielt die Klassenräume, und im dritten Stockwerk wohnte der Schulleiter. Jedes Stockwerk bestand aus einer Dreizimmerwohnung mit Küche ... Es gab fünf Klassen; in dem einen Stockwerk waren drei und in dem andern zwei Klassen untergebracht. Das übrigbleibende Zimmer diente als Sprechzimmer des Schulleiters. Die Klassenräume waren recht eng; wenn zwanzig Knaben, je fünf auf vier Bänken mit festen Tischen davor, untergebracht waren, so war die Klasse gefüllt, für fünfundzwanzig Kinder war schon schwer Platz zu schaffen. Die Schülerzahl bewegte sich denn auch immer um Hundert herum ... Auf den Treppen gab es beim Kommen und Gehen einen tollen Spektakel. Auch in den Pausen. Dann stürmten alle hinunter zu den Aborten, die ... in einem trübseligen Verschlag des Kellers eingerichtet waren, und sodann in den Spielhof ... Es war eigentlich nur ein mit Ziegeln gepflasterter Lichtschacht, etwa acht bis neun Meter lang und höchstens vier Meter breit ... Auf diesen fünfunddreißig Quadratmetern drängten sich nun die Knaben und brachten es sogar fertig, dort zu spielen ...

Die fünf Klassen waren auf sieben Lehrjahre verteilt, daß es gerade auskam. Schlechte Schüler saßen nur ein Jahr in der höchsten Klasse, die sehr guten aber mußten drei Jahre darin sitzen, weil es darüber ja nichts mehr gab. Jede Klasse hatte einen eigenen Klassenlehrer ... Daneben waren ein paar besondere Lehrer für Zeichnen, Singen und Algebra angestellt. Der Unterricht begann um neun. Zuerst wurde gebetet. Dann wurden die Namen aufgerufen, und jeder Schüler mußte die Zensuren nennen, die er eben vor Beginn des Unterrichts, für seine Hausaufgaben vom Klassenlehrer erhalten hatte. Sie wurden in das Klassenbuch geschrieben, und nach der Höhe der am Ende des Monats errechneten Summe wurden die Klassenplätze angewiesen. Eine Vier war das Beste und sehr selten, das Schlechteste war, wenn der Lehrer unter die Arbeit das Wort »Copie« schrieb. Dann saß man in den Pausen, suchte mit der neuen Niederschrift fertig zu werden und schrie verzweifelt und wütend auf, wenn die anderen Schüler gegen die Bank stießen. Pausen gab es um elf eine viertel, um zwölf eine halbe und um eins wieder eine viertel Stunde lang. Um drei schloß die Schule. Doch mußten die Nachsitzer bleiben, bis sie die Strafarbeiten beendet hatten; das konnte je nach Laune des Lehrers, der den Tagesdienst hatte, bis vier, ja bis halb fünf und länger dauern.

83, 78 ff.

3.

Das Was und Wie beim Lernen

Eine Klassenprüfung am Semesterschluß in Schulpforta um 1845. Aus: B. Rogge, Pförtnerleben. Leipzig 1893

Kommentar

Was zu lehren ist, lag lange ebenso klar auf der Hand, wie die Schulen in ihrer Absicht und Besonderheit leicht zu überschauen waren. Das niedere Schulwesen befaßte sich mit Religion und allem, was damit zusammenhing: Der Christ sollte in der Bibel lesen können, den Gesang im Gottesdienst verstärken und für den täglichen Gebrauch das Glaubensbekenntnis, Gebete und Verse aus der Bibel auswendig wissen. Diese Lehrziele, bescheiden wie sie sind, werden oft genug nicht erreicht, einesteils, weil die Schule unregelmäßig besucht wird, andernteils aber auch, weil sie einfach nicht funktioniert. Erschreckt stellt man 1798 in Durlach fest, daß 100 14–20jährige nicht lesen und schreiben können, obwohl sie doch die Schule besucht haben. Solche Nachrichten fehlen auch im 19. Jahrhundert nicht. Die Lateinschulen und Gymnasien lehren Latein, in unteren oder Vorklassen auch noch Lesen und Schreiben. Dann Griechisch, auch einmal Hebräisch. Gewiß sind die Fertigkeiten, die erworben werden, oft erstaunlich: Manche schreiben lateinische Aufsätze, ja Gedichte in klassischen Versmaßen, übersetzen gewandt aus dem Deutschen und zurück – insgesamt erreichten aber wenige dieses Niveau, und auch das nur aufgrund vieljähriger, ausschließlicher Beschäftigung mit der Materie.
Der verbindliche Fächerkanon erweitert sich allmählich seit dem 18. Jahrhundert. Ganz langsam setzt sich das Rechnen als Fach des Elementarunterrichts durch; es folgen die Realien, also Naturkunde und Geographie. Das Entsprechende gilt für die ›höheren‹ Schulen, in denen die alten Sprachen noch lange ihre maßgebliche Stellung behaupten. Was noch alles zu unterrichten sei, ist ein Streitpunkt des 19. Jahrhunderts, wie überhaupt zu unterrichten sei, das ist vorher und nachher unklar. Betrachtet man die Lesekunst, so ergibt sich, daß man vom 16. bis zum 19. Jahrhundert vor demselben Rätsel stand, wie Zeichen in Laute und Bedeutung zu überführen waren. Welche Methoden gab es, wenn ein Kind nicht begriff? Geduld, Prügel, Strafen oder patente Erfindungen, die anzuwenden oft ebenso schwer war wie die Aufgaben, die sie erleichtern sollten. Einen Holzesel als Strafsitz schafft man 1608 in Freiburg an, um das Lateinlernen zu erleichtern, in Nürnberg einen Wolf. In Franckes Halleschen Anstalten wird die Bunosche Geschichtslehrmethode, besser Merkmethode eingeführt, die die biblische Geschichte mit Merkversen und vollkommen sachfremden Merkworten einprägen will, es ist die Methode der Eselsbrücke, die Hähns Literalmethode im 18. Jahrhundert noch einmal abwandelt. Die Philantropen und wenige Jahrzehnte später Pestalozzi betreiben die Lehre als Elementarisierung, als oft genug verwirrende Zergliederung des Selbstverständlichen.

Andere Methoden, das Lehren effektiver zu gestalten, beziehen sich auf die Gliederung der Schülerschaft. Sie erfolgte jahrhundertelang ganz einfach nach den vorhandenen Kenntnissen. Man fand nichts dabei, einen klugen Achtjährigen zum Hilfslehrer zu machen: allein sein Wissen entschied. Auch daß bärtige Männer neben Halbwüchsigen die Schulbank drückten, erregte keinen Anstoß. Auf das Vorbild der Pädagogik der Jesuiten oder auf die Abscheu vor körperlichen Strafen gehen andere Methoden, das Lernen zu erleichtern, zurück: der Wettbewerb zwischen den Schülern wird gefördert. Schulvisitationen liefern den Anlaß, gute Schüler durch Prämien in Gestalt von Büchern auszuzeichnen, eine Praxis, die sich so lange erhält, wie Zeugnisse noch keine Rolle spielen. Exakter sollte man sagen: keine amtliche Rolle spielen, denn vom Ende des 18. bis weit ins 19. Jahrhundert hinein spielen im persönlichen Leben von Schülern und Eltern wöchentliche Zeugnisse, Prüfungsergebnisse, mehr oder weniger phantasievoll objektivierte Lob- oder Strafzeichen eine gewichtige Rolle. Aus dem Wildwuchs dieses Lob- und Kritikwesens – bei Schulprüfungen schloß es den Lehrer noch mit ein, erst später werden Lehrer- und Schülerprüfung separiert – entwickelt sich das Noten- und Zeugniswesen für die Schüler.
Pausen gibt es nicht, auch keine Ferien, es sei denn die den Landschulen eher abgetrotzten Ernteferien. Selbstverständlich war der Vor- und Nachmittagsunterricht auch im niederen Schulwesen. Der Ineffektivität des Lehrens begegnete man durch Zeitaufwand und ewige Wiederholung des Immergleichen. Das höhere Schulwesen zehrt vom Lehrervortrag, den zu unterbrechen oder durch kritische Einwände zu diskreditieren, die Lehrerautorität untergrub, denn zum Erklären, Nahebringen oder gar Motivieren war man noch längst nicht vorgedrungen.
Schließlich: welche Hilfsmittel standen Lehrern zur Verfügung? Schulbauten oder nur speziell für den Unterricht gedachte Räume gab es erst seit dem 18. Jahrhundert – von Einzelfällen abgesehen. Im niederen Schulwesen gingen Lehrerwohnung und Klassenzimmer oft ineinander über. Schreibmaterial und Bücher waren kostbar, von anderem Anschauungsmaterial ganz abgesehen. Es blieben Ordnung und Disziplin als solche, die herzustellen und aufrechtzuerhalten nicht den geringsten Ruhm eines guten Lehrers ausmachte.

Literatur:

H. Lange, Schulbau und Schulverfassung der frühen Neuzeit. Zur Entstehung und Problematik des modernen Schulwesens, Weinheim 1967

G. Petrat, Schulunterricht. Seine Sozialgeschichte in Deutschland 1750–1850, München 1980

H. Rumpf, Die übergangene Sinnlichkeit. Drei Kapitel über die Schule, München 1981

Köln, 1524ff.
Lehren und Korrigieren

Auf St. Gregor in den Fasten gingen die Schüler von St. Jakob und St. Georg in den Häusern herum um zu hören, ob da Kinder wären, die man auf die Schule tun wolle. Wie sie zu uns auf Weinsberg kamen, bewilligten meine Eltern, daß sie mich mitnähmen. So kam ich im Jahre 1524 zum erstenmal in die Schule zu St. Georg; ich war sieben Jahre alt. Der Schulmeister hieß Magister Antonius Wipperfurdius, war anno 1504 Schulmeister geworden und war es noch 1561. Auf dieser Schule hab ich angefangen still sitzen und schweigen zu lernen, hab auch das ABC lesen und schreiben gelernt, das Paternoster, Ave Maria, Benedicite, Gratia, den Donat, Grammaticam Alexandri, Evangelia und Sequentias, peniteas cito und dergleichen, hab auch Cantum Choralem gelernt mehr ex usu denn ex arte. Dieser Schulmeister hielt die Schüler sehr strenge, und er hat mich auch oft geschlagen, gewiß nicht wegen meiner Tüchtigkeit. Ich hab auch oft von diesem Schulmeister, wenn er seinen eigenen Sohn so schrecklich unter Gesang geißelte, daß er sich unrein machte, sagen hören: »Könnte ich euch so korrigieren wie meinen eignen Sohn, so möchtet ihr wohl züchtiger werden.« Einmal sagte er: »Ihr seid so böse Jungen, wenn ihr den Georgsturm über den Haufen werfen dürftet und könntet, ihr unterließet das nicht einen Tag.« Doch hab ich diesen Meister sehr lieb gehabt, obwohl er mich oft gestraft hat, und ich bin ihm später oft tröstlich und freundlich gewesen.

92, 42f.

Passau, 1542
Der erste Teil der Lesekunst: Die Buchstabenlehre

Zum allerersten soll das kind aller buchstaben figur/kraft und namen wie folgt/unterschiedlich lernen. Buchstab aber/so im latein litera heißt/ist nichts anders dan ein einfache figur und gemäll ein verständig wort daraus zu schmieden. Und heißen darum buchstaben/daß sie eben wie die gebrochenen stäbel und rütel hin und wider durcheinander gelegt/in die bücher werden geschrieben/ dadurch die schrift fest und beständig bleibt und steht.
Von buchstabischer eigenschaft: Ein jeder buchstab hat drei eigenschaft/das sein/die figur/die kraft/und der namen. Figur: Die figur gibt jedem buchstaben ein sondre gestalt. Als ein o ist scheiblich/ein m hat drei/ein n zwei und ein i nur ein strichel. Also daß ein jeder auf ein sondre art und form gemacht

wird ... Kraft: Die kraft ist die stimme und halle / so bei den buchstaben gehort / und bei jeden unterschiedlich vermerkt wird / wie hernach verzeichnet.
A: Derhalb gibt ein A / die stimm eines Axtschlags / dadurch im wald holz gehackt / oder die stimm eines dahen oder krähen geschreis / mit aufgetanem mund / wie die wörter / Adam / der vogel Alster / oder ein apfel im anfang genennt müssen werden.
W B P: Das w gibt von ihm ein lind blasen / wie man den kindern das koch kühlt. Das b bläst stärker / durch einen mittleren lefzendruck mit aufgedrängtem atem. So doch das p sein stimm durch die wohlzusammengedrückten lefzen noch härter ausdringt. Als wenn einer etwas mit starkem wind aus dem mund wirft / wie gehört in den worten ... Plaphart nimmt Patzen um Pippen ...
H: Das h hauchet in die hand / und lacht dazu / als / Hohe Hans hast hitzig händ. Oder / haha han hast hasen in deinen händen ...
N: Das n klingt wie der hummel oder wespen flug / durch die nasen. Als den neidern sein feind die neidigen ...
R: R macht die hund zornig / mit vorbleckenden zähnen / als / ramres / rimro ...
St: Das st gibt ein waschstimm / wenn mit dem pleuel auf dem stock / die naß leinwand geschlagen. Als / stolze stehe stad am steinsteig ...
Der dritt buchstabisch eigenschaft ist der Namen / damit man sie unterschiedlich nennet. Als: a be ce de ...

61, 171 ff.

Darmstadt, 1587 f.

Erster Unterricht des kleinen Landgrafen

Vier Monate nach dem Tod der Landgräfin Magdalena (seiner Mutter) begann der erste Schulunterricht des fünfjährigen Landgrafen. Sein erster Lehrer war Wilhelm Buch ... Er war im Jahr 1578 zum Amt eines Stadtschulmeisters in Darmstadt berufen und seit 1581 mit dem Unterricht des Landgrafen Ludwig V. betraut worden, obwohl er sich im Stadtschuldienst etlichemale »ungebärdig benommen hatte und auch dem Weine ziemlichermaßen ergeben war« ... Buch gab sich alle Mühe, daß der kleine Landgraf Philipp etwas Rechtschaffenes bei ihm lerne. Am 12. Juni 1587 ward der Unterricht mit dem ABC, der Religionslehre und Gedächtnisübungen begonnen. Landgraf Philipp war ein eifriger Schüler; er hat, wie Buch schreibt, »von Kind auf allezeit uff der Schul bei dem Präzeptor sein wollen.« Die Früchte blieben nicht aus. Als am 26. März 1588 in Anwesenheit des Hofpredigers ... des Superintendenten ... und der Kinderhofmeisterin ... das erste Examen mit dem sechsjährigen Prinzen gehalten wurde, stellte sich heraus, daß er den Katechismus Luthers deutsch mit der Auslegung und auch lateinisch schlecht (d. h. ohne Auslegung), darnach den 1., 8., 112., 127. und 133. Psalm deutsch gar freudig und gewiß rezitieren konnte, lateinisch und deutsch in seinem ABC-Büchlein zu buchstabieren verstand und einen Anfang im Lesen und Schreiben gemacht hatte ... Am 1. Juli begann der Kleine bereits in der Bibel das erste Kapitel Mosis zu lesen. Dann lernte er das Nicänische und Athanasianische Glaubensbekenntnis und das Te Deum laudamus, ferner seiner Frau Mutter Morgengebetlein, und darnach den 2. bis 7., 11. bis 17., 19. bis 28. Psalm auswendig. Hierauf ging es an die lateinischen Deklinationen.

17, 3 f.

SCHULPFORTA, 1756

Das Examen

Alle Jahre war ein feierliches Examen, d. h., eine Zeit von einigen Tagen, in welcher die Schüler aller Klassen öffentlich geprüft wurden, und in allen Arten der Kenntnisse, die sie zu erlernen Gelegenheit gehabt, Proben ablegen mußten. Aber bei diesem Examen war kein auswärtiger Beurteiler und Richter ... Bloß ein Lehrer saß auf dem Katheder, und seine Klasse sagte auf, wie sie alle Tage aufsagte. Und höchstens der Herr Schulinspektor, welcher den guten Wein und die fetten Braten schmauste, stellte das richtende Publikum vor ...
Zu diesem Examen nun, welches die Schüler acht Tage vorher in den größten Alarm versetzte, gab jedesmal der Rektor das Thema, welches die Schüler durch dessen Famulus, wo möglich, einige Tage vorher auszukundschaften suchten.
Man wird fragen, was das heiße, ein Thema zu einem Examen? Das war auch drollicht genug ... Ich muß also zuvörderst sagen, daß das Hauptwerk bei einem solchen Examen in schriftlichen Ausarbeitungen der Schüler bestand, welche sie verfertigen, und in reinlicher Abschrift darlegen mußten: und zu diesen Ausarbeitungen ward ein gemeinschaftliches Thema gegeben. Lebhaft erinnere ich mich des letzten Examens, wo ich glücklicherweise acht Tage vorher erfuhr, was ich auch schon geahndet hatte, daß das Thema das Erdbeben von Lissabon zum Gegenstande haben würde. So wie ich diese Kundschaft eingezogen hatte, ward ich (zum Schein) todkrank, begab mich in die Siechstube, und begann, bei guten Fleischbrühsuppen und Markknochen, lateinische und griechische Reden sowohl, als lateinische und griechische Verse über diesen Gegenstand zu komponieren. Ich hatte besonders zu den letztern ...

ein Buch, das ungefähr eben das enthielt, was man in dem lateinischen Gradus ad parnassum findet, phrases, epitheta, Synonyma etc. nebst der Prosodie.

In diesen acht Tagen meiner vorgeblichen Krankheit und den drei folgenden Tagen, welche regelmäßig den Schülern zu ihrem Thema gegeben wurden, vollendete ich ein erstaunendes Stück Arbeit. Ich hatte, allein von griechischen Versen, an die 800 Zeilen vorrätig, von denen ich schwören kann, daß ich, nach vollendeter Arbeit, selbst keine Zeile davon verstund.

Sobald meine Mitschüler meine prosaischen und poetischen Reichtümer witterten, bekam ich himmlisch gute Worte von armen Sündern aus allen Klassen. Und ich vergab u. a. an einen Primaner fünfzig Stück griechische und achtzig lateinische Hexameter, die nach der Elle abgeschnitten werden konnten, weil sie alle das Thema, d. h. schauderliche Gemälde von Erdbeben, Blitzen, Wasserfluten, Feuersbrünsten, eingestürzten Häusern, winselnden Menschen usw. enthielten ...

In dem Examen selbst nun, wurden von den Präzeptoren auf dem hohen Katheder im Cönakel, bei voller Versammlung, die Reden, Chrien, Heldengedichte, Oden etc. ihrer Klasse rezensiert, und jedem sein Lob und Tadel laut verkündiget.

Ich gedenke es noch, daß ich bei dem Erdbeben von Lissabon einmal in die Verlegenheit kam, daß der Herr Tertius einen meiner griechischen Verse aushob, und mich nach dem Sinne desselben fragte, vermutlich weil er ein ... Wort darinnen gefunden hatte, welches in keinem Lexikon zu finden war, und welches ich in meinem griechischen Gradus ad parnassum verdruckt gefunden, und auf Treu und Glauben aufgenommen haben mochte. Ich half mir aber doch aus der Not, weil ich sicher voraussetzen konnte, daß der gute Hentschel mich nicht ertappen und die vorgelogene Etymologie und Bedeutung bekritisieren konnte: so wie ich gewiß war, daß er meine griechischen Verse nicht durchgelesen hatte, und sie so wenig als ich selbst zu verstehen im Stande war. Denn dies bewies das erstaunende Lob, welches er meinen Arbeiten beilegte, und womit ich unter allen meinen Mitschülern ausgezeichnet wurde.

5, 110ff.

Kurfürstentum Mainz, 1758

Welche Unterrichtsgegenstände lehrt die Dorfschule? Aus einer Umfrage

Seligenstadt: Die schuhl wird sowohl winters als sommers-zeit vor- und nachmittags jedemahlen 3 stunden gehalten, in denenselben latein, teutsch, Choral, Vocal- und Instrumental-Music gelehret.
Klein Krotzenburg: Was die haltung der Schuhl angeht, ist zeithero währenden Schulstunden weiteres nichts besonders als lesen und schreiben und dan wie nöthigst die unterrichtung in der Christlichen Lehr gelehret worden, wolte aber jemand Kinder in der Rechenkunst unterrichtet haben, als müssen selbige privat nach gehaltenden Schuhlen unterrichtet und gelernet werden ...
Unterschönmattenwag: (Es) wird die schuhl dahier wie oben allschon erwehnet von Martini bis Maria Verkündigung gehalten, aber kein Lateinisch noch der Coral, sondern nur lesen und schreiben ohne rechnen darin gelehret.
Gernsheim: Das lesen schreiben, Catachesis und Choral werden dahier, wie obgedacht, auser den Quartalalbus umsonst gelehret; das lateinische und Rechnen kunst aber müse von denen Eltern deren Kinderen bezahlet werden.
Wattenheim: Die schul ist bishero wie gebräuchlich gehalten worden, aber nur Winterszeit, Choral, schreiben, lesen, rechnen ist auch mit gelehret worden, die lateinische sprach ist hier nicht nöthig.
Lämmerspiel: Die schuell ist gehalten worten von Mardin bis Ostern, die lateinische sprach und der Korall nicht gelehret worten, seye das lesen und schreiben aber sehr schlecht, dan ein jeter nachbar beklagt sig, das er mise von jetem Kinth ein fl. järlich bezallen, undt doch die jugenth nichts gelehrt wirth, dan der schuellmeister könne selbst nicht viehl, von dem rechnen könte man nichts melten dan der schuellmeister könte es selber nicht, so kan er auch keine lehren, doch wäre es gut wan es gelehret wirth.

12, 31 ff.

Preussisch-Friedland, 1794 ff.

Gesetze der Schulmonarchie

Die Schule begann das ganze Jahr hindurch um 7 Uhr und dauerte bis 10 Uhr. Nachmittags von 2 bis 4 Uhr. Die Mittwoch- und Sonnabend-Nachmittage waren frei.
Der einzige Lehrer – oder vielmehr Monarch der Schule, – gelehrt wurde in derselben nicht, – war der Rektor Frank ... zugleich Nachmittagsprediger an

den Festtagen und Organist, von streng orthodox-lutherischen Grundsätzen ... An jedem Tage war die erste Schulstunde dem Bibellesen gewidmet. Es wurde da angefangen, wo man am vorigen Tage stehen geblieben war, bis man mit der Bibel »fertig« war. Dann wurde sofort mit dem ersten Worte des ersten Buchs Mosis wieder angefangen ... Es wurde darin etwas geleistet; denn in etwa acht Monaten waren wir durch. Das ist viel; erklärt sich aber, wenn man weiß, daß durchaus nichts erläutert wurde und daß es zum guten Ton gehörte, ohne allen Ausdruck, so schnell wie immer möglich, ohne Anstoß wegzulesen. Wir freuten uns daher immer auf die Bücher der Chronica, in denen es so viele schwere Namen hintereinander gibt, bei denen man sich nichts denken konnte ...
Viermal in der Woche von 8 bis 9 Uhr wurde das ganze kleine Kompendium der Dogmatik, welches auf des Ministers Wöllner Veranlassung geschrieben und unter dem Titel: »Die christliche Lehre im Zusammenhange« publiziert worden war, aus dem Kopfe hergesagt. Es wurde stückweise aufgegeben und zu Hause auswendig gelernt mit allen den zahlreichen darin allegierten Beweisstellen, die wir uns in der Bibel aufsuchen und einlernen mußten ...
Des Mittwochs und Sonnabends von 8 bis 9 Uhr wurde das Einmaleins aufgesagt und überhört. Montags und Donnerstag von 9 bis 10 Uhr wurde die Folge der biblischen Bücher abgefragt. Wir mußten sie vorwärts und rückwärts hersagen können, und es geschah mit großer Fertigkeit.
Dienstags und Freitags von 9 bis 10 lasen wir Hübners biblische Historien, deren Inhalt nachher abgefragt wurde. Erklärungen wurden auch hier nicht gegeben ... Mittwochs und Sonnabends von 9 bis 10 Uhr wurde das schnelle Aufschlagen von Bibelstellen eingeübt. Darin besaßen wir eine so merkwürdige Fertigkeit, wie sie mir nie wieder vorgekommen ist. Kaum hatte der Rektor die letzte Silbe ausgesprochen, so fing mindestens einer an zu lesen; unmittelbar darauf hatten die meisten die Stelle, und gleich nachher jeder. Wir legten davon öfter nach der Nachmittagspredigt in der Kirche vor der Gemeinde öffentlich Proben ab ... Um zehn Uhr wurde die Schule in derselben Weise geschlossen, wie sie eröffnet worden war ... Nachmittagas um 2 Uhr wurde die Schule eben so eröffnet, wie des Morgens früh. Am Dienstag und Freitag von 2 bis 3 war Schreibstunde. Es wurde aber in der Schule nicht geschrieben, sondern jeder legte sein Schreibebuch dem an dem Tische sitzenden Rektor vor und zeigte ihm, was er zu Hause geschrieben hatte. Je nachdem es geraten war, wurde es stillschweigend übergangen oder die Hand mußte hingehalten werden und es gab einige Hiebe mit der Rute. Jedem Schüler der beiden untern Abteilungen wurde, nachdem er sein Buch vorgelegt hatte, von dem Rektor eine Zeile vorgeschrieben, welche er zu Hause nachschreiben mußte. Die unterste Abteilung schrieb Buchstaben und einzelne Silben, die zweite zusammenhängende Sätze, welche nach dem Alphabete ... geordnet waren, damit alle Buchstaben nach

einander an die Reihe kämen. Einer der letzten Sätze dieser Art, den ich der Vorschrift nachschrieb, lautete: »Xerxes war ein großer König in Per-«. Nachher kam ich im Schreiben zur ersten Abteilung. Diese schrieb nicht mehr nach Vorschrift, sondern der Rektor gab nur einen Bibelvers an, z. B. Ps. 18, 6. Diese Stelle wurde dann abgeschrieben, aber so, daß die erste Zeile aus verzierter Frakturschrift, die folgende aus Kanzleischrift, das übrige aus schöner Kursivschrift bestand ...

Montags und Donnerstags von 2 bis 3 Uhr wurde gerechnet. Der Rektor schrieb jedem, der nicht noch von der letzten Rechenstunde ein Exempel hatte, ein solches auf die Schiefertafel. Dann rechnete es jeder still für sich, und wenn er es fertig hatte, stand er auf und wartete, bis der Rektor an ihn herankam, dem dann die Schiefertafel hingereicht wurde. Der Rektor ging das Exempel durch und schrieb entweder ein neues auf oder gab die Tafel mit dem Worte: Falsch! zurück. Erklärt wurde sehr wenig, fast nichts. Man sah ab, wie der Nachbar es machte ...

Montags und Donnerstags von 3 bis 4 Uhr wurde der größere lutherische Katechismus mit dem »Was ist das?« hergesagt. Dienstags und Freitags von 3 bis 4 Uhr wurden die innerhalb der Woche aufgebenen Sprüche rezitiert, insofern sie nicht schon früher vorgekommen waren. In alle dem wurde eine bedeutende Fertigkeit erreicht ...

Hatte einer besser gelesen, gerechnet oder gelernt, als sein Nachbar, so zuckte der Rektor nach links oder rechts mit dem Kopfe, und beide wechselten die Plätze. Das hieß in unserer Sprache: einer schmiß den andern herunter ... Das kam in jeder Stunde oftmals vor, wie es denn auch an Schlägen jeder Art nicht fehlte.

42, 62 ff.

Sanz, 1803

Protokoll über den in der Lese- und Industrieschule zu haltenden Unterricht

1. Der Lehrer Nützmann ist dazu verbunden, täglich drei Stunden vor- und drei Stunden nachmittags die Kinder dieses Guts, sowohl männlichen als weiblichen Geschlechts ... zu unterrichten. Diejenigen Arbeiten, wozu er außer dem Schreiben, Lesen, Rechnen usw. den Kindern Anleitung geben soll, müssen in solchen bestehen, die für sie in ihrem Stande nützlich werden können, als z. B. Verfertigung kleiner Modelle zu Ackergeräten, Veredlung der Obstbäume durch Pfropfen und Okulieren und was sonst nützlich ist.

2. Der Lehrerin (Frau Nützmann) wird zur Pflicht gemacht, vormittags zwei und nachmittags zwei Stunden den sämtlichen Kindern Unterricht in weiblichen Arbeiten ... zu geben.

3. Da es zur Glückseligkeit jedes einzelnen Menschen so äußerst notwendig ist, fromm und moralisch gut zu sein, so wird der Schullehrer sowohl am Morgen als Nachmittags beim Anfange seines Unterrichts zuvor das Herz der Kinder zu frommen Empfindungen zu stimmen sich bemühen und so mit ihnen einige vorher denselben erklärten Verse aus den Büchern, welche ihm mitgeteilt werden sollen, singen oder beten.

4. Bei dem Unterricht muß das Hauptaugenmerk sein, daß alle Kinder zugleich beschäftigt werden; in dieser Hinsicht müssen die Kinder in gewisse Klassen eingeteilet und diese so eingerichtet werden, daß z. B. während die Lehrerin Unterricht in Handarbeiten erteilet, der Lehrer die übrigen unterrichte, so daß auch diese alle beschäftiget sind, welches leicht erreicht werden kann, wenn z. B. die fähigeren im Schreiben und Rechnen geübt werden, während der andere Teil in andern Dingen Unterricht erhält.

5. Zum Unterricht der Abc-Schüler und beim Buchstabieren und im Lesenlehren soll der Lehrer der »Anweisung zum Buchstabieren und Lesenlehren« (1801) von Pestalozzi sich bedienen und die in selbigem befindliche Anweisung dieses Buches sich zu eigen machen sich bestreben. Die zu dieser Methode erforderlichen Tafeln sollen ihm geliefert werden.

6. Beim Schreibenlernen hat er hauptsächlich die Kinder auf Rechentafeln zu üben und dahin zu sehen, daß vor dem eigentlichen Buchstabenmachen die Kinder es in geraden und runden Linien als woraus alle Buchstaben bestehen, zur Fertigkeit bringen. Und da man gesehen, daß der Lehrer schon im Besitz der über das Maßverhältnis von Pestalozzi herausgegebenen Elementarwerke (d. i. »ABC der Anschauungslehre der Maßverhältnisse«, 1803) sich befindet, so hat er, da durch diese das Rechnenlernen so sehr erleichtert wird, sich zu bemühen, daß er diese Methode vorzüglich sich zu eigen mache und sie in seinem Unterricht anwende. Als Folge hievon würde sein, daß die Kinder vorzüglich im Kopfrechnen geübt werden. Übrigens versteht es sich von selbst, daß er hauptsächlich dahin sieht, daß die Kinder keine Fehler in Rücksicht der Sprache begehen.

7. Als Lesebuch zur Verbreitung gemeinnütziger Kenntnisse soll er sich für jetzt des Rochowschen Kinderfreundes (d. i. »Der Kinderfreund, ein Lesebuch zum Gebrauch der Landschulen«, 1776 u. ö.), des Faustschen Katechismus (d. i. »Gesundheitskatechismus«, 1794 u. ö.) und des Seilerschen Lesebuches für den Bürger und Landmann (d. i. G. F. Seilers »Allgemeines Lesebuch für den Bürger und Landmann und für Stadt- und Landschulen«, 1790 u. ö.) sich bedienen; und versteht es sich hiebei von selbst, daß dies so zweckmäßig wie möglich geschehen müsse, der Lehrer dann und wann von den Kindern das Gelesene

wiedererzählen, überhaupt aber durch Lesung nützlicher Schriften so viel als möglich sich vervollkommnen müsse.
8. Zum Unterricht in der Religion soll er sich des Schlegelschen Katechismus (d. i. G. Schlegel, »Katechismus der christlichen Lehre«, 1794) und durch Lesen in der Bibel, sowie dem neuen Greifswaldischen Gesangbuch (1797) und dem Seilerschen Kleinen Erbauungsbuche (d. i. G. F. Seiler, »Das kleine biblische Erbauungsbuch oder die biblischen Historien mit erklärenden Andachten«, 1782 u. ö.) die Empfindungen der Kinder wecken und erweitern und, damit dies erreicht werde, solche Stellen wählen und erklären, die den Fähigkeiten der Kinder angemessen sind.
Damit die Kinder sich gute Gedanken einprägen, soll der Lehrer den von Lorenz herausgegebenen ersten Unterricht (d. i. J. G. Lorenz, ?) für Kinder gebrauchen und 9. die Kinder dadurch, daß er diejenigen, die schon schreiben können, dadurch, daß er sie das, was sie in der Schule gelesen, zu Hause aufschreiben lasse, in der Kunst ihre Gedanken auszudrücken, übe.
10. Auch im Singen sollen die Kinder den notdürftigen Unterricht erhalten, jedoch muß dieser nur auf ein oder höchstens zwei Stunden wöchentlich eingeschränkt werden.

I, 195 ff.

Fulda, 1804
Die Preisverteilung

Da stand gegen den Herbst, nach den strengen Prüfungen, der feierliche Akt der Preisverteilung bevor. Große Zettel waren gedruckt, worin für die vier Klassen hinter den bezeichneten Lehrgegenständen nach Maßgabe der Vorprüfung, die Preisempfänger oder Bewerber mit großer – die bloß lobenswert befundenen Schüler mit eingerückter kleinerer Schrift namhaft gemacht waren. Ein solcher Zettel aus dem Jahre 1804 hat sich mir, wahrscheinlich durch die kleine Eitelkeit, mich zum ersten Mal gedruckt zu sehen, unter meinen Papieren erhalten. Der Zweck dieses Aufwandes ist durch des Zettels Motto aus Ovid angedeutet ...

> Munter erweckt ein Zeuge den Fleiß, die gepriesene Tugend
> Wächst, und es prüft der Ruhm seinen allmächtigen Sporn.

Mit solchen Zetteln wurde die Stadt zum feierlichen Akt eingeladen, und wir Freimantelträger sollten dergleichen in die Wohnungen der Honoratioren umherbringen ...
Nun drängte sich am heiteren Nachmittage des 7. Septembers die Menge in dem großen Speisesaale des Konvents am Dom zusammen. Eine Bühne stand errich-

tet mit einem Tische, worauf die lange Reihe der zu verteilenden Bücher ihre prunkenden Goldschaumrücken dem Publikum zukehrte. Der Direktor inmitte der vier Professoren, alle in ihren schwarzen Talaren, standen feierlich hinter dem Tische. Pauken und Trompeten hatten im Hintergrund einen erhöhten Platz eingenommen, um zu donnern, so oft der Direktor zur Verherrlichung eines Namens mit dem weißen Tuche winkte. Dies Tuch, das dem eifrigen Manne nebenher auch die Stirne trocknete, machte in dieser doppelten Bestimmung recht anschaulich, wie nahe der Ruhm mit dem Schweiß verwandt ist.
In der vordersten Reihe der Zuschauer saß August Gottlieb Meißner, damals durch seine Romane und Skizzen ein Liebling des deutschen Publikums und zum Direktor der höhern Schulen nach deren Umgestaltung berufen. Solche Gelegenheit wollte der ... Direktor Pfister nicht vorübergehen lassen, ohne den berühmten ... Mann zu überzeugen, daß auch in den geistlichen Schulen die deutsche Poesie der lebenden Vorbilder nicht ermangele. Er hatte daher seinen ganzen Vortrag in Vers und Reim ... abgefaßt. Als Probe sind mir ... sechs Zeilen im Gedächtnis geblieben ... Ich stand nämlich mit dem empfangenen ersten Preise für Religionswissenschaft, mit einem der zwei für prosa latina ausgesetzten Preise und einem dritten für deutsche Sprache ebenfalls ohne Mitbewerbung erhaltenen Buche im Hintergrund der Bühne, als unserer vier zum Losen um den für examen latinum in grammaticam, Cornelium Nepot. et Phaedrum bestimmten Preis aufgerufen wurden. Ehe wir zum Lose griffen, redete uns der Direktor ... an:

König geh' mit deinem Pack,
Laß den Preis dem Habersack!
Oder wünschen wir ihn lieber
Unserm fleiß'gen, wackern Glüber?
Oder auch dem kleinen Reus!
Denn der hat noch keinen Preis.

Und auf einen Ruck des weißen Taschentuches donnerten die Pauken, schmetterten die Trompeten und die jungen Kämpen losten um ein Buch. Ich verließ die Bühne mit den drei Prämien, die ich aus freier Hand erhalten hatte; bei der Verlosung dreier anderer für das bemerkte Examen, für Rechenkunst und Erdbeschreibung ging ich leer aus, und bei den drei übrigen – der Übersetzung aus dem Latein, bei dem Griechischen und dem Schönschreiben führt die Preisliste meinen Namen unter den bloß belobten, nicht des Preises würdigen Schülern auf.

43, 176ff.

Berlin, um 1805

Peinigung der sechsjährigen Menschheit mit Latein

Aber sehr zu den Schulleiden gehörten die Stunden bei einem anderen Lehrer ... der es sehr gewissenhaft mit seinem Amt nahm und auch nicht eben durch seine Persönlichkeit zurückschreckte. Allein der Gegenstand war der Jugend freilich unwillkommener, da wir bei ihm die ersten Studien des Lateinischen machten, Deklinationen und Konjugationen memorierten. Ich verwundere mich, wenn ich jetzt dem Unterricht meiner Kinder folge, selbst darüber, daß wir damals schon in den untersten Schulklassen zu so harter Schularbeit gezwungen wurden ... (Es) wurde uns sowohl *mensa* und *rana* als das traurige *sum* und *amo* unendlich schwer, und der wackre, eifrige Lehrer, Herr Schüler, der seine Pflicht so getreu übte, wurde der unschuldige Träger des Widerwillens, den uns die Sache einflößte. Ich sehe ihn noch lebendig vor mir, wenn er mit seinem breitgekrempten niedrigen Hut und dem etwas kantorartig frisierten und gestalteten Kopf in die Klasse eintrat; es durchfuhr mich jedesmal ein Schreck und Schauder, und mein einziger Gedanke war, »wenn er nur dich nicht fragt!« Auch habe ich sehr gut ein Gefühl bewahrt, wie unverständlich, geheimnisvoll sogar, mir mehrere der Formen des Verbums und der grammatischen Begriffe vorkamen, z. B. die Phrase »werden geliebt werden« und die Begriffe Gerundium, Supinum, wobei ich mir durchaus nichts denken konnte, während mir doch ein Präsens, Perfektum, Imperativ usw. faßliche Dinge waren. Die seltsamsten Ansichten aber hatte ich über das Verhältnis der Tempora, die die vergangenen Zeiten ausdrücken, und quälte mich oft mit Grübeln, wie viel länger denn eigentlich ein Ereignis her sein müsse, welches im Plusquamperfektum ausgedrückt würde, gegen eines, das bloß im Imperfektum stand! –
Immer aber blieb der brave Herr Schüler in unsern (nicht bloß in meinen) Augen als Vertreter und Verschulder aller dieser Mühseligkeiten und Leiden, und es dünkte mich, er sei dergestalt nur zum Peiniger der Menschheit geschaffen, daß ich eines Tages wo ich ihm auf der Straße begegnete, indem ich mit einigen anderen Knaben ... ging, ganz erstaunt darüber war, daß ein so bösartiges Wesen meinen furchtsamen Gruß und den meiner Freunde nicht nur freundlich erwiderte, sondern sogar ganz heiter fragte: »Ob wir spazieren gehen wollten?«

77, 29f.

Dresden, um 1809

Erfolg von Hauslehrer Senffs methodischem Unterricht

Senffs Unterrichtsmethode war, soweit ich mich ihrer entsinne, die Pestalozzi-Krugsche, wobei es weniger darauf ankommen sollte, daß man was lernte, als vielmehr auf die Art und Weise, wie dies geschah ... So hatte ich denn nun damit zu beginnen, vorerst das schon Gewußte zu vergessen und es mir unter der Zucht der neuen Methode von neuem anzueignen. Denn daß einer etwa lesen konnte, schien unstatthaft, bevor er das Sprechen begriffen hätte, und selbst das Sprechen wertlos ohne die nötige Kunde von der Entstehung der einzelnen Sprachlaute ... Wenn nun freilich auf diese Weise mancherlei begriffen wurde, ohne Buchstabieren und Syllabieren jedoch ein fester Grund in der Rechtschreibung nicht gelegt werden konnte, so schien die neue Lehrweise doch ganz besonders beim Rechnen angebracht, das seiner Natur nach jeden Dogmatismus ausschließt. Wir rechneten bloß im Kopf. Schriftliches Rechnen war als undurchsichtiger Schematismus fürs erste ausgeschlossen. Nichts wurde angenommen, bevor es eingesehen war, und selbst das Einmaleins lernten wir nicht eher auswendig, als bis wir's ausgerechnet und uns überzeugt hatten, daß es sich wirklich so verhalte.

Wo wir der Anschauung bedurften, bediente sich Senff sehr zweckmäßiger, von ihm selbst erfundener Rechenklötze, welche zu verschiedenen Größen abgeteilt, die nötigen Beweise lieferten. Auch spielten und bauten wir in Freistunden mit solchen Rechensteinen, so daß die arithmetischen Proportionen sich uns auf alle Weise einprägten. Unter ihrem Bilde und nicht der Ziffern schwebten mir denn auch die Zahlengrößen vor. Ich rechnete nach gedachten Klötzen, eine treffliche Methode, die mich bald in den Stand setzte, ziemlich verwickelte Aufgaben mit Schnelligkeit zu lösen und für meine Jahre Ungewöhnliches zu leisten ...

Ich weiß nicht, ob es zu rasch gesteigerte Anforderungen waren, an denen ich erlahmte, oder ob meine Natur eine Tätigkeit, die ihr nicht adäquat war, nur bis zu einem gewissen Grade ertragen konnte – kurz, nach einem heftigen Auftritte in der Rechenstunde schleppte unser Informator mich beim Kragen in das Atelier des Vaters, laut klagend, daß der dumme Junge nun plötzlich nicht mehr wisse, wie viel einmal eins sei. Das war nur allzu wahr. Ich hatte mich in einer schwierigen Aufgabe dergestalt verwickelt und verfangen, daß ich mich plötzlich in den allereinfachsten Zahlenverhältnissen nicht mehr zu orientieren vermochte. Und so blieb es; ich faßte gegen das Kopfrechnen einen unüberwindlichen Abscheu, wurde damit nicht weiter gequält und zu der Mechanik des Ziffernrechnens übergeführt, worin ich jedoch nur sehr geringe Fortschritte machte.

46, 82ff.

BERLIN, UM 1818

Das uranfängliche Lesebuch

Lesen, Bücherlesen, Märchenluxus, Tatsachenschwelgerei, alles das kommt erst später. Jetzt dreht sich alles um den »Brandenburgischen Kinderfreund« und die Bibel. Auch das »Bibelaufschlagen« kommt erst später, wenn uns das »Buch der Bücher« erst bekannt geworden ist in all seinen Druckfehlern und »verbundenen« Paginas und einigen vielleicht ganz »fehlenden Seiten«. Dann wird's aber auch eine wahre Hexerei ... ein Wettrennen, wie in Epsom zwischen Pferden, so zwischen Ohren, Händen, Augen, Mund und bei dem, der kurzsichtig ist, der Nase. »Sprüche Samuelis 1,15!« Hurra! Die Blätter fliegen! Welche Listen, Handgriffe gewinnt man sich ab, um in diesem Bäumchenverwechselspiel der erste bald bei den großen, bald bei den kleinen Propheten zu sein und die fünf Bücher Mosis am Schnürchen zu haben! Der »Brandenburgische Kinderfreund« erschien dem Kinde wie etwas Uranfängliches. Gott schuf die Welt und gleich nach ihr den »Brandenburgischen Kinderfreund«. Dreihundert zerrissene, beschmutzte Seiten mit einer Fülle von unumstößlichen Grundwahrheiten des jungen Lebens, als da sind: »Dieses Buch ist mein! Es besteht aus Blättern. Auf diesen Blättern sind Buchstaben. Diese Buchstaben verstehen, nennt man Lesen usw. ...« – sie sind die Enzyklopädie des ganzen Wissens, die wahren Diderot, d'Alembert, Bayle der Kinderweisheit. So wird selbst die Bibel in späterer Zeit nicht mehr heimisch wie der »Brandenburgische Kinderfreund« mit all seinen Klexen, eingekritzelten Namen, Eselsohren und sich mehrenden Defekten ... »Brandenburgischer Kinderfreund«, wie liegst du so offen da der Erinnerung! Wie durchblättert sie dich in deinen ersten metaphysisch-juristischen Denkübungen ... bis zu den Wanderungen durch die Tier und Pflanzenwelt! »Pastinak« hieß eines deiner aufgezählten Gemüse. Der Knabe kannte Schoten und Bohnen, aber »Pastinak«! Und gar »Artischocken«! Eine Wunderwelt der Küche! Und die Gerätschaften der Gewerbe, die großen Denkwürdigkeiten der Geschichte, des Weltalls, Deutschlands, Preußens und endlich die in lateinischen Lettern erzählten gereimten Anekdoten von Hans Taps, der sich »vor Gespenstern fürchtete«! Gespenster und Fenster reimte sich nicht nur in dem Buche, sondern gleich wie fürs Leben. Lieder beschlossen das Buch. »Mein erst Gefühl sei Preis und Dank!« ... und am Schluß, hinweg über das liebliche: »Da hab' ich es, das Hänflingsnest!« das majestätische, wie mit Pauken und Trompeten am Auferstehungsmorgen gesungene: »Lobe den Herren, den mächtigen König der Ehren«! Wahrlich! Die Schreibtafel unterm Arm und den »Kinderfreund« im Kopf – habt Respekt vor dem werdenden Beherrscher der Erde!

34, 93 f.

Berlin, 1818
Im Fegefeuer: Das Abiturientenexamen

Die schriftlichen Arbeiten des Abiturientenexamens wurden unter Klausur gemacht, und nahmen vier lange Vormittage in Anspruch. Der betreffende Professor blieb während der ganzen Zeit in der Klasse gegenwärtig, und keiner der Schüler durfte sich entfernen. Griechisch, Lateinisch, Mathematik und Geschichte wurden in vier verschiedenen Aufsätzen behandelt ... Die drei Ausarbeitungen im Griechischen, Lateinischen und in der Geschichte konnte ich ohne Anstoß zu Stande bringen; bei der mathematischen Aufgabe, welche die Logarithmen behandelte, wäre ich beinahe stecken geblieben, weil mir augenblicklich der Hauptgrundsatz nicht gegenwärtig war, daß an die Stelle der Multiplikation und Division die Addition und Substraktion trete. Zum Glücke war Lehmann mein Nachbar; ich schob ihm ein Zettelchen mit einer Anfrage zu, und seine kurze Antwort rief mir schnell das rechte Verständnis zurück.

Mehrere Wochen nachher erfolgte das mündliche Examen, vor dem die Furcht noch viel ärger war, als vor dem schriftlichen; denn was konnte nicht alles gefragt werden! Das ganze Lehrerpersonale von Prima, den Direktor Bellermann an der Spitze, versammelte sich feierlich im großen Hörsaale, und die 18 unglücklichen, zu befragenden Schlachtopfer nahmen auf zwei langen Bänken im Vordergrunde Platz. Als Primus omnium war ich, wie schon bemerkt, auf das schlimmste gefaßt, und glaubte, man werde mich am schärfsten ins Gebet nehmen, daher kann ich noch jetzt an jene Stunden der Qual nicht ohne Herzklopfen denken. Allein es kam ganz anders als ich gefürchtet. Die Examinatoren hatten so viel mit den am Ende der langen Reihe Sitzenden zu tun, daß die obersten nur wenig beachtet wurden. Ich erhielt kaum ein paar Fragen, und da diese zufällig etwas betrafen, was ich wußte, so konnte ich sie genügend beantworten. Endlich – endlich waren die bangen Stunden verflossen und die Lehrer zogen sich in das Beratungszimmer zurück. Nun wurde die kleine Pause, in der wir uns selbst überlassen blieben, mit verlegenem Lächeln und tief aus der Brust geholten Seufzern ausgefüllt, zu einem Scherz fühlte sich niemand aufgelegt: denn noch hing das Damoklesschwert der möglichen Zurückweisung über unsern Häuptern. Nach nicht gar langer Zeit traten die Lehrer wieder ein, und wir vernahmen die erfreuliche Kunde, daß wir alle 18 durchgekommen seien. Die meisten, mit dem Primus omnium an der Spitze, erhielten das Zeugnis der unbedingten Reife zur Universität No. I., die andern das der bedingten Reife No. II.

Man hat in neuerer Zeit mancherlei Bedenken gegen die Abiturientenexamina erhoben, und besonders dies dagegen geltend gemacht, daß die Lehrer nach einem mehrjährigen täglichen Umgange mit den Schülern auch ohne Examen beurteilen können, ob jemand zur Universität reif sei oder nicht, es könne deshalb gar wohl eine Entlassung ohne das Fegefeuer der Prüfung eintreten; allein auf der andern Seite hat die Furcht vor dem Fegefeuer auch ihr gutes: sie spornt nicht selten die trägen Naturen zu einem letzten entschlossenen Anlauf, das Versäumte nachzuholen, und weckt in manchem langsamen Geiste die schlummernde Energie zu einem mutigen Aufraffen.

66, 208 ff.

MAGEDEBURG, UM 1820

Stilistische Bildung auf dem Pädagogium Kloster der lieben Frauen

Strebe, unter welchem ich den größten Teil meiner stilistischen Fortbildung absolvierte, begünstigte, da er ein weiches Gemüt hatte, das Gefühl und die Phantasie. Die Kultur des Gedankens trat bei ihm entschieden zurück. Von Philosophie war bei ihm gar nicht die Rede. Ich erinnere mich, bei ihm von Unten nach Oben folgende Themata behandelt zu haben:
Sprich nicht von dem, was du tun willst. Die eitle Karoline. Ein Charaktergemälde. Kommentar zu Schillers Glocke. Schilderung einer glücklichen Insel im Ozean. Die Ruinen, eine Betrachtung. Der Frühling. Eine Vision am Hellespont in der Neujahrsnacht. (Wurde selbstverständlich in Hexametern bearbeitet.) Über den Unglauben. (Natürlich gegen denselben.) Wie wünsch ich mir mein Leben nach dem Tode? (In Hexametern) – Ich besitze es noch und sehe, daß ich einige rationalistische Anmerkungen zur Rechtfertigung der Vorstellungen, die ich vortrug, hinzuzufügen für nötig erachtete.
Rede Alexanders bei der Umkehr am Hydaspis. Charakteristik Attilas ... Mit Benutzung von Gibbon usw. Über die Nibelungen. Eine recht gut geschriebene Verteidigung ihres Wertes. Kritik von Houwalds Drama: »Fluch und Segen«, Februar 1822. Sehr scharf. Die Verdienste Alfred des Großen um England, Juli 1822. Musik und Poesie. Die Begleiterinnen des Menschen. Ein Gedicht in freien Stanzen von ziemlichem Umfang ... Strebe war davon so entzückt, daß er es dem Probst vorlegte, der mir eine höchst lobende Kritik darüber schrieb, die nur einige Formfehler tadelte.

81, 106 f.

Marbach, 1822ff.
Die Visitation

Große Kosten hat meine Ausbildung den Eltern nicht verursacht. Das gewöhnliche Schuldgeld betrug 15 Kreuzer ... per Quartal. Honoratiorenkinder brachten dem Schullehrer einen Sechsbätzner (24Kreuzer) und zu Martini noch ein Extrahonorar, den Märtespfennig, auch 24 Kreuzer. Für diese Extraleistung wurden wir dann von der Frau Schulmeisterin zum Kaffee geladen.
Ich lasse aber meine wohlfeile Schule nicht zu gering taxieren. Die wenigen Fächer: Lesen, Schönschreiben, Diktat, Kopf- und Tafelrechnen wurden doch recht und gründlich betrieben ... Die Schule war eine gemischte, nur ein riesiger Kachelofen trennte uns Mädchen von den Söhnen des Volkes ... Ohne daß eine Einmischung der Lehrer nötig gewesen wäre, wollten wir absolut nichts voneinander wissen und unsere Spielplätze waren streng getrennt. Der vordere, gepflasterte Schulhof gehörte uns Mädchen, der hintere, stets etwas schmutzige, war den Buben angewiesen ...
Das lange Stillsitzen auf der harten Schulbank ist für alle frischen, jungen Naturen ein lästiger Druck ... Wie herrlich war es, wenn es neun Uhr schlug und man hinaus durfte! ... Es war fast, als gehe man nur in die Schule, um hinaus zu dürfen. Als Abwechslung und angenehme Unterbrechung des täglichen Einerlei war uns sogar die alljährlich stattfindende Visitation willkommen. Während wir gewöhnlich, ich, das Oberamtsrichterstöchterlein nicht ausgenommen, des Alltags nur selbstgewobene Barchentkleider trugen, durften wir uns zu diesem Fest mit steifgestärkten Kattungewändern schmücken. Das Schulzimmer, in dem wir uns versammelten, war rein gescheuert und gut gelüftet, sämtliche Lehrer erschienen im Sonntagsstaat und sahen uns wohlwollend und ermutigend an. Neben der schlanken Gestalt des Herrn Diakonus, unseres sehr verehrten Religionslehrers, erhob sich würdevoll die breite des Herrn Dekan ... die an uns gestellten Fragen waren nicht allzu schwer und die Handlung schloß mit lobenden Äußerungen und freundlicher Ermahnung.
Am schönsten aber war der Schlußakt, wo wir gesitteter als sonst abtrabten und unter der Tür das Faktotum der Geistlichkeit, der vielvermögende Mesner saß. Der war sonst keineswegs eine persona grata bei uns Kindern ... Am Visitationstag aber, da ist sein Gesicht uns lieblich erschienen, – denn da saß er vor einem hoch aufgetürmten Korb frischgebackener Wecken, von denen er beim Weggehen einem jeden Kind einen, dem Ersten der Klasse sogar zwei, verabreichte ... Wer das Examen besonders gut bestanden hatte, bekam auch ein »Billet«, nämlich ein Stück Papier, darauf der Lehrer schön mit roter Tinte geschrieben hatte: »Lob des Fleißes und der Aufmerksamkeit«. Mit Stolz verwahrte man dies sorgsam im Gesangbuch.

Alle vier Jahre fand eine »Prälatenvisitation« statt. Die war noch viel wichtiger als eine gewöhnliche; der Herr Prälat trug ein goldenes Kreuz auf der Brust... Wurde dies verehrte Kirchenoberhaupt in der Schule erwartet, so sandte man vorher eine Anzahl Buben als Beobachtungskorps aus, die sich vom Schulhaus bis zu seiner Herberge an allen Straßenecken verteilten, um Kunde zu bringen, wenn er sich nahte...
Ein Akt der Feierlichkeit war es auch, wenn zur Sommers- und Herbstzeit Oberamtmanns Ida und ich weiß gekleidet und mit rosa Schärpe zum Herrn Dekan wanderten, um nach alter Sitte eine mit großem Fleiß ausgefertigte Bittschrift einzureichen, darin wir im Namen der Schule um Ferien baten, »auf daß wir unseren Eltern bei der so beschwerlichen Feldarbeit beistehen könnten«. Daß gerade wir zwei bei dieser Leistung völlig unbeteiligt waren, kam dabei nicht in Betracht.

95, 17ff.

WEIMAR, 1825 ff.

Spezielle, aber erstaunliche Fertigkeiten der Primaner

Ich war 18 Jahre alt, als ich nach Prima kam, aber obgleich ich wußte, daß ich da drei Jahre sitzen mußte, denn vor dem durfte man sich gar nicht zum Abgange melden, waren doch Gründe genug vorhanden, die mich trieben, alle Kräfte aufzubieten. Noch als ich in Obersekunda saß, wurde ein Abiturient, der Sohn eines Ministers, zurückgewiesen, weil in seiner lateinischen Arbeit der Fehler desivit für desiit vorkam. Das jagte allen übrigen einen heilsamen Schrecken ein. In Prima war der Direktor Gernhardt Hauptlehrer. Sein Hauptfach war das Lateinische. Er gab auch griechische Stunden, aber es wurde nur Lateinisch übersetzt und Lateinisch gesprochen... Direktor Gernhardt gab auch die lateinischen Arbeiten auf, deren wir monatlich wenigsten zwei machten. Die erste beste Sentenz aus Horaz und Plato diente als Thema zur Aufgabe. Lang brauchten die Arbeiten nicht zu sein, 4 Seiten genügten, doch nahm er auch 2 Seiten ohne Bemerkung an, wenn sie nur seinen Forderungen, nämlich gutes Latein und Gedanken, entsprachen. Denn er verlangte vor allem den Beweis, daß man scharf über die Aufgabe nachgedacht und sie von allen Seiten beleuchtet hatte. Daher durfte man ihm nicht mit leeren Redensarten kommen. Arbeiten, in denen die Armut an Gedanken durch weitläufige lateinische Phrasen verdeckt war, brachten ihn stets auf, und sein Zorn trieb zu kräftigeren Anstrengungen. Ich hatte auch in dieser Hinsicht Glück. Bald nämlich, nachdem ich nach Prima versetzt worden war, ergriff mich der Ehrgeiz, gut Lateinisch zu schreiben, und um dieses Ziel zu erreichen, benutzte ich den Rat des Prof. Vent, fleißig zu revertieren. Ich nahm Ciceros Briefe an Atticus und übersetzte eine Anzahl möglichst treu, und doch zugleich frei und leicht im Ausdruck. Nach einem Vierteljahr versuchte ich sie nun so gut als nur möglich ins Lateinische zurück zu übersetzen, aber erst, wenn ich einen Brief beendigt hatte, verglich ich meine Übersetzung mit dem Original, wodurch ich erst rechte Kenntnis über alle Feinheiten des lateinischen Stils erhielt ...

Gaben schon die lateinischen Arbeiten uns gehörig Veranlassung, unsere Kräfte zu üben, so geschah es nicht weniger durch die Übungen im lateinischen Versbau. In Prima lernten wir nämlich auch lateinische Verse machen, und da viel Zeit und Mühe darauf verwandt wurde, erlangten die meisten nicht geringe Gewandtheit. Diese Übungen könnten leicht als zwecklos, ja als reine Zeitverschwendung erscheinen, aber sie hatten doch ihren entschiedenen Nutzen. Steht einmal der Zweck fest, wie es bei uns der Fall war, entschieden Kenntnis und Gewandtheit in der lateinischen Sprache zu erlangen, so tragen diese Übungen wesentlich bei, den Zweck zu erreichen. Denn erstens muß man, um einen Stoff in lateinischen Versen zu behandeln, den ganzen Vorrat von Ausdrücken und Wendungen gleichsam im Geiste um sich her ausbreiten und durch fleißige Lektüre von Dichtern zu vergrößern suchen ... Zugleich haben diese Übungen einen entschiedenen Einfluß auf die Ausbildung des Verstandes, abgesehn von dem pädagogischen Nutzen, daß sie zur Ausdauer und Anspannung aller Geisteskräfte beitragen. Wehe dem, der z. B. eine Schillersche Ballade in lateinischen Hexametern zu behandeln hat und sich ängstlich an die Worte hält. Er kann halbe Tage schwitzen und den Gradus ad Parnassum abnutzen, und er wird doch nur jämmerliche einige Hexameter zustande bringen. Man muß kühn jede deutsche Satzverbindung, jedes zusammengesetzte Wort auflösen, Metaphern mit andern vertauschen, wenn man etwas Ganzes und Gefälliges zustande bringen will. Auch stiegen diese Übungen nur allmählich aufwärts. Wir begannen mit der Anordnung aufgelöster Hexameter und endigten mit Aufgaben in jedem antiken Versmaß. Wir machten wirklich Oden in sapphischem Versmaß über ein gegebenes Thema. Eine Schillersche Ballade in lateinische Hexameter zu verwandeln, erschien uns noch leichter als manche Arbeit des Direktors. Mein Freund Karl besaß eine geniale Gewandtheit im lateinischen Versbau und übersetzte einst Schillers Kraniche des Ibykus als Geburtstagsgeschenk für seinen Vater. Wie in andern Stücken, so entstand auch im lateinischen Versmachen ein besonderer Wetteifer unter den Primanern, und jeder suchte den andern in Überwindung von Schwierigkeiten zu übertreffen ... So machte sich einer einst anheischig, den Jungfernkranz aus dem Freischütz, einen zu jener Zeit allbekannten Gassenhauer, in gereimte lateinische Verse zu übersetzen ...

Außer dem Direktor war eine Hauptperson in Prima der Prof. Weber, ein sehr gelehrter Mann, aber auch Philolog durch und durch. Er las mit uns den Demosthenes und die griechischen Tragiker, mitunter auch einen lateinischen Klassiker ... Außer den beiden genannten und dem Professor der Mathematik gab es für Unter- und Oberprima nur noch einen Hilfslehrer, denn außer zwei Stunden Religion, die der Direktor gab, wurde durchaus nichts gelehrt als Lateinisch, Griechisch und Mathematik. Kein Deutsch, keine Geschichte, keine Geographie. Wozu auch? Keiner unserer großen Klassiker hat je Unterricht im Deutschen erhalten ... Und Geschichte? Wer seinen Cornelius, Cäsar, Livius und Tacitus gelesen hat, Herodot, Thukydides und Plutarch, dazu Demosthenes und Ciceros Reden, der versteht gewiß Geschichte ... Die neueren Sprachen waren in Prima gar nicht vertreten. Nur war ein tüchtiger Lehrer angestellt, bei dem man Privatunterricht nehmen konnte. Doch war Kenntnis der neueren Sprachen unter den Primanern sehr verbreitet ... Ich habe auf dem Gymnasium Englisch, Französisch und Italienisch nebenbei gelernt ...

23, Bd. 2, 259 ff.

RASTENBURG, 1841

Ein Reifezeugnis

I. Sittliche Aufführung: gegen Mitschüler, gegen Vorgesetzte und im Allgemeinen musterhaft.
II. Anlagen und Fleiß: Hat seine recht guten Anlagen durch einen wahrhaft wissenschaftlichen Eifer ausgebildet.
II. Kenntnisse und Fertigkeiten:
1. Sprachen: In der deutschen: G. hat eine vollständige Übersicht über die älteren Perioden der deutschen Literatur, ist mit den Schriftwerken seit Opitz durch Lektüre und Studium vertraut und besitzt die rühmlichsten Kenntnisse in der neuesten Literatur. Er hat sich auch als Dichter versucht, und seine lyrischen Produktionen verdienen Aufmerksamkeit, wie er als Verfasser eines dramatischen Gedichts dichterische Begabung dargelegt hat. Seine Aufsätze zeugen von einem seltenen Grade geistiger Durchbildung, und er versteht es, seinen Gedanken eine lichtvolle und sprechende Gestaltung zu geben.
Im Lateinischen sind G.'s Leistungen ausgezeichnet. Er besitzt nicht nur Redefertigkeit, sondern schreibt auch einen Aufsatz mit wohlverarbeitetem Stoffe und leicht hinfließender Latinität gleich ins Reine.
Im Griechischen ist G. im Stande, mit Leichtigkeit den Homer, Xenophon, Herodot und die leichteren Dialoge Platos auch ohne Hilfe des Lexikons ins

Deutsche zu übersetzen. Auch hat er sich hinreichende Kenntnisse in den Formen und der Syntax erworben.
Im Französischen sind seine Kenntnisse befriedigend.
2. Wissenschaften: In der Religionslehre hat er sich eine deutliche und wohlbegründete Kenntnis der christlichen Glaubens- und Sittenlehre und eine allgemeine Übersicht der Geschichte der christlichen Religion erworben.
In der Mathematik hat er sich durch regen Fleiß gründliche Kenntnisse angeeignet und in seinen Leistungen überall Reife des Urteils gezeigt. In den Anfangsgründen der Differentialrechnung besitzt er hinreichende Kenntnisse. In der Physik sind sie ebenfalls befriedigend.
Dem Studium der Geschichte hat er sich mit regem Eifer gewidmet und sich in allen Teilen derselben gründliche Kenntnisse erworben; auch in der Geographie sind dieselben genügend. In der Propädeutik zur Philosophie hat er den gegebenen logischen und psychologischen Stoff nicht bloß gut aufgefaßt und zu einem deutlichen Bewußtsein gebracht, sondern ihn auch zu einem selbständigen Denken benutzt. In der Naturgeschichte sind seine Kenntnisse befriedigend.
3. Fertigkeiten: G. hat hier nicht Gelegenheit gehabt, sich im Zeichnen und Gesang weiter fortzubilden. Die unterzeichnete Prüfungskommission hat ihm demnach, da er jetzt das hiesige Gymnasium verläßt, um Rechtswissenschaft zu studieren, das Zeugnis der Reife erteilt und entläßt ihn unter den besten Hoffnungen und Wünschen.

30, 74f.

Langenhorn, 1851 ff.

Unterrichtsorganisation nach dem System Bell-Lancaster

In einem großen Raum war die ganze Schülerschar beisammen, von kleinen Kindern bis zu halberwachsenen Burschen und Mädchen: es galt bei uns in Schleswig-Holstein die Ordnung, daß Mädchen erst mit 15, Knaben mit 16 Jahren konfirmiert wurden und die Schule verließen. Die Einteilung der Gesamtheit in eine Ober- und Unterklasse war durch einen breiten Gang markiert, der den Raum halbierte. In der Oberklasse saßen wohl 40-50 Knaben und Mädchen, nach Bänken getrennt, in der Unterklasse mochten 60-80 sein, Knaben und Mädchen in den Bänken durcheinander. So im Winter, im Sommer schmolz die Zahl auf die Hälfte und weniger zusammen. Der Unterricht geschah in der Weise, daß der Lehrer sich bald der einen, bald der andern Klasse widmete ... währenddessen beschäftigte sich die andere Klasse still für sich ... die Unterklasse vor allem mit Lesenlernen. Das ... war damals noch eine ungemein

schwierige Kunst, deren Erlernung in der Schule nach der alten Methode jahrelang in Anspruch nahm und von manchem, bei unregelmäßigem Schulbesuch war es fast Regel, nie zu einiger Sicherheit gebracht wurde. Die Übung geschah in der Weise: es wurden Tabellen an Gerüsten, die an den Tischen befestigt waren, aufgestellt; je zwei oder drei Schüler hatten, mit einem »Untergehilfen« als Lehrer, der einen Stock als Zeiger in der Hand hielt, eine zusammen. Zuerst eine Tabelle mit den Buchstaben; dann kamen Syllabiertabellen ... endlich Tabellen mit Wörtern ... Hatte sich einer in ein, zwei Jahren, es konnten aber auch drei oder vier und mehr werden, durch die Tabellen durchgearbeitet, dann kam er in den Katechismus, zuerst den kleinen, hierauf den großen, um nun endlich die Frucht der Lesekunst zu genießen: das Auswendiglernen.
Ich konnte schon lesen als ich (mit fünf Jahren) zur Schule kam, und so fiel mir bald die Rolle des Untergehülfen zu: ich hab manche Stunde Jungen, die doppelt so alt waren, auf der Tabelle ... buchstabieren und syllabieren lassen ...
Ein Schultag verlief nun etwa so. Er begann morgens und endete abends mit gemeinsamem Gesang und Gebet der ganzen Schule. Gesungen wurde stehend, oft bis zur Erschöpfung ... man stand mit gebeugten Knien eingeklemmt zwischen Tisch und Bank ... Dann folgte der Religionsunterricht, an dem wieder die ganze Schule teil nahm ... Die Aufgabe bestand darin, die gegebenen Formeln des Katechismus herzusagen und die aufweichenden Erklärungen des Lehrers zu wiederholen, dazu Sprüche aus der Bibel aufzusagen oder aufzuschlagen und vorzulesen ...
Dann kam die Lesestunde: für die Kleinen das Buchstabieren usw., für die Großen das Bibellesen ... Eine besondere Übung war auch hier das Bibelaufschlagen ... wer's am ersten hatte, durfte vorlesen. Was dort stand, war einerlei. Die Übung diente vor allem dazu, in der Reihenfolge der biblischen Bücher festzumachen. Nach der Pause, in die erst die Mädchen, dann die Knaben entlassen wurden, folgte die Rechenstunde, wo natürlich wieder den verschieden Geförderten verschiedene Aufgaben gestellt waren, vom Zahlenlernen und Addieren bis zur Regeldetri und dem Wurzelausziehen. In der Oberklasse wurde ebenso wie in der Unterklasse die Sache rein mechanisch vorgemacht: So setzt man bei Lösung einer solchen Aufgabe an, dann macht man dies und dies, dann kommt es so heraus ...
Mit dem Mittagsgebet um elf Uhr war der ersehnte Schluß erreicht. Alles rannte in eiligstem Tempo nach Hause ... Eine kleine Anzahl allzu entfernt Wohnender blieb übrigens über Mittag in der Schule und verzehrte ein mitgebrachtes Butterbrot ... Der Nachmittgsunterricht begann mit der Schreibstunde. Die Kleinen schrieben auf die Schiefertafel, die Größeren nach Vorlagen, die ausgeteilt wurden, mit Tinte ins Buch. Die allein erlaubte Form der Feder war der Gänsekiel. Der Lehrer saß jeden Tag die erste Hälfte der Stunde und schnitt

Federn, die von Zeit zu Zeit eingeliefert werden mußten, ebenso wie ein Tintenschilling ... Aufregender pflegte die zweite Stunde zu sein: es war die Aufsagestunde: einmal in der Woche wurden die aufgegebenen Gesangbuchverse und Bibelsprüche oder der Katechismus abgehört, der Reihe nach, jeder kam dran. Und an jeden kam auch, bald öfter, bald seltener ... die Reihe der Strafexekution ... Mit einer gewissen Spannung, gemischt aus Schadenfreude und der Aufregung welche die Anwesenheit bei jeder schmerzlichen Operation gibt, sah man dem Augenblick entgegen, wo das Tau, ein dickes Schiffstauende, zum ersten Mal in Wirksamkeit trat ... Da ich früh lesen konnte, so kam ich früh unter diese Disziplin. Ich erinnere es selbst nicht, aber meine Mutter hat mir erzählt, daß sie mich als Kind einmal nachts im Bett habe weinen hören. Auf die Frage: was mir sei? habe ich geantwortet: ich solle morgen das »Was ist das« zum zweiten Artikel aufsagen und könne es nicht lernen; und dann seien mir schon wieder Schläge angedroht. Sie sei darauf zum Lehrer gegangen und habe ihm vorgestellt: er könne doch nicht von dem Fünfjährigen verlangen, was sonst Zehnjährige leisteten. Und so sei das Unwetter von meinem Rücken noch abgelenkt worden.

Ein andermal wurde die Stunde zur Gesangsübung verwendet. Auch das eine gefürchtete Stunde: zwar das Chorsingen machte keine Schmerzen; aber dann kam das Einzelsingen: auch hier der Reihe nach, ob Gott Stimme und Mut dazu gegeben hatte oder nicht ... In dieselbe Stunde fiel wohl auch der deutsche Sprachunterricht. Es wurden Deklinations- und Konjugationsschemata hergesagt, Verhältniswörter mit dem zweiten, dritten und vierten Fall auswendig gelernt ... Ein Lesebuch besaßen wir nicht; wie wir denn auch kein Gedicht außer den verhängnisvollen Gesangbuchversen gelernt oder gelesen haben ... Auch »Aufsätze« wurden gemacht, aber nur drei- oder viermal im Jahr, ein Brief oder eine Erzählung oder eine »Abhandlung«. Nachdem auf der Tafel jeder so viel oder wenig Sinn oder Unsinn, als er zusammenbrachte ... aufgeschrieben hatte, wurde dann die Musterleistung des Lehrers diktiert und in ein Buch eingetragen, das bei Prüfungen vorgelegt wurde ...

Die letzte Stunde wurde für Geographie und Naturlehre verwendet. Der geographische Unterricht ging wieder vorzüglich auf das Auswendiglernen von Namen, in stereotyper Ordnung wurden Grenzen, Gebirge, Flüsse, Provinzen, Städte jedes Landes gelernt und aufgesagt; vorzüglich kamen Dänemark und Palästina in Betracht, wogegen ich mich Deutschlands nicht erinnere ... Die Naturlehre beschränkte sich auf das Vorsagen und Nachbeten einiger Definitionen von Eigenschaften der Körper: Elastizität ist diejenige Eigenschaft der Körper vermöge welcher usw. ... Wann ich in die Oberklasse gekommen bin, weiß ich nicht, es muß früh gewesen sein; dagegen erinnere ich mich noch wohl des Aufnahmeverfahrens. Es wurde eine Art öffentlicher Prüfung und

Abstimmung vor der Oberklasse über die Würdigkeit zur Aufnahme abgehalten ...
Damit trat man zugleich in den Kreis derer ein, aus denen für jeden Tag ein »Obergehilfe« ernannt wurde. Er hatte in Anwesenheit des Lehrers vor allem die Aufsicht über die Unterklasse zu führen, auf Stille zu halten, nachzuhelfen, wo die »Untergehilfen« nicht weiterkamen ... In Abwesenheit des Lehrers hatte der »Obergehilfe« seine Vertretung auch in der Oberklasse; und das war die weniger dankbare Aufgabe: er oder sie, denn die Mädchen waren natürlich nicht ausgeschlossen, hatte dann die Ordnung überhaupt aufrechtzuerhalten und Übertreter ... an die Wandtafel zu schreiben zu nachfolgender Züchtigung ...
Der große Tag des Jahres war die Kirchenvisitation, zu der Probst und Amtmann aus Husum erschienen ...

68, 82 ff.

DARMSTADT, UM 1873

Betrieb des Gymnasialunterrichts

Wenn ich das Bild des Kollegiums aus dem Jahr 1873 betrachte, so fällt in die Augen, daß nach der Barttracht die Älteren von den Jüngeren scharf geschieden sind. Die Älteren zeigen ein glatt rasiertes Angesicht ... die Jüngeren tragen den Vollbart ... Es waren durchweg geborene Hessen, Landeskinder, die uns unterrichteten, sie hatten auf der Universität Gießen das examen pro facultate docendi bestanden, wo durch den in Weimar geborenen Friedrich Gotthilf Osann die klassische Altertumswissenschaft würdig vertreten war ... Vieles im Betrieb des Unterrichts wies auf die Abkunft des Gymnasiums von den alten Lateinschulen hin. So wäre es als eine Sünde gegen geheiligte Satzungen erschienen, hätte einer statt Prima, Sekunda, Sexta, von der ersten zweiten, sechsten Klasse zu reden gewagt. Im Volksmund wurde das Gymnasium immer noch »die Klaß« genannt, für die ... die Schüler durch privaten Unterricht bei einzelnen Kandidaten vorbereitet worden waren. Allgemein üblich waren die Ausdrücke Subsellium, Katheder, Karzer, Ordinarius, Abiturienten, Examen, Maturitas, Aktus, Prämium, consilium abeundi. Die Aufgaben wurden benannt als Pensum und Exerzitium, letzteres bezeichnete die schriftliche Arbeit, die wiederum in das Domestikum und das Extemporale geschieden war. Das Extemporale hatte den gefürchteten Beinamen pro loco, wenn von seinem Ausfall die Nummer des Sitzplatzes abhängig war, also ein Zertieren stattfand. Der Verfasser der besten Arbeit wurde dann der Primus; wessen Arbeit fehlerlos war, der erhielt das

Prädikat »bene« ... Aus den loci in den einzelnen Fächern wurde nach einem bestimmten Schlüssel der Generallokus am Ende jedes Halbjahres errechnet und in die »Zensur« eingetragen. In den untersten Klassen war es üblich, durch Kampfspiele in Frage und Antwort Scharfsinn und Ehrgeiz zugleich zu wecken. Der Ultimus begann mit einer Frage, mit der er einem der über ihm sitzenden Mitschüler den Handschuh hinwarf. War dessen Antwort richtig, so war der Angriff abgeschlagen: der Pänultimus kam dann an die Reihe zu fragen. War sie aber unrichtig, so konnte sich der Angegriffene nur in seiner Stellung halten, wenn er dem Angreifer eine Gegenfrage stellte, und dieser dann versagte. Antwortete der aber zutreffend, so fand auf der Stelle zur größten Erheiterung der Korona Platzwechsel statt mit Sack und Pack. So konnte wohl einmal der Primus zum Ultimus, der Ulitimus zum primus omnium werden. Mit abgefeimter List und Bosheit wurden dem ahnungslos erblassenden Gegner Fragen voller geheimer Tücken und Fallstricke vorgelegt ... »Übersetze: Die triefäugige Schwiegermutter ist nach Neukarthago geritten«. Und »Glaubst du nicht, daß es den Tiberius und Gaius Gracchus geekelt hätte vor dem eingemachten Siebenschläfer?«

Der Unterricht begann und schloß mit dem Gebet, daß der Primus herzusagen hatte: Unsern Eingang segne Gott, unsern Ausgang gleichermaßen ...

Die Disziplin wurde ohne Schimpfworte und ohne Schläge aufrecht erhalten, als letztes Hilfsmittel drohte die Karzerstrafe im Hintergrund, die Professor Hüffel über jeden verhängte, der sechsmal eine Rüge, mit dem Wort »Strich« bezeichnet, erfahren hatte. Bei manchen unserer Lehrer ... gab es keine Frage der Disziplin ... bei einzelnen war es freilich anders. In den Unterklassen waren große Prügeleien auf der Straße an der Tagesordnung, sie wurden 1869 unter Androhung der Karzerstrafe verboten, 1875 ebenso alle Zweikämpfe in den Zwischenstunden.

58, 320ff.

4.

Kinderfleiß, Kinderarbeit, Kinderausbeutung

Kinder beim Straßenhandel mit Weihnachtsspielzeug. Zeichnung von Th. Hosemann von 1869. Aus: G. Sichelschmidt, Weihnachten im alten Berlin, Berlin 1978

Kommentar	
Aschaffenburg, 1494	Wie Johann zu dem Schneiderhandwerk kam
Halle, 1680 f.	Berufswahl und Lehrzeit des künftigen Barbiers
Stadthagen, um 1735	Der Sohn als Sekretär
Wien, 1751	Hofleben als Kammerknabe und kindlicher Virtuose
Görnitz, um 1800	Mittel, die Kinder von der Landarbeit ab in die Schule zu ziehen
Pulsnitz, um 1815	Das Kind als Faktotum
Düsseldorf und Berlin, 1818 ff.	Aus der Vorgeschichte des Regulativs von 1839, das erst Neunjährigen tägliche Fabrikarbeit von 10 Stunden erlaubt
Erfurt, 1842	Im Namen des Vaters
Glatzer Bergland, 1843 ff.	Hirtenarbeit
Frankfurt/Oder und Berlin, 1857 ff.	Die kleine Näherin
Bodnegg usw., 1858	Als Schwabenkind in die weite Welt
Rammersweier, um 1860	Abenteuer beim Geldverdienen

Kommentar

Seit es sie gibt, ist die Fabrikarbeit von Kindern beobachtet und kritisch kommentiert worden. Auch die ersten gesetzlichen Regelungen zur Einschränkung der Kinderarbeit beziehen sich auf die Arbeit in Fabriken. Das ist merkwürdig, denn es gab 1849 in Preußen nur etwa 32000 Neun- bis Vierzehnjährige, die in Fabriken arbeiteten, das sind etwa 1,5 % aller Kinder. Auch diese Zahlen sinken in den folgenden Jahren schnell. Der Grund dafür ist wohl weniger im kinderfreundlichen Eingriff des Staates zu sehen, als im Einsatz einer immer schwierigeren und kostbareren Technologie, die man Kindern nicht mehr anvertrauen konnte oder mochte. Eine Einschränkung und Kontrolle der Kinderarbeit und Kinderausbeutung in den zahlenmäßig viel bedeutenderen Bereichen der Landwirtschaft, der Heimarbeit und in den Gewerben erfolgte erst 1903. Die Proportionen und das Verhältnis der Obrigkeiten zur massenhaften traditionellen Kinderarbeit verdeutlicht die Zahl von 12000 im Regierungsbezirk Königsberg 1867 angemeldeten Hütekindern, also von Kindern, die im Sommer wegen ihrer Erwerbstätigkeit vom Schulbesuch dispensiert waren. Sie versäumten die Schule, und was vielleicht schlimmer ist, ihre Entlohnung erfolgte nach Brauch und Herkommen, also nach mündlichen Absprachen, die selbstverständlich zuungunsten der Kinder oft genug nicht eingehalten wurden.
Mit der Ausnahme des Lehrlingswesens ist über Kinderarbeit im 16. und 17. Jahrhundert wenig bekannt. Abgesehen von individuellen Verhältnissen, verschlechtert sich ihre Lage mit dem Niedergang des zünftigen Handwerks. Die Lehrzeiten werden immer länger, weil der Lehrherr auf die Ausnutzung der Lehrlinge angewiesen ist. Sechs Jahre sollte Ernst Rietschels (1804–1861) Kaufmannslehre in einem ländlichen Gemischtwarenladen dauern. Obwohl seine Eltern im selben Ort wohnen, gehört er als Lehrling zum Haushalt des Lehrherrn und sieht seinen Vater wochenlang nur in der Kirche. In diesem Arrangement steckte viel Konfliktstoff: Wie war der Lehrling untergebracht, was bekam er zu essen und wie sah die Ausgangsregelung aus? Daß er zu berufsfremden Tätigkeiten herangezogen wurde, war üblich, und nur in extremen Fällen von Ausbeutung und Mißhandlung hatten Beschwerden bei der Innung Aussicht auf Erfolg. Und was war Ausbeutung? Hermann Sudermann gedenkt seines Lehrherrn, des Apothekers Settegast, als eines Wohltäters seiner Jugend, und doch mußte er als sein Lehrling von morgens sieben bis abends um zehn Uhr auf den Beinen sein, denn der eine Stuhl, der in der Apotheke stand, war für ihn tabu. Alle zwei Wochen hatte er einen freien Nachmittag, den er gewöhnlich im Elternhaus – verschlief …

Arbeitskraft und Arbeitszeit ist billig, die der Kinder, der weiblichen zumal, fast umsonst zu haben. Die 1809 geborene Mutter von Dietrich Schäfer geht als Elfjährige zum Hüten, nach der Konfirmation arbeitet sie drei Jahre im Gewerbebetrieb eines Seilers – sie hat natürlich keine Gelegenheit, eine Lehre zu machen –, dann geht sie nach Bremen in Stellung. Als sie nach dem Tod des Ehemannes und Vaters sich und ihr Kind allein ernähren muß, ist sie so viele Stunden außer Haus, daß Schäfer seine Mutter eigentlich nur am Sonntag zu sehen bekommt.

Wo selbst der größte Fleiß der Eltern nicht hinreicht, die Kinder satt zu machen, ist es selbstverständlich, daß auch Kinder arbeiten. Auch sie beteiligen sich an der rastlosen Jagd nach einem kleinen Verdienst hier und da, werten kleine Talente oder einfach Zufälle aus. Woher Eltern, aber auch Kinder die Kraft für dieses Leben nahmen, das sie in den seltensten Fällen verbessern, in der Regel nur fristen konnten, ist rätselhaft. Jedenfalls lassen diese Verhältnisse, in denen auch unzählige Kinder um ihre Existenz kämpfen mußten, die auf Hebung des Wohlstands abzielenden pädagogischen Projekte in seltsamem Licht erscheinen. Man nahm ja an, daß die Armut verschuldet war, d. h. auf Unbildung, Arbeitsscheu und Verschwendungssucht zurückging. Wenn man gerade die Kinder der unteren Volksschichten, so war der Gedanke der Industriepädagogik, in der Schule nicht nur moralisch bildete, sondern sie auch in allen möglichen Handfertigkeiten unterwies, dann gewann man zweierlei. Jedes Kind bekam die Möglichkeit, sich selbst ehrlich zu unterhalten, und die Schule konnte sich im Grunde von den Gewinnen auch noch tragen. Alle auf diese Ideen gegründeten Industrieschulen, auch die seit dem 18. Jahrhundert vielen Waisenhäusern angegliederten Produktionsstätten, blieben Zuschußbetriebe und wurden nach kurzer Zeit aufgegeben. Übrig blieb die Idee des Handarbeitsunterrichts für Mädchen, der, wie seine Pflege auch in besseren Kreisen zeigt, neben den praktischen vor allem disziplinierende Zwecke verfolgte.

LITERATUR:

K. H. Ludwig, Die Fabrikarbeit von Kindern im 19. Jahrhundert. Ein Problem der Technikgeschichte. In: Vjschr. f. Sozial- und Wirtschaftsgeschichte 52, 1965: 63–85

L. Adolphs, Industrielle Kinderarbeit im 19. Jahrhundert unter Berücksichtigung des Duisburger Raums, Duisburg 1972

S. Quandt, Hrsg.: Kinderarbeit und Kinderschutz in Deutschland 1783 bis 1976, Paderborn 1978

O. Uhlig, Die Schwabenkinder aus Tirol und Vorarlberg, Innsbruck 1978

ASCHAFFENBURG, 1494

Wie Johann zu dem Schneiderhandwerk kam

Nachdem er (der Stiefvater) mir daher mein überaus langes Haar ... nach der bei uns herrschenden Sitte kurz geschnitten und mich auch mit anderen Kleidern ausstaffiert hatte, reiste er mit mir nach der Stadt Aschaffenburg und tat mich hier zu dem Schneiderhandwerk. Da mir die Wahl gelassen wurde, hatte ich vorgezogen, dieses zu erlernen, weil es leichter ist als andere. Ich kam zu einem tüchtigen Meister, der einen großen Ruf hatte: der sollte sich Mühe geben, mir binnen zwei Jahren seine Kunst beizubringen, und versprach ihm der Vater dafür, innerhalb jener Frist ihm sechs Goldgulden und zwanzig Ellen Tuch zu geben, wovon er einen Teil ihm schon gleich mitgebracht hatte.
Was ich bei diesem Meister während der zwei Jahre meiner Lehrzeit ausgestanden habe, auch abgesehen von der Schwierigkeit des Handwerks und dem unmenschlichen Nachtwachen, wodurch ein junger Mensch völlig heruntergebracht wird, wie ich von drei oder vier Uhr morgens bis abends neun oder zehn, bisweilen auch bis elf oder zwölf Uhr, wie ich aber besonders an den höheren Festen gemeiniglich bis zur Hochmesse in einem fort arbeiten mußte, wie ich geplagt wurde mit Wassertragen, mit Hauskehren, Feuerstochen, mit Hin- und Herlaufen und Kommissionenmachen in und außer der Stadt, an Festtagen mit Schuldeneintreiben und, was mir am meisten verhaßt war, mit dem Sammeln oder richtiger Stehlen des Wachses von den Leuchtern in der Kirche zum Gebrauch bei dem Geschäfte, wie ich von dem Meister und der Meisterin und den Dienstboten herbe Worte und mitunter noch härtere Schläge, Kälte, Hitze, Hunger und Durst bis zum äußersten zu ertragen hatte ... das würde kaum in einem großen Buche zu beschreiben sein.

15, 77ff.

HALLE, 1680f.

Berufswahl und Lehrzeit des künftigen Barbiers

Endlich, ich hatte kaum das vierzehnte Jahr erreichet, so wollte mich der Vater zum Seilerhandwerk gebrauchen. War aber schwach und hatte keine Lust dazu, wiewohl ich's etliche Mal versuchte. Wollte mich der Vater im Haus nicht mehr leiden, sagete einen Abend zu mir mit harten Worten: »Du mußt fort, erwähle dir heute, was du werden wilt.« – ... Da ging die Herzensangst, Trauern, Weinen und Beten die Nacht an! Gott sollte mir doch anzeigen, was zu erwählen, daß ich Ihm und meinen Nächsten dienen und mein Brot haben könnte!

Siehe; so habe dieselbe ganze Nacht mit Barbiersachen zu tun gehabt und von Medizin geträumet. Als woraus ich geschlossen: es wäre dies der Zweck. Als nun des morgenden Tages gefraget wird: was ich resolvieret? die Antwort war: ich wollte ein Barbier werden. Sahe mich der Vater stürmisch an, ja, sagte sogleich: »Wer hat dir das in'n Kopf gesetzet? du meinest, weil solch gute, faule Tage haben? Wenn's kein Geld kostete! Wo will ich's hernehmen?« – Darauf ich ihm gesaget: »Es würden sich wohl Mittel finden dazu, und sollte er die hundert Taler dazu nehmen, welche meine selige Großmutter mir vermacht, und er so lange selbige genutzt ...« Auf welche Vorstellung der Vater sehr böse getan; durchaus nicht gewollt. Durch der Mutter beweglich Zureden aber es geschehen lassen. Mit Herrn Schobern, dem Vetter, auf siebzig Taler akkordieret, so ich auch ins Erbe konferieren müssen ...
Wurde ... anno 1681 aufgedinget. Anfangs ging es gut, obgleich bei der damaligen wohlfeilen Zeit ... schmal gnug, alle morgen mit ein Stücklein eitel Brot abgespeiset, und Kofent oder Wasser trinken mußte; so ich zu Hause nicht gewohnet war. Mit dem Barbieren ging es anfangs schwer her, maßen ich einsmals einen Bauer ins Kinn geschnitten, und darüber eine Maulschelle bekam, daß ich wohl vier Wochen taub davon gewesen. Der Ochsenziemer hielt auch nicht feste an der Handquehle, bei welcher ich auf einem kleinen Lädchen pflegte zu sitzen. Ich verkettelte selbigen immer auf eine Vorsorge, daß ich enfliehen konnte, ehe er solchen losbekam ...
Einsmals, abends, spielte mein Herr mit einem Advokaten Weiseken im Brett. Weil ich aber den Tag im Garten Mist gekarrt und sehr müde gewesen, setzte ich mich auf mein Lädchen und schlafe ein. Darüber mir ... ein starker Ton entfähret. Weil ich aber solches gewahr wurde und mich gleich aufs Marschieren legte, reißt der Herr nach der Krabatsche. Ich aber zur Tür hinaus und schmeiß die Tür hinter mir stark zu. Und weil es ohnedem eine starke Tür, die von Selbst zufiel, und er, mit dem Kopf voran, hinter mir drein will, schmeißet ihm die Tür dermaßen vorn Kopf, daß er rücklings zurück in die Stube prallet. Da erhub sich ein Geschrei. Ich aber die Treppen hinauf, zum Kapfloch naus, aufs Dach und hinter die Feuermauer. Da war ihnen bange. Meineten, ich würde den Hals stürzen zum Firste herunter. Mußten mir die besten Worte geben. Allein ich kam dieselbe ganze Nacht nicht herunter, bis die Sache verglichen, und der Herr sich schämen mußte.
Es war auch aus der Weise, daß sie mit mir, als einem Vetter, der siebenzig Taler und ein Bett Lehrgeld gab, so hart umbgingen.

18, 22ff.

Stadthagen, um 1735
Der Sohn als Sekretär

Es sorgte auch mein Vater dafür, daß ich zum Müßiggang keine Zeit behielt; denn er gebrauchte mich schon als Knaben zum Abschreiben der juristischen Schriften, die er verfertiget hatte, und in meinen ersten Jünglingsjahren geschahe dieses noch stärker. Weil er sich aber gewöhnet hatte, die meisten Arbeiten bis auf die letzten Stunden, da sie notwendig fertig sein mußten, aufzuschieben: so fielen sie gemeiniglich in die Nacht. Er ging alsdann des Abends um 8 Uhr zu Bette, stand um Mitternacht auf, und fing die Arbeit an. Sobald er einen Bogen fertig hatte, weckete er mich aus dem süssen Schlafe auf, und ich mußte anfangen ihn zweimal abzuschreiben. So lange ich noch in die Schule ging, hörte das Abschreiben vormittags und nachmittags auf, wenn die Schule ihren Anfang nahm, aber gleich nach derselben mußte es wieder angefangen werden, wenn es nötig war. Wenn ich ihm aber auch durch Abschreiben täglich einen Taler verdiente, so gab er mir doch keinen Groschen davon ab; des Nachts empfing ich ein paar Tassen dünnen Tee ohne Zucker und ohne Milch ... Weil ich von Kindheit an viel in juristischen Akten gelesen, und dadurch Kenntnis von dem Verfahren in Zivil- und Kriminal-Prozessen erlangt hatte, so trug mir beim angehenden Jünglingsalter mein Vater zuweilen auf, kleine Schriften, die entweder bei dem Amt, oder bei dem Stadtgericht übergeben werden sollten, an seiner Statt zu verfertigen, auch andere in diese Untergerichte zu tragen und Unterschiedenes mündlich zu bestellen. Es war auch eines meiner Geschäfte, Aktenstücke den Parteien, die es bedurften und verlangten, vorzulesen und zu erklären ... und dadurch verdiente ich zuweilen einen Groschen.

14, 49f.

Wien, 1751
Hofleben als Kammerknabe und kindlicher Virtuose

Es war am 1. März 1751, des Morgens, als mein Vater mich in das Palais des Prinzen führte, wo ich von nun an ein neues Leben beginnen sollte. (Ich war gerade zwölf Jahre alt.) Der Prinz war nicht zu Hause, und wir wurden an den Haushofmeister ... gewiesen ... Da nun nebst ihm insonderheit noch dem Kanzlisten Bremer die Aufsicht über mich übertragen war, so führte er uns nach einigen Instruktionen, die er mir in einem sehr väterlichen Tone erteilte, nach dessen Zimmer ... Dieser, ein hübscher Mann von ungefähr sechsundzwanzig Jahren, bewillkommte meinen Vater sehr höflich und wies mir ein Zimmer dicht

neben dem seinigen an. Ein sehr anständiges Bette, einen Schreibtisch, einen Kleiderschrank mit schönen Beschlägen, nette Stühle, überhaupt alles, was zur Einrichtung gehört, fand ich ganz neu darin. Er übergab mir das Inventarium von allen Meubeln und Kleidungsstücken mit dem Bedeuten, daß er Ordre habe, von Zeit zu Zeit nachzusehen. Ich mußte alles, was ich am Leib hatte, vom Kopf bis zu Füßen ausziehen und mich ganz neu equipieren. Rock und Beinkleider von meinem Alltagsanzuge waren aschgrau, die Weste rot. Alles war von feinem holländischem Tuche, und die Knopflöcher waren nach damaliger Mode mit silbernen Borten eingefaßt. Wäsche aller Art fand ich im Überfluß. Auch erhielt ich weiße seidene Strümpfe, neue Schuhe, silberne Schuh- und Beinkleiderschnallen nach der letzten und neuesten Façon ... »Sehen Sie«, sagte Herr Bremer, als er mein Erstaunen bemerkte, »so ist der Prinz, er ist gütig und mag jeden gern angenehm überraschen ... Hier ist Ihr eigener Schlüssel, damit Sie aus- und eingehen können, wann Sie wollen.«
Meine Zufriedenheit über mich selbst war nicht geringe, als der Haushofmeister mich vor einen großen Wandspiegel stellte und ich mich nun ganz in meinem Staate übersehen konnte ... »Es ist gleich elf Uhr«, sagte er, »gehen Sie in den Salon, das Exerzitium wird gleich anfangen.« Ich ging dahin und fand die meisten schon versammelt. Alle überschütteten mich mit Gratulationen, und meine Erhebung zum Kammerknaben, der hier nun das Recht hatte, sich an die übrigen Musiker anzuschließen, machte mich zu einem sehr glücklichen Sterblichen.
Kaum war die Sinfonie geendigt, so erschien Madame Tesi, die heute zwei neue Arien, welche der Kapellmeister Bonno soeben für sie komponiert hatte, probieren wollte ... »Madame Tesi«, rief Bonno mir zu, »möchte Sie gern spielen hören; haben Sie etwas bei sich?« »Ja«, antwortete ich und holte eine Züglersche Sonate herbei, die Hubaczek mir akkompagnierte. Bei jeder Stelle, die ich gut vortrug, rief die Tesi bald: »Bravo!«, bald: »Bravissimo!« ... Der dreimal wiederholte Klang der Portiersglocke verkündete endlich die Ankunft des Prinzen. Er ging sogleich auf meinen Vater zu ... und unterhielt sich eine ziemliche Weile sehr gnädig mit ihm. Alsdann rief er mich und sagte: »Nun, ich hoffe, du wirst mit deinem Zimmer und allem, was du darin gefunden zufrieden sein. Sei aber nun auch hübsch fleißig und führe dich so auf, daß ich auch mit dir zufrieden sein kann. Vorzüglich aber befehle ich dir, das Reglement öfters durchzulesen, und dem, was darin steht, genau nachzuleben.«
Darauf ließ er sich seine Flöte und ein Konzert bringen, setzte sich hin und spielte ... Mit seinem Konzerte endigte sich das Exerzitium, und der Prinz ging zur Tafel.
Als ich zu Herrn Ebert kam, fand ich den Pagen vom Prinzen, einen gewissen Baron Ende, daselbst und seinen Pagenhofmeister, der zugleich den Titel Sekre-

tär hatte. Dieser hieß Göhrn und war ein Sachse. »Von diesem Herrn«, sagte Ebert, indem er mich ihm vorstellte, »werden Sie Unterricht in der lateinischen und französischen Sprache erhalten; auch wird er so gütig sein, Sie im Fechten zu unterrichten. Den Unterricht aber im Reiten, Tanzen und der italienischen Sprache, werden Sie erst bekommen, wenn wir auf unsere Herrschaft Schloßhof gehen ...«

Ich hatte meinen bestimmten Platz am Offiziantentische, auf welchem gegen dreißig Gedecke sich befanden und wo täglich sieben Essen aufgetragen wurden, und des Abends ward mir mein Essen auf das Zimmer geschickt. Überdem erhielt ich monatlich fünf Gulden dreißig Kreuzer Taschengeld, von deren Verwendung ich indes Herrn Bremer Rechenschaft ablegen mußte. Ein Bedienter des Prinzen ... mußte mich täglich frisieren, und für Wäsche und anderweitige Reinigung ward ebenfalls auf das Beste gesorgt ...

Nach der ersten Mahlzeit, die mein Vater hier mit einnahm, kam er noch einmal auf mein Zimmer, ermahnte mich, mein Glück nicht durch üble Aufführung zu verscherzen, gab mir seinen väterlichen Segen, und nachdem ich ihm gerührt die Hand geküßt hatte, verließ er mich ...

Noch an eben dem Tage ward ich zum Prinzen gerufen, welcher mit Herrn Trani, der soeben bei ihm war und vor dem ich eine Probe meines Spiels ablegen mußte, als meinen künftigen Lehrmeister auf der Violine vorstellte ... Von dieser Zeit an lebte ich genau nach Vorschrift meines Reglements, das ich fleißig durchlas, und so verstrichen drei Monate ... Kurz zuvor, als wir soeben nach Schloßhof abreisen wollten, kam mein Vater zu mir und brachte mir die frohe Nachricht, daß der Prinz auch meinen älteren Bruder Joseph in seine Dienste genommen ... habe ... Ich konnte mich kaum lassen für Freude, und da ich nun wußte, daß mein Vater gern bisweilen ein Gläschen guten Cyperwein trank ... so steckte ich heimlich dem krummbeinigen Hausknecht, meinem Aufwärter ... einen Taler zu und ließ heimlich eine holen. Unterdes mußte ich meinem Vater, der begierig war zu hören, was ich bei meinem neuen Lehrmeister für Fortschritte gemacht hätte, etwas vorspielen. Ich nahm die gestochene Sammlung der Locatellischen Sonaten, die ich von diesem bekommen hatte ... Meinem Vater gefiel die Überraschung, seinen geliebten Cyperwein ... bei mir in aller Bequemlichkeit zu finden, und meine Aufmerksamkeit gar sehr, und er blieb lange und gab uns einige freundliche Lehren über das Hofleben ...

Schloßhof, wohin der Prinz und der gesamte Hofstaat Anfang Juni abging, war ein herrlicher Sommeraufenthalt ... Meine Lehrstunden, zu welchen noch das Reiten kam ... gingen hier wie in Wien ihren ordentlichen Gang fort. Überdies mußte ich bei der Tafel abwechselnd mit dem Pagen aufwarten ... Anfang November trafen wir wieder in Wien ein. Meine Lehrstunden hatten sich um zwei vermindert, denn Reiten und Tanzen fielen weg; aber ich gewann dadurch mehr

Zeit, mich für mich allein üben zu können ... Trani sagte mir, ich müßte mich nun bereit halten, bei jeder Akademie (wie man in Wien die Konzerte nennt), die der Prinz den ganzen Winter hindurch alle Freitage dem hohen Adel zu geben gewohnt war, mit einem Solo aufzutreten ...
Als ich das erstemal vor dem hohen Adel auftrat, ward mein Spielen mit allgemeinen Beifall aufgenommen. Mein Lehrmeister erhielt von allen Anwesenden viele Lobeserhebungen. Allein am andern Morgen, als er zur gewöhnlichen Lektionsstunde zu mir kam, bemerkte ich, daß er etwas auf dem Herzen hatte ... Auf meine Frage, ob er etwas gegen mich habe, antwortete er: »Nein! Aber wohl gegen das gestrige Publikum, da Sie's doch wissen wollen.« – Ich stutzte. – »Dies soll Sie nicht beleidigen«, fuhr er fort. »Sie haben sich, mir und dem Prinzen Ehre gemacht ... Indes hören Sie mir aufmerksam zu und prägen Sie es Ihrem Gedächtnisse ein. Man hat Ihnen applaudiert; aber merken Sie wohl, nur weil Sie noch ein Kind sind und man Ihnen weniger Geschicklichkeit zutrauete, als man wirklich fand ... Es ist meine Pflicht, Ihnen reinen Wein einzuschenken und damit einem frühzeitigen Dünkel vorzubeugen, der sich nur zu bald einstellt und junge Virtuosen unausstehlich macht. Dagegen verspreche ich Ihnen aber auch und kann es, da ich Ihre Anlagen am besten kenne, daß Sie, wenn Sie mit dem Fleiß wie bisher fortfahren, Sie in Ihrem sieben- oder achtzehnten Jahre mit Recht verdienen werden, einem Ferrari an der Seite zu stehen ... Und nun zur Lektion, mein Sohn!«

20, 24 ff.; 38 ff.; 45 f.; 54 ff.

Görnitz, um 1800
Mittel, die Kinder von der Landarbeit ab in die Schule zu ziehen

Was den Schulbesuch betrifft, so mußte ich ihn in Kitscher erst schaffen. In Görnitz fand ich ihn schon (die Mädchen ausgenommen) ziemlich vor, und durfte ihn nur bestärken. Der Umgang in Liebe und Freiheit, die Betätigung der Geister machte, daß die bessern Kinder kaum zurückzuhalten waren. Nur ... ein Beispiel ... Als ich eben katechisierte, kam Gottfried Fischer, der Vater eines Schulknaben ... in die Schulstube, sahe seinen Jungen, und rief: Junge, das mache mir nicht wieder! Ich (unwillig): Was hat sein Sohn getan? F.: Denken Sie nur, ich schicke ihn aufs Feld, er soll Kartoffeln hacken. Da hört er, daß Sie in die Schule gegangen sind. Da läßt er alles liegen, und läuft davon! – Ich konnte bloß tadeln, daß er die Hacke hatte liegen lassen, und (da er vor des Vaters Tür vorbei mußte) sein Davonlaufen nicht angezeigt hatte ...
In Görnitz durfte ich künstliche Mittel zur Beförderung des Schulbesuchs nicht

anwenden. Die Sache ging von selbst. Ich durfte nur dafür sorgen, daß die Armen sich auszeichneten. Ich habe es erlebt, daß ein reicher Bauer zu mir sagte: Mein Junge muß fleißig in die Schule gehen. Ich werde es ja nicht leiden, daß der Bettelmannsjunge (er nannte einen Tagelöhners-Sohn) mehr lernt als meiner.
In Kitscher, wo mehr Armut herrschte, mußte ich künstliche Hilfsmittel anwenden. Zuerst brauchte ich meinen Nachbar, Meister Jahn. Er hatte vier schulfähige Kinder und etwas Feld. Ich redete ihm im ersten Frühjahre zu, seine Kinder auch im Sommer zur Schule zu halten. Jahn: Herr Pfarrer, das wissen Sie nicht. Das geht bei uns nicht. Die Feldwirtschaft bleibt liegen. Ich stellte ihm vor, kein Kind könne 14 Stunden des Tages arbeiten. Wenn er's also täglich 3 Stunden in die Schule schicke, so arbeite es dann in 11 Stunden so viel, als andere in 14. Er begriff's und sagte: Na, ich probier's ein Jahr. Wenn es aber nicht geht, so mache ich's in meinem Leben nicht wieder. Es ging ...

19, 129f.

Pulsnitz, um 1815

Das Kind als Faktotum

Meinem Vater hatte ich in Erfüllung seiner Dienstpflichten beizustehen. Mir war beim Läuten mit allen Glocken die kleine zugeteilt worden; doch konnte ich wohl auch die mittlere Glocke ziehen, wenigstens die letzten Jahre vor meiner Konfirmation, und läutete dann allein Mittag, zog die Turmuhr dabei auf, schlug in der Dämmerung die Betglocke usw. Ja, als einmal nicht zu weit von unserer Wohnung einige Häuser brannten – es war nachts elf Uhr –, und mein Vater, dessen Pflicht es forderte, zu stürmen, auch wenn sein eigenes Haus gebrannt hätte, hinaufgeeilt war, fiel mir beim Räumen und Retten ein, daß ich meiner Mutter zu wenig helfen konnte, eilte auf den Turm und löste meinen Vater ab. An der großen Glocke stehend und den Klöppel immer neunmal anschlagend, sah ich das Feuer nicht weit von mir. Von jenem Grauen, das mich überfallen hätte, wenn ich mich des Nachts so ganz allein auf dem Turme hätte denken sollen (ich war zehn Jahre alt), fühlte ich nichts ...
Ich wurde in der Stadt das Faktotum für allerlei Dinge, wo Pinsel und Farbe nötig waren. Maler Köhler war alt und wies die Leute an mich. Da gab es unaufhörlich Modelltücher zum Sticken vorzuzeichnen, desgleichen Wäsche, kleine Transparente mit Tempel und Opferflamme zu Geburtstagsgeschenken, Kirchennummern mit Ölflamme zu schreiben; desgleichen malte ich ein Hutmacherschild, einige Grabkreuze, und bei einem Tischler mußte ich einst zwei Bettstellen für ein junges bäuerliches Ehepaar mit Blumengirlanden in Ölfarbe

verzieren. Alle Stammbücher, die da zirkulierten – sie waren damals recht in Mode – gingen durch meine Hände und wurden von mir mit Blumen, Landschaften und Symbolen geschmückt.
Da ich in der Schule am besten schrieb, so eignete ich mich auch zum Abschreiben von Gerichtssachen, Käufen usw. für den Gerichtsdirektor. Es gab also immer einige Groschen zu verdienen, die denn bis zum Neujahr sich zu Talern mehrten, weil ich im zwölften, dreizehnten und vierzehnten Jahre Neujahrswünsche in Vorrat malen und nach des Vaters Willen schon im Sommer anfangen mußte, wozu ich oft vom Spielplatz geholt wurde; denn hierzu fehlte mir die Lust, und etwas Oberflächliches, oft Wiederholtes ohne weitere Vollendung und Durchführung hinzumalen, konnte mir kein Genüge geben. Ich hatte bis Neujahr oft einen Vorrat von dreißig bis vierzig Neujahrswünschen, Blumenkränzen, Landschaften mit Felsen usw., deren niedrigster Preis 6 Pfennige, der höchste 5 Groschen war. Selbst Zeichenunterricht gab ich einst, vier Knaben und Mädchen in gleichem Alter und älter als ich; die Stunde kostete pro Person einen Groschen. Ich hatte mir Vorlegeblätter selbst gezeichnet, meist Blumen ... So hatten sich die letzten Jahre vor meiner Konfirmation meine Einkünfte durch Zeichnen, Malen und Schreiben zur Zeit bis Neujahr auf zehn bis zwölf Taler gesteigert.

79, 34ff.

Düsseldorf und Berlin, 1818ff.

Aus der Vorgeschichte des Regulativs von 1839, das erst Neunjährigen tägliche Fabrikarbeit von 10 Stunden erlaubt

Es kann ... nicht in Erstaunen setzen, wenn wir im Jugendalter der Fabrikindustrie, wo noch kein staatliches Reglement die Verwendung von Kindern in Fabriken ausschloß oder regelte, Kinder im zartesten Alter von früh bis spät, oft auch als Nachtarbeiter ... monotone, abstumpfende Verrichtungen vollziehen sehen, behufs billigerer Produktion und erhöhter Gewinnerzielung.
Ein Zufall brachte diese Übelstände im Jahre 1823 zur Kenntnis der preußischen Regierung ... Im September 1818 hatte die Regierung in Düsseldorf in ihrem Zeitungsberichte eine Fabrikschule in lobender Weise erwähnt, die ein rheinischer Bürgermeister und Fabrikant auf seine Kosten errichtet hatte, und in welcher die in seiner Fabrik arbeitenden Kinder, abwechselnd von der Arbeit ruhend, in Religion, Lesen, Schreiben, Rechnen und andern gemeinnützigen Fächern Unterricht empfingen. Friedrich Wilhelm III. sah hierin ein Beispiel, wel-

ches rege Nachahmung verdiene, und trug der Regierung ... auf, jenem Fabrikanten seine Zufriedenheit auszusprechen ...
Das Jahr 1819 kam und mit ihm die bekannten demagogischen Umtriebe. Eine wegen derselben veranlaßte Untersuchung hatte auch gegen Lehrer von Privatschulen belastende Umstände zutage gefördert, so daß der Staatskanzler Fürst Hardenberg sich veranlaßt fühlte, den Unterrichtsminister um Übersendung eines Verzeichnisses der Privatschulen, ihrer Vorsteher und Lehrer zu ersuchen. Unter den auf Grund dieses Ersuchens durch Altenstein eingeforderten Regierungsberichten erwähnte der ... Düsseldorfer auch die oben besprochene Fabrikschule. Jedenfalls wurde hierdurch der Minister daran erinnert, daß diese Schule bereits vor zwei Jahren Gegenstand einer Kabinettsordre gewesen war, und es mochte in ihm der Wunsch entstehen, einmal Näheres über sie zu erfahren. Am 5. Februar 1821 verlangte er daher Mitteilung über die Errichtung, Dotation und Einrichtung der Schule; die Fürsorge des Fabrikanten für die in seiner Fabrik arbeitenden Kinder verdiene allen Beifall und Ermunterung zur Nachahmung für andere.
Der Düsseldorfer Regierung kam diese Verfügung sichtlich ungelegen. Kurz nachdem sie jene Kabinettsordre in ihrem Amtsblatte bekanntgegeben hatte, war ihr die Anzeige gemacht worden, daß in den Spinnereien jenes Mannes eine Menge Kinder zu elfstündiger Arbeit angehalten wurde, was sie in nicht geringe Verlegenheit setzte. Schritte sie zu einer förmlichen Untersuchung gegen den soeben erst vom König öffentlich belobten Mann, so gab sie damit gleichzeitig zu erkennen, daß ihr Zeitungsbericht, auf Grund dessen dieses Lob erst erfolgte, ein oberflächlicher gewesen war. Sie zog daher vor, auf gütlichem Wege durch Vermittlung der weltlichen und geistlichen Ortsbehörden dem Fabrikanten Vorstellungen machen zu lassen. Dieselben blieben indessen ohne jeden Erfolg, und es würde, da die Regierung fortdauernd nicht geneigt war, durch energisches Vorgehen ihren Fehler wieder auszugleichen, ein Stillstand der Angelegenheit eingetreten sein, hätte nicht jenes Ministerialreskript einem solchen vorgebeugt. Freilich hatte auch dieses noch keine rasche Erledigung zur Folge. Denn erst am 21. Februar 1823, nachdem die Regierung wiederholt und dringend gemahnt worden war, reichte sie einen vorläufigen Bericht ein ...
Nach diesem Bericht waren es zwei Spinnereien jenes Fabrikanten, in denen sowohl zu Tages- als zu Nachtarbeit Kinder vom sechsten Jahre an aufgenommen wurden. In der einen arbeiteten am Tage 96, bei Nacht 65 Kinder, in der andern bei Tage 95, bei Nacht 80 Kinder. Die Arbeitszeit währte im Sommer von 7 Uhr früh bis 8 Uhr abends, im Winter von 8 Uhr früh bis 9 Uhr abends. Die Nachtarbeit begann mit dem Schlusse der Tagesarbeit und dauerte bis zu deren Wiederbeginn.
Die am Tage arbeitenden Kinder waren in fünf Klassen eingeteilt, von denen

jede täglich eine Stunde Unterricht erhielt; die einzelnen Klassen lösten sich ab. Die Nachtarbeiter wurden zusammen nach beendeter Arbeit zwei Stunden unterrichtet. Nach einer Mitteilung des Schulpflegers hatte seit Begründung der Schulen der sittliche Zustand der Kinder sich bedeutend gebessert, gleichwohl wurden Sonn- und Feiertage oft durch Arbeit entheiligt.
Die berichteten Zustände und die Handlungsweise der Düsseldorfer Regierung ... waren ganz dazu angetan, um einen Mann, der das Herz so auf dem rechten Flecke hatte wie der damalige Unterrichtsminister, in Harnisch zu bringen. Gemeinsam mit dem Minister für Handel und Gewerbe ... tadelte er scharf das Verhalten der Regierung ... und gab ihr auf, unverzüglich zur Untersuchung der Sache zu schreiten und den Mißbrauch von Kindern unter vierzehn Jahren zu nächtlicher Arbeit sofort zu verbieten.
Dieses entschlossene Vorgehen von Altenstein verdient um so mehr anerkannt zu werden, als es trotz seiner Kenntnis von einem Bericht geschah, den ein Geheimer Oberfinanzrat ... über den Gesundheitszustand der in jenen Spinnereien zur Nachtarbeit beschäftigten Kindern erstattet hatte. Nach ihm sollten sich diese von den bleichen Berlinern durch kräftiges und blühendes Aussehen unterscheiden, die Nachtarbeit griffe sie so wenig an, daß sie auf ihrem wohl über eine Viertelmeile langen Heimwege Mutwillen aller Art trieben, und die Gewohnheit, stets bei Tage zu schlafen, sollte bewirken, daß sie sich ebenso wohl befänden wie die Tagesarbeiter. Ob dem wohl so war?
Man sollte nun meinen, daß der Tadel des Ministers die Düsseldorfer Regierung zu regerer Tätigkeit veranlaßt hätte. Indessen erst Mitte Januar 1824, nachdem von Altenstein wiederholt erinnert hatte, erfolgte ihr definitiver Bericht, der im wesentlichen dasselbe wie ihr vorläufiger enthielt und diesen nur insofern in bemerkenswerter Weise ergänzte, als er Aufschluß über die Ursache der Kinderbeschäftigung gab, die schon damals keine andere war als Egoismus und Not. Denn das Kind wurde mit zwei Groschen drei Pfennig für die gleiche Tätigkeit abgefunden, für die ein Erwachsener zehn Groschen erhielt ...
Die Bestätigung, welche im definitiven Berichte der Düsseldorfer Regierung ihre früheren Angaben erfahren hatten, rief bei dem Unterrichtsminister die Überzeugung wach, daß die Beschäftigung der Kinder in Fabriken unbedingt eine gesetzliche Regelung erheische. Ein von ihm allein befürwortetes Gesetz hätte jedoch an einer etwa entgegenstehenden Ansicht des Handelsministers scheitern müssen, weshalb er zuvor sich mit seinem Kollegen ins Einvernehmen zu setzen suchte.
Dieser war nicht ohne weiteres seiner Meinung. Ihm kam es vornehmlich darauf an, daß die nationale Industrie keinen Schaden litt. Erst nachdem er durch

einen Blick auf die englische Gesetzgebung die Überzeugung gewonnen hatte, daß es in Preußen der Nachtarbeit der Kinder nicht bedurfte, um mit der englischen Spinnerei zu konkurrieren, trat er der Ansicht des Unterrichtsministers bei ...
Das Einvernehmen der beiden Minister führte zunächst zur Beschaffung geeigneteren Materials für den Erlaß gesetzlicher Vorschriften ... Zu diesem Behufe richtete Altenstein ... 1824 eine Zirkularverfügung an die Regierungen zu Aachen, Trier, Köln, Koblenz, Düsseldorf, Arnsberg, Münster, Minden, Breslau und Liegnitz. Dieselbe enthielt zehn präzisierte Fragen, welche sich teils auf Alter, Gesundheit, Sittlichkeit und Schulunterricht der in den Fabriken ... etwa beschäftigen Kinder, teils auf die Art und Dauer ihrer Arbeit bezogen; eine elfte ersuchte um Vorschläge für ein Gesetz ...
Die Beantwortung dieser Fragen würde, soweit dies die Akten erkennen lassen, in folgender Weise vollzogen. Die Regierungen beauftragten die Landräte und die Kommunalbehörden, diese wandten sich an die Fabrikanten und veranlaßten auch Schulvorsteher, Ortsgeistliche, Kreisärzte und Angehörige des Handelsstandes zur Mitteilung ihrer Erfahrungen und Abgabe ihres Urteils; nirgends aber scheinen die Kinder selbst oder ihre Eltern gehört worden zu sein, welche Vermutung ich besonders aus einer Stelle des Düsseldorfer Berichtes schöpfe, in der die Regierung selbst bekundet, daß die Kinder wohl »zu kurz gekommen seien, da die Bürgermeister in mehreren Punkten sich auf die Angabe der Fabrikanten hätten verlassen müssen«.

2, 4ff.

Erfurt, 1842
Im Namen des Vaters

Nach der Konfirmation wurde die Frage brennend: »Was willst du werden?« Das Höchste, was ich kannte, war der Lehrer; ein Lehrer wollte ich werden. Schon als Knabe hatte ich gern »Schule« gespielt, besonders wenn ich der Lehrer sein konnte ... Ich hatte Mutter und Tante Gretchen oft gebeten, Schritte zu tun, die mich zum Lehrerberuf führen möchten. Die Antwort war gewesen: »Was du werden sollst, das hängt vom Vater ab.«
Wer beschreibt mein Entsetzen, als dieser sich eines Morgens zu mir wendet: »Heut nachmittag 4 Uhr gehst du zum Schneider Zeh, Pergamentergasse 3; ich habe mit ihm gesprochen; du kommst da in die Lehre. Schneider ist eine gute Profession.« »Aber Vater«, erwiderte ich erschrocken, »ein Schneider soll ich werden, ich will doch ...« Er schnitt mit einem Blick nach der Peitsche, mit der

er den ungehorsamen Hund zu liebkosen pflegte, das Wort ab. »Hast du gehört? Du gehst!«

Er ging. Ich blieb wie versteinert stehen. Dann fiel ich auf einen Stuhl. Qualvolle Stunden. Allerhand Bilder drängten sich vor meine Seele; aber was war zu tun! Nach und nach legte sich Angst und Weh. Ich hatte kurz vorher die Reisebeschreibung eines Schneidermeisters durch Palästina gelesen. Er hatte das heilige Land durchwandert; seine Erzählung war fesselnd. Ich dachte: Schneiderlehrling, Gesell, Wanderschaft in die weite Welt bis nach Amerika und Australien; nach der Rückkehr Meister mit einem hübschen Laden voll fertiger Röcke, Westen und Hosen. Vielleicht könnte das auch gehen.

Zur bestimmten Stunde machte ich mich auf den Weg... Ein kleines, halb verfallenes Haus, davor ein auf drei großen Steinen zu überschreitender Bach... Blick auf einen engen, verbauten Hof... Am Eingang ein Schildchen: Andreas Zeh, Schneider für Zivil und Militär. Die Stube rechts im Erdgeschoß stand offen. Gegen die niederen Straßenfenster saßen in erhöhter Rundbank emsig arbeitend vier Personen. Der kleine, dicke, rotköpfige Mann, welcher bald diesen, bald jenen anfuhr, mußte der Meister sein. Er nahm eine Prise Tabak mit der Schere aus einer dastehenden Dose und führte sie wie im Wurf gegen die Nase ... »Wer bist du?« fuhr er herum, als er mich in der Haustür bemerkte. »Ich bin Karl Weiß. Mein Vater schickt mich her.« Mit affenartiger Behendigkeit hüpfte Meister Zeh aus der Maus, zog die Türe bei, lehnte sich, die Arme über die offene Brust gekreuzt, mit wichtiger Miene gegen einen Tisch und gebot: »Hierher!« Ich gehorchte. »Im Namen des Vaters, des Sohnes und des heiligen Geistes«, schnarrte er heraus. »Ich habe alles mit deinem Vater abgemacht. Du bist mein Lehrjunge. Montag um sechs früh fängst du an. Du lernst vier Jahre. Das letzte Jahr kriegst du halben Gesellenlohn. Für die erste Hose, die du ordentlich gemacht hast, gibt es zehn Groschen. Alle vierzehn Tage darfst du sonntags nach Hause. Der Meisterin hast du die Wege zu gehen, so oft sie ruft. Und«, fuhr er fort, indem er die ausgebreitete Hand wie zu einem mächtigen Schlage erhob, »das sage ich dir noch, jeden Abend um zehn hast du den« – er nannte ein unaussprechliches Gefäß, welches durch die sanitären Einrichtungen der Städte heut wohl überall verdrängt ist –,« hinaus in die Gosse zu tragen und rein zu spülen, und wenn du einen Mucks tust, so...« Ich fühlte im Geist bereits den unverdienten Schlag; er hatte noch nicht das letzte Wort gesprochen, da war ich schon mit einem lauten Schrei auf die Gasse gesprungen...

In höchster Erregung stürzte ich, nicht Herr meiner selbst, zu Tante Gretchen. Atemlos, zitternd, totenbleich. Endlich finde ich Worte, das Ungeheure mitzuteilen. Sie ist ernst, nachdenkend. »Beruhige dich! Ich weiß, du willst durchaus Lehrer werden! Und das kostet so viel Geld, wir aber haben keins!«

»Tante«, erwidere ich, »ich will alles verdienen; Akten und Noten schreiben, Tag und Nacht arbeiten!« Nach einigem Überlegen sagte sie: »Ich will mit deinem Vater reden.« Es geschah. »Machts, wenn ihr könnt«, war sein kurzer Bescheid, »ich kann es nicht.«
Tante und ich gingen ans Werk. Zwei Seminarlehrer hatten in Erfurt eine Präparandenanstalt eingerichtet, durch welche der Weg im glücklichen Fall ins Seminar führte. Das Schulgeld betrug für das Jahr 12 Taler. Es müssen also täglich 10 Pfennige verdient werden. Das ging. Für vier Seiten Notenschrift bekam ich zwei Groschen. Arbeit war vorhanden.

93, 27ff.

Glatzer Bergland, 1843ff.

Hirtenarbeit

Ein echtes Bauernkind »wächst«, wie der Volksmund sich drastisch ausdrückt, »beim Viehe auf«. Von Hund und Katze will ich gar nicht sprechen, denn diese Tiere spielen wohl bei jedem Kinde in Stadt und Land ... eine wichtige Rolle. Im Bauernhaus aber gibt es Küchlein, junge Gänse und selbst junge Ziegen, die nicht selten eine Zeitlang in der Wohnstube einquartiert werden müssen, damit sie die nötige Wärme und Pflege erhalten. So lästig und widerwärtig das für die Erwachsenen auch sein mag, mir machten die Tierchen Freude ...
Kaum hatte ich die Schwelle der Schule übertreten, so gestaltete sich das Verhältnis gegenüber diesen Tieren ernster; ich wurde ihr Hirt, und diese, d. h. die jungen Gänslein, bildeten meine Herde. Die Küchlein bedurften allerdings nicht meiner Hut, sie fanden den besten Schutz unter den Flügeln der Gluckhenne; da sie sich aber beikommen ließen, von der alten Henne angeleitet auf das nächste Feld hinter dem Hof zu ziehen und dort ihre Exerzitien im Kratzen und Scharren auf der jungen Saat vorzunehmen, so wurde ich beauftragt, an dem Saatfelde Wache zu stehen und die unbotmäßige Hühnerschar dorthin zu verweisen, wohin sie ... gehörte. Es war dies mein erster Posten, den man mir anvertraute; er brachte nicht mehr als einige Püffe ... im übrigen aber hatte ich bereits das nötige Selbstbewußtsein und fühlte es, daß ich ebensoviel oder gar noch etwas mehr bedeutete als eine Vogelscheuche ...
Das Gänsehüten war mir manchmal recht sauer, besonders an den Sonntagnachmittagen. Ich wußte, die Kameraden spielten ... »Soldaten und Räuber«, und ich ... mußte die »dummen« Gänse hüten ... Manchmal, wenn das Jubelgeschrei der Spielkameraden an mein Ohr drang, weinte ich bitterlich und flehte, mir wenigstens auf eine Stunde die goldene Freiheit zu schenken und

mich des Dienstes zu entbinden, aber die Mutter war in diesem Punkte unerbittlich ... An den Wochentagen, wo auch meine Mitschüler ans Spiel nicht denken durften, war mein Amt ... erträglicher ...
Mit meinem dreizehnten Lebensjahre hatte ich es bis zum Kuhjungen oder eigentlichen Hirten gebracht. So ein Titel hatte vor fünfzig Jahren in hochgelegenen Gebirgsgegenden noch eine ganz andere Bedeutung als in der Gegenwart ... Im Gebirge wurden Kühe, Jungvieh, Schafe, Ziegen und Schweine vom Mai ab bis zum Spätherbst auf die Weide getrieben. Als Weideplätze dienten große Brachen, die vier bis sechs Jahre hindurch nicht umgepflügt wurden ... Die Ruhe des Ackers mußte den Dünger ersetzen.
Als wirklicher Kuhjunge oder Hirt hatte ich das Recht, einen Hirtenkittel aus Leinwand mit roter Paspelierung zu tragen, aber wegen Überfluß an Geldmangel in der Kasse meiner Eltern mußte ich, so schmerzlich es für mich war, auf dies Recht verzichten; dagegen machte mir der sog. »kleine Schneider« aus gebleichter Hausleinwand eine Hose; der Onkel, ein Stellmacher, versah mich mit einer Peitsche; auf einer alten »Alme«, d. i. Brotschrank, fand ich bei allerlei Waren ein altes Bockshorn zum Tuten, und ein »gelernter« Schäferhund stand mir zur Seite. Meine Herde bestand aus etwa zwölf Rindern, alten und jungen, zwanzig Schafen, mehreren Ziegen und Schweinen. Der erste Auftrieb war ein Ereignis für das ganze Haus. Sämtliche Familienmitglieder wurden aufgeboten, um die von ihren Fesseln befreiten unbändigen Tiere in gehöriger Ordnung zu erhalten ... Der Weg führte durch einen herrlichen Wiesengrund eine steile Berglehne hinan und war von mächtigen Ahornbäumen, Ulmen, Eichen und wilden Obstbäumen gut beschattet ... Hinter dem Wiesengrunde erhob sich ein kleiner Fichtenwald ... Hier wurde gewöhnlich eine kleine Rast gehalten, denn nun begann ein mühseliges Aufsteigen auf den Gebirgskamm, wo sich der eigentliche Weideplatz befand ... Der Auftrieb erforderte nahezu eine Stunde Zeit, und doch wurde er bis nach der Ernte täglich zweimal ausgeführt. Das Treiben selbst war eine Geduldsprobe für mich. Während die Kühe vorauseilten, war das Jungvieh oft kaum von der Stelle zu bringen ...
Nur ein Jahr währte mein Hirtenleben, dann wurde ich des Dienstes entbunden. Da ich vom 1. Mai bis Ende Oktober die Schule wöchentlich nur zweimal vormittags und viermal nachmittags besuchen durfte, so beschränkte sich meine Unterrichtszeit auf wöchentlich sechzehn Stunden ... das Versäumte wurde aber in den Wintermonaten schnell eingeholt.

50, 54ff.

Frankfurt/Oder und Berlin, 1857 ff.

Die kleine Näherin

Ich kam erst etwa im zehnten Jahre in die Schule. Lesen, Schreiben, und Rechnen hatte ich von meinem Vater gelernt. Bei der Prüfung wurde ich für die dritte Klasse reif befunden. Es war eine Mittelschule, in einem alten Kloster untergebracht, und sie galt für die damalige Zeit als eine gute Schule. Es hieß, daß die Mädchen dort vor allem zu »guten Sitten« erzogen wurden. Leise, zart und sanft sein war das Frauenideal dieser Zeit, und der Vater hatte gerade an der Mutter ihre Sanftheit geliebt und wollte, daß auch die Töchter so wurden.
Lange bin ich nicht in die Schule gegangen. Als ich dreizehn Jahre alt wurde, zog der Vater mit uns nach Berlin, und hier war es mit meinem Schulbesuch vorbei. Ich mußte arbeiten und mußte mitverdienen. Es brauchte kein großer Familienrat abgehalten zu werden, um den richtigen Beruf zu wählen, denn groß war die Auswahl für Mädchen damals noch nicht. In der Schule war ich immer gelobt worden, weil ich gut nähen und vor allem gute Knopflöcher machen konnte. Ich sollte also Wäsche nähen. Die Frau eines Sattlergesellen hatte in der Neanderstraße eine Nähstube für Oberhemden. Es wurde noch alles mit der Hand genäht ... Einen Monat lernte ich unentgeltlich, dann gab es monatlich drei Taler. Zwei Jahre später verdiente ich schon fünf Taler jeden Monat. Dabei blieb es dann aber auch einige Jahre. Um noch etwas nebenbei zu verdienen, nahm ich abends Manschetten zum Durchsteppen mit nach Hause ... Einen Groschen gab es für das Paar. Wie oft mögen mir jungem Ding da wohl die Augen zugefallen sein, wie mag mir der Rücken geschmerzt haben! Zwölf Stunden Arbeitszeit hatte man immer schon hinter sich, von morgens bis abends acht, mit kurzer Mittagspause.

4, 9 f.

Bodnegg usw., 1858

Als Schwabenkind in die weite Welt

Fast gleichzeitig im Frühjahre verlassen in den Tälern um den Arlberg auch arme Kinder von 10–16 Jahren die Heimat und ziehen, nicht selten sogar guten Humors, geführt von einzelnen Erwachsenen, hinaus nach den schwäbischen Ufern des Bodensees, in das Allgäu oder direkt Ravensburg zu, wo sie am großen Markte um Josefi von den anwesenden Bauern gegen eine Entlohnung von 4–20 fl. und diversen Kleidungsstücken als Hirten, Fahrbursche etc. in Dienst genommen werden. Oft aber auch gibt es Tränen, die das manchmal unterwegs sich einstellende Heimweh erpreßt. Doch der große Nothelfer St. Christof, eine Riesenstatue aus Holz im Kirchlein am Arlberge, die nach der Sage ein Hirtenknabe mit seinem Taschenmesser geschnitzt haben soll, ist daher Hütkindern besonders gut und gefällig und hilft und stillt das Weh der über den Arl Wandernden sogar mit seinem eigenen Fleische. Die Kinder besuchen ihn bittend in ihrem Anliegen, schneiden aus seinen Körperteilen kleine Holzstücke und jedes verwahrt ein solches als Talisman gegen Heimweh über den ganzen Sommer in der Tasche ...

Munter dagegen vollzieht sich die Rückkehr dieser Kinderscharen im Spätherbst. Frohes Wiedersehen, klingendes Geld im Sacke, prächtige Kleider und ein Sträußchen auf dem Hut, das macht fröhlichen Mut, der sich in frohen Liedern und lustigen Juchzern kund gibt, besonders wenn sie den griesgrämigen Arl hinter sich haben, der nicht selten schon um diese Zeit den glücklichen Heimzüglern verderbendrohenden Schneesturm und eisigen Wind aus vollen Backen entgegenbläst. Auch Schreiber dieser Zeiten wäre der Bosheit des unwirschen Alten beinahe ein Opfer geworden, daher eine kleine Episode aus seiner Jugendzeit entschuldigt werden möge. Völlig etwas unternehmend veranlagt, wollte ich 12jähriger Franzl im Frühjahre 1858 auch mit anderen Schulgenossen in das Schwabenland gehen, um ganz besonders zu Hause dem verhaßten Wurzelklauben in der Furche hinter dem Pfluge zu entkommen. Konnte ich in Schwaben doch einen Lohn in Barem und hohe Stiefel verdienen und nebenher nach »Schwäbisch« lernen. Mein Wille war stark und die Erlaubnis endlich erbeten. Bald wurde auch der Bündel geschnürt und mit der Begleiterin paktiert ... und fort gings nun mit fünf Reisegefährten St. Christof zu ... Bald war die Bitte angebracht und der Talisman geborgen ... Wir ... passierten munter verschiedene Dörfer Vorarlbergs und bekamen endlich Bregenz in Sicht ... Franzl staunte ... Auch Lindau mit seiner langen Holzbrücke gefiel ihm gut, doch hätte er lieber bald Ravensburg ... gesehen, weil er müde und daher bereits reisesatt war. »Noch eine Stunde«, sagte die Begleiterin, als eben ein Herr mit einem Einspänner uns entgegenfuhr. Er hielt an und fragte, ob einer von uns Lust hätte, bei seinem Herrn bis 28. Oktober (Simon und Judas) Dienst zu nehmen. »Ja!« rief ich schnell, »wenn ich 1 Fl. Hafti (Angeld), 7 fl. Lohn und ein doppeltes Häs (Kleid) bekomme.« Meine Forderungen wurden sofort gewährt. Franzl nahm Abschied von seinen Kameraden und seiner Führerin mit dem Auftrage, daß diese ihn um »Simonjudi« wohl sicher abhole. Nach stundenlanger Fahrt kamen wir spät abends in die kleine Ortschaft Haargarten, zur Pfarrgemeinde Bodnegg gehörig, wo der Knecht vor einem Bauernhofe anhielt und mich sogleich der Hausherrschaft mit den Worten vorstellte: »Da bring i Eu amal an eachta Tiroler!« »So, das ist recht, Xavöri«, sagte die stattliche Bäuerin. Ihr schwerkranker Gemahl reichte mir aus dem Bette heraus die Hand zum

Gruße. Ich wurde freundlich aufgenommen, wohl gepflegt und aber auch abends noch vom Knechte in meine täglichen Arbeiten im Stalle eingeweiht.
Am Morgen wollte ich dieselben auch getreu der gegebenen Anweisung ausführen, wurde aber durch eine schallende Ohrfeige und den Schrei: »Han i gsait, du sollst so viel neh?« belehrt, daß ich abends den Mann nicht ganz verstanden hatte ... Seine Methode machte mich stutzig und reifte in mir sogleich der Entschluß, gleich meinem vor kurzem dagewesenen Vorgänger Reißaus zu nehmen und mich am nächsten Markttage in Ravensburg anderweitig zu verdingen. Dieser Plan ... kam jedoch glücklicherweise nicht zur Ausführung, denn mein Gestrenger wurde wegen gewohnheitsmäßiger Trunkenheit ... bald entlassen ... Ein anderer in jeder Hinsicht guter und liebenswürdiger »Xavöri« trat aushilfsweise dafür ein und ich lenkte das Pferd und die Ochsen am Wagen und Pfluge nach dem Parere des »Xavöri« auch der Frau gegenüber geradezu mustergültig und ich war stolz.
Der Tod erlöste endlich den Hausherrn Josef Hain von seinem langen Krankenlager und nach einer Trauerzeit von ungefähr zehn Wochen reichte ... die noch junge, hübsche Wittfrau einem ebenso liebenswürdigen und stattlichen Bauernsohne aus Waldburg ... die Hand ...
Beim Hochzeitsmahle gab der um diese Zeit damals am Sternenhimmel aufgetauchte große Komet Anlaß zu verschiedenen ernsten und heiteren Deutungen. Hörte ich doch auch unter anderem, daß der Weltuntergang nahe sei ... Franzl meinte dagegen, daß das Werkl vielleicht doch noch 45 Tage halten könnte und wenn er dann wieder in die Berge komme, sei er sicher außer Gefahr. Diese 45 Tage waren auch bald um und gleich dem Herodes wartete ich mit Ungeduld auf die Ankunft meiner Begleiterin. Endlich war sie da. Der Reisesack wurde gepackt und die langen Stiefel darübergebunden, die 7 fl. Lohn, bestehend in 3 großen Talern, dankbarst in Empfang genommen und in die äußere Rocktasche gelegt und mit dem Versprechen, nächstes Jahr wiederkommen zu wollen, verabschiedete ich mich ...
Froh gings nun fort ... Im Gasthaus zum Löwen im Klösterle vor dem Arlberg war die letzte Nachtstation und da sich meine Führerin als Verwandte des Wirtes einige Tage dort aufhalten wollte, wurde ich der Obhut einer ebenfalls mit ihrem Sohne heimkehrenden Bekannten übergeben.
Über die Nacht war ziemlich viel Schnee gefallen ... Bei eisigem Nord- und Schneewehen ging es Stuben zu. Der Schnee wurde stets tiefer und kaum vermochte ich mehr meiner neuen Führerin und ihrem starken Sohne, die beide schon bereits außer Sicht waren, zu folgen. Ein gewaltiger Sturm warf mich in den Schnee ... Vergeblich blickte ich nach meiner Begleiterin aus und setzte weinend den Weg nach Stuben, das ich nach meiner Meinung doch bald erreichen müsse, mit dem Sturm ringend fort. Mich fror entsetzlich, besonders an

der rechten Hand, mit der ich den Stock hielt. Ich wechselte und wollte sie in den Hosensack stecken; allein es ging nicht, Finger und Hand waren zu starr und steif. Ich wurde schläfrig, meine Kräfte schwanden, als ich oberhalb der Straße eine Kapelle erblickte, in der ich Schutz und Wärme suchen wollte. Ich stieg den Rain hinan, sank aber erschöpft in den Schnee und – der Todesschlummer umfing mich – Männerstimmen schlugen an mein Ohr, ich erwachte durch unsanftes Ziehen, Schütteln und Zerren an Händen und Füßen ... Von Bregenz kommende Soldaten waren meine Lebensretter. Sie schleppten mich nach Stuben, wo mir durch die Frau Postmeister Fritz ... die sorgfältigste Pflege zuteil wurde ... Meine Hände und Ohren waren hart gefroren und konnten nur durch tüchtige ärztliche Hilfe gerettet werden ... Das Wetter wurde freundlich und der Franzl wieder munter ... Und als er am Allerheiligentage nachmittags unter den Seinen stand, die drei Taler aus der Rocktasche nahm und sie dem Vater ... stolz überreichte, da war er in der festen Überzeugung, daß dem Vater nun auch nichts mehr fehlen könne, völlig glücklich und vergaß auf Hand, Ohr und Schicksalstücke.

47, 58 ff.

Rammersweier, um 1860

Abenteuer beim Geldverdienen

Der Bauer hat an barer Münze nie Überfluß. So versuchten wir Kinder wenigstens für Schulbücher und Utensilien die nötigen Kreuzer zu verdienen. Wir sammelten Heidelbeeren im Kalerberg und trugen sie im Tragkorb auf dem Rücken anderntags zu Fuß nach Straßburg. Die Ausstellung war auf dem Gemüsemarkt, dort lösten wir für das halbe Liter einen Sou. Zum Schluß wurde in einem obskuren Lokal eine Elsässer Schüssel Kaffee mit einem Souwecken genommen. Dann zogen wir vorsichtig durch die Gäßchen heimwärts, denn sie waren sehr eng, und es konnte einem die Mütze von den Fenstern aus abgezogen werden. Geschah das und man wollte einen Eingang in das Diebshaus suchen, so trat man auf eine Falltüre, sank in die Tiefe und wurde dort vom Charcutier mitleidslos zerhackt und verwurstelt. Dies flüsterten wir uns zu. Es wurde uns erst behaglicher, als wir wieder auf unseren badischen Gauen wandelten.
Am liebsten wurden die Kreuzer bei der Treibjagd verdient. Der Hauptpächter vieler Gemeindejagden war ein zeitweilig in Offenburg wohnender Franzose ... ein Kammerherr Napoleons III. Seine Jagdgäste waren Franzosen und Engländer, einige Offenburger und ab und zu ein Herrenbur durften auch mittun. Der Oberjäger und Organisator seiner Treibjagden war Himmelsbach der Jüngere.

Freudige Erregung durchzuckte uns Buben, wenn der stattliche Jägersmann ins Schulzimmer trat, und glücklich waren die als Treiber Erwählten. Drei, vier und oft mehr Tage dauerte das Jagen. Drei, mitunter sechs Batzen war unser Tagessold. Von den bewunderten Engländern und Franzosen wurde uns manch Gläschen Wein, Kognak oder ein Wurstzipfel als Zubuße zuteil. Es soll vorgekommen sein, daß ein geschossenes Stück Wild nicht aufgefunden werden konnte, aber doch den Weg ins Dorf fand. Wir gingen abends nach Hause und redeten in fremden Zungen, aufgeschnappte Brocken radebrechend. Aber davon, daß wir eine Art Frondienst für die Herren getan hatten, wußten wir nichts.

7, 23 f.

5.

Schulbrauch, Schülersitten und Schulzwang

Seit dem Sieg des Schulzwangs und dem Ausbau des Schulwesens wird der Schulalltag selten sachlich dargestellt. Es überwiegen komisch-sentimentale Genrebilder und Karikaturen, beides erwachsene Versuche, sich der Demütigung durch die Institution, verkörpert im Lehrer, nachträglich zu überheben. Aus: J. F. Schlez, Gregorius Schlaghart und Lorenz Richard oder die Dorfschulen zu Langenhausen und Traubenheim. Nürnberg 1795 (Neudruck Leipzig 1890)

Kommentar

Der Schülerstand genoß, wie jeder andere, Privilegien. Das gilt am längsten für Lateinschüler und Gymnasiasten, aber auch nachweisbar für die Schüler und Schülerinnen der niederen Stadtschulen. Die Privilegien, also Freiheiten und Ansprüche, übersieht man leicht, weil das Erschrecken über die Prügelpädagogik im Schulzimmer den Blick verstellt. Die Verhältnisse sind aber komplizierter. Einesteils prügelt der Lehrer eigentlich nicht aus erzieherischen Gründen bei Disziplinverstößen, das kommt mal vor, sondern aus didaktischen: Wer etwas nicht kann oder nicht versteht, muß von seiner Dummheit und Verstocktheit abgeschreckt werden. Macht der Lehrer oder die Schule – sie hatte ja eine z. T. weitreichende Rechtsgewalt – einen dem Schüler oder der Schülerschaft ungerecht erscheinenden Gebrauch von ihrem Straf- und Züchtigungsrecht, dann entzog man sich ihrem Zugriff. Beredt klagen die Rektoren über das Entlaufen der Schüler. Die Schüler und Schützen des 16. und 17. Jahrhunderts sind ja ohnehin auf Wanderschaft von Schule zu Schule, von Lehrer zu Lehrer, auf der Suche nach Wissens-, aber auch Nahrungserwerb. Viele Schüler leben von Almosen, auch dann noch, als sie seßhafter geworden sind. Das Sammeln der Spenden versucht die Schule zu regeln: Was an Brot und Geld zusammenkommt, verteilt der Rektor nach Bedürfnis und Würdigkeit. An die Stelle des Almosengebens an die Kurrende – es erhält sich aber bis weit ins 19. Jahrhundert hinein – tritt als modernere Sitte das Gewähren von Freitischen. Viele Schüler waren in jungen Jahren auf sich gestellt, hatten eine Unterkunft bei einem Handwerker u. ä., die der Vater bezahlte, und nährten sich, wenn sie Glück hatten, an allen Tagen der Woche, reihum bei den Bürgern am Mittagstisch.
Zu den einträglichen, aber oft auch sehr anstrengenden Privilegien des Schülerstandes gehörten außerdem die besonderen Singumgänge in der Weihnachtszeit oder sonst bei Kirchenfesten und vor allem die Begleitung der Leichen, eine Tätigkeit, die natürlich honoriert wird. – Ehe Ferien und Wandertage aus pädagogischen Gründen erfunden wurden, hatten Schulkinder das Recht auf ein Fest, eigentlich: den provokativen Auszug aus der Schule ins Freie. Solche Feste haben den Sinn, wenigstens einmal die Last der Schule aufzuheben, denn daß man gern in die Schule geht, sie als eine Wohltat empfindet, das erwartet man noch nicht. Im Lauf der Jahrhunderte verwandeln sich diese Schulauszüge in Kinderfeste, die man für Schüler veranstaltet, vergnügliche, aber unter der Oberherrschaft der Lehrer und Erwachsenen sehr sittsam der vernünftigen Hierarchie von groß und klein entsprechende Zusammenkünfte.
Die Schüler waren bewaffnet, sie trugen Degen und wußten sie bis zum Ende

des 18. Jahrhunderts zu gebrauchen; Lehrer werden bedroht; mit anderen Gruppen, Lehrlingen und Handwerksgesellen, liefert man sich nächtliche Kämpfe; aber auch miteinander ist man nicht zimperlich. Auf J. J. Moser (1701 bis 1785) werden in Stuttgart zwei Attentate von Mitschülern verübt, aus Neid und Rachsucht, denen er nur durch die Hilfe einiger Bäckergesellen und das zweite Mal – es wird auf ihn geschossen – durch Glück entkommt. Von polizeilichem Eingreifen ist nicht die Rede. Anders etwa 70 Jahre später, wo zwei 15- und 16jährige Schüler, die sich wegen eines Mädchens zu duellieren wagen, wegen dieser Anmaßung ins Stockhaus gesperrt werden. Die Anmaßung liegt weniger im Duell als im Alter der Protagonisten. – Die Zeiten ändern sich und mit ihnen die Schule und die Schülerschaft. Die gewissermaßen natürliche Renitenz eingesperrter und immer minutiöser reglementierter Schüler nimmt andere Formen als die der offenen Gewalt an: Es ist die List im Unterlaufen der Regeln und die Gemeinheit gegenüber jenen Vertretern der Schulhierarchie, die schwach genug scheinen; die Zeichen-, Schreib- oder Französischlehrer der Gymnasien eignen sich vorzüglich zum Ausleben der aufgestauten Schülerwut. Selten und immer seltener werden die vom Schülerstand artikulierten und selbstbewußt vertretenen Beschwerden. Adolf Glassbrenner (1810–1876) soll führend an einem Streik Berliner Schüler beteiligt gewesen sein, der sich über ein Vierteljahr hinzog. Otto von Corvin (1812–1886) erlebte im Berliner Kadettenhaus eine Rebellion, Klagen über das Essen waren der Anlaß, in deren Verlauf die pädagogisch-militärische Autorität doch einmal in ihre Schranken verwiesen werden konnte.

Die Auflösung des Schülerstandes wird auch durch die Verbesserung des Schulwesens gefördert, die es den Familien ermöglicht, die Schüler bis zum Abgang auf die Universität bei sich zu behalten. Erst die doppelte Einbindung in Familie und Schule schafft die Voraussetzung für jene Zustände, die mit dem Wort Schulangst treffend zu bezeichnen sind. Lange Jahre bleibt es der Alptraum von Gustav Parthey (1798–1872), noch auf den Bänken des »Grauen Klosters«, eines renommierten Berliner Gymnasiums, zu sitzen. Dabei war er ein guter Schüler und hatte, wie er eigens betont, keine Ursache, über seine Lehrer zu klagen.

Der Aufschwung des niederen Schulwesens im 19. Jahrhundert, die Hebung des Lehrerstandes durch die Seminarbildung und der damit begründete Zuwachs an Autorität, schließlich der Sieg der Schulpflicht, schufen auch in der Volksschule die Voraussetzungen für Schulangst. Gewiß besuchten viele Kinder gern die Schule, weil sie dort hin und wieder etwas Interessantes erfuhren, sich einige Stunden ausruhen und ihre Freundschaften mit anderen Kindern pflegen konnten. Dieses Vergnügen hatte aber einen Preis. Während an den Gymnasien nicht mehr geschlagen, sondern mit Arrest- und Abschreibarbeiten gestraft wurde, entwickelte sich die Volksschule zur Domäne der Prügelpädagogik. Die Lehrer gerade der größeren und gegliederten städtischen Schulen haben hier freie Hand – welche armen Leute haben den Mut, selbst bei Körperverletzung, den Rechtsweg zu beschreiten? In den seltensten Fällen kann das Kind also auf den Schutz der Eltern rechnen. Hinzu kommt etwas anderes: In der Volksschule ist, neben anderen, fortschrittlichen Zwecken, aber nicht zuletzt, von Anbeginn ein zivilisatorischer Dünkel institutionalisiert, der sie für unzählige Kinder zu einem Ort unaufhörlicher Demütigung macht. Ein Leipziger Lehrer schickt ein Arbeitermädchen nach Hause, weil es gewagt hat, ohne die vorschriftsmäßige Schürze zu erscheinen. Es besitzt keine. Woher die Eltern dieses kostbare Kleidungsstück nehmen, wovon sie es bezahlen sollen, das kümmert die Schule nicht.

LITERATUR:

F. Wellendorf, Schulische Sozialisation und Identität, Weinheim 1973, Zur Sozialpsychologie der Schule als Institution, Weinheim und Basel 1973

Ch. Berg, Die Okkupation der Schule
Eine Studie zur Aufhellung der gegenwärtigen Schulprobleme an der Volksschule Preußens 1872–1900, Heidelberg 1973

F. Meyer, Schule der Untertanen. Lehrer und Politik in Preußen 1848–1900, Hamburg 1976

Eger, um 1490

Schüler und Schützen unterwegs

Als endlich hier die Pest ausbrach, flohen wir von dannen und wandten uns wieder gen Deutschland mit dem Wunsche, in der Stadt Eger zu überwintern, wenn ein Platz in der dortigen Burse frei wäre. Auf der Reise dahin trafen wir in der Herrschaft der Grafen von Schlick, fünf Meilen von Eger und eine Meile von dem gräflichen Flecken Elbogen, gar wunderbare und berühmte warme Quellen an, darinnen wir badeten, und brachten hier zwei bis drei Wochen zu. Danach setzten wir unsere Reise fort und wurden in die Schule zu Eger aufgenommen, und dazu bekamen wir beide ein Unterkommen bei reichen Familien, um den Knaben des Hauses beim Studium nachzuhelfen.

Der Schüler freute sich zwar über sein unverhofftes Glück; das meinige aber, was etwas günstiger schien, erregte in ihm Neid und großen Verdruß. Er sagte nämlich: »Es ist nicht billig, daß ein Schütze wie du so bald in der Fremde erhöht wird und bessere Tage haben soll als ich.«

Weil er nun infolge seiner neuen Stellung selbst meines Dienstes zum Betteln nicht mehr bedurfte, so übergab er mich zwei anderen großen Schülern, für die ich den ganzen Winter hindurch betteln sollte. Darüber beklagte ich mich bei dem mir anvertrauten Knaben, und dieser sagte es seinen Eltern. Daraufhin wiesen diese mich an, ich solle täglich gleich mit dem Knaben nach Hause kommen und jene laufen lassen. Da ich nun einigemale gegen das Verbot des Schülers also getan hatte, da ergriff er mich eines Tages, als wir aus der Schule nach Hause gehen wollten, schleppte mich mit seinen Genossen auf deren Zelle, riß mir alle Kleider vom Leibe, schlug mich lange Zeit über den ganzen nackten Körper mit Ruten und ließ mich dann gebunden bei großer Kälte in der Kammer eingeschlossen liegen bis zum andern Tage. Des Morgens frug er mich, ob ich wohl jetzt mich zu dem Dienst der Schüler verstehen wollte, und ich sagte »ja«. Da band er mich los, gab mich unter harten Drohungen und Flüchen ihnen anheim und ging dann wieder fort zu seiner Wohnung.

So mußte mein Knabe des Morgens allein zur Schule kommen.

Als er nun von mir erfahren hatte, was mit mir geschehen war, beeilte er sich, es alsbald seinen Eltern anzuzeigen. Auf deren Befehl erzählte ich ihnen abends bei der Nachhausekunft alles vollständig, worauf sie gar großes Mitleid mit mir hatten. Sie befahlen mir, mich nun im Hause zu halten, und wollten sehen, was kommen würde. Der Schüler aber, der sowohl durch die Klagen seiner Mitschüler, denen er mich gleichsam verkauft hatte, als auch aus meiner Abwesenheit zu seinem großen Verdruß die Sachlage erkannte, kam folgenden Morgens unter Begleitung einer nicht geringen Zahl von Schützen und Schülern vor unser Haus gezogen. Als sie aber jetzt in das Haus hineinstürmten die Stiege hinauf nach dem oberen Estrich, wo wir uns aufhielten, da tritt ihnen der Vater entgegen mit Waffen, haut blindlings auf sie ein, jagt sie erschreckt aus Haus und Hof hinaus und ruft ihnen drohend zu, sie sollten sich dessen ja nicht wieder erkühnen. Aber, ich Ärmster! Ich wußte nicht, was ich nach diesem Vorfall anfangen sollte; ich würde fortan es nicht mehr gewagt haben, weder in die Schule noch auch zur Ausrichtung eines Auftrages vor die Türe zu gehen. Meine Schüler hatten mir nämlich sagen lassen, sie würden mich in Stücke reißen, wenn sie mich irgendwo träfen. Aus Furcht vor ihnen sagte ich also ihnen sowie der Schule ab, floh heimlich aus der Stadt und eilte wieder zu dem Badeorte. Hier bediente ich in einer Herberge die Badegäste bis zur Frühjahrszeit, wo ich von einem adligen Böhmen geraubt wurde. So wurde ich schließlich infolge der Grausamkeit des Schülers elendiglich gezwungen, die Schule und das Studium der Wissenschaften daranzugeben ... und ich war ihm doch so angelegentlich von meinen Eltern empfohlen worden. Keiner von uns hat den andern seitdem je wieder zu Gesicht bekommen, noch jemals erfahren, was aus ihm geworden ist.

15, 39 ff.

Rostock, um 1535
Die Deposition des neuen Schülers durch seine künftigen Genossen

Auf Rat meines Bruders schickten meine Eltern mich gen Rostock sub disciplinam Arnoldi Barenii et M. Henrici Lingensis, mit dem er gute Freundschaft zu Wittenberg gehabt; schrieb ihm, daß ich zu Greifswalde bereits deponiert wäre. Aber da die Burse erfuhr, daß ich zu Stralsund wieder in die Schul gangen, wann ich ins Lektorium kam, war so ein unaufhörlich Schnauben und Rufen. Der Depositor auch zauste mich bei der Mantel herum; ich hatte ein groß Tintenfaß voller Tinten, die sturzte ich dem depositori ins Angesicht. Nun hatte der Depositor ein grauen langen Mantel um, mit schwarzen Schnoren besetzt, als dasmal der gemeine Gebrauch war; dar ging die Tinte über her von oben bis unten an; aber er bezahlt mich redlich. Dann als es nicht anders sein konnte (wollte ich anders Friede haben), ich wurde dann wiederum deponiert; bekam ich in der Deposition manchen harten Schlag. Im Bartscheren schnitt der Depositor mit dem hölzern Schermesser mir die Oberlippe durch: wann die etwas heilete, wurd die Wunde in und durchs Essen, sonderlich von gesalzener Speise, wiederum eröffnet, also daß es ziemlich lang währete, ehe es gar heil werden konnte.

82, 105

Sterzing, um 1562

Harte Verfolgung durch den Schulmeister gebietet Schul- und Ortswechsel

Zu Sterzing ist er in eine lateinische Stadtschule getan worden, um elementa grammatica zu lernen. Darin sind etliche arme Schüler, Schützen genannt, auf daß sie den Gesang und den Chor in der Kirche verrichten möchten, dergestalt unterhalten worden, daß sie morgens nur eine warme Wassersuppe und etliche Laiblein Brot im Spital, und zu abend zwei Gericht von Fleisch, Kraut und Gemüse bei der Stadt reichsten Bürgern und Einwohnern (welche mit ihnen täglich umwechselten) hatten. Als die Ordnung am Donnerstag ... an Lucas Geizkoflers Eltern kam, die sie speisen sollten, begab es sich, daß in ihrem Haus zur selben Zeit etliche Schweine geschlachtet und viel Bratwürste gemacht und gekocht worden, von welchen er den armen Schülern oder Schützen mit Willen seiner Mutter etliche Bratwürste, und noch so viel einem unter ihnen, so Sixt genannt, (der mit ihm die grammaticalia zu repetieren pflegte) gegeben. Weil er aber Donnerstag abends nicht alle essen konnte oder wollte, hat er damit folgenden Tages, am Freitag seinen Hunger gebüßt und dieselben, wie er vermeint, heimlich gegessen. Es hat aber sein Schulmeister, in dessen Haus alle Schützen oder arme Schüler wohnten, erfahren, welcher sich darüber also erzürnt, daß er ihn mit Hilfe der anderen Schützen an Händen und Füßen gebunden, und mit Ruten so lange streichen lassen, bis daß man das Veni sancte spiritus (welche Weise auch bei vielen andern Schulmeistern im Papsttum nicht ungewöhnlich war) über ihn gesungen und das Blut herabgeronnen. Es war aber gedachter Schulmeister mit diesem noch nicht vergnügt, sondern hat es seinem Pfarrer angezeigt, welcher den Schüler in der Beichte sonderlich wegen des Fleischessens am Freitag befragt, und ihm auf sein Bekenntnis zur Strafe und Buße auferlegt, daß er allein früh eine warme Wassersuppe im Spital, aber zu abend keine warme oder gekochte Speise vierzig Tage lang essen sollte.

Diese Buße und Strafe hat er gleichwohl auf sich in geistlichem Gehorsam angenommen, aber sich darüber bei Lucas Geizkofler ... hochbeklagt, darauf der ihm etlichemal, doch heimlich ... etliche Küchel oder Pfannzelten und Schmalznudeln aus seiner Frau Mutter Kuchel gegeben. Die auferlegte Buße der vierzigtägigen Fasten erstreckte sich so lang, daß eben die Zeit der rechten Fasten kam. Als Lucas Geizkoflers Eltern noch allerlei kalt Gebratenes und andere Speise von Fisch und Fleisch übrig hatten, hat er mit ihrem Willen solche dem armen Schüler, seinem paedagogo zu essen zugestellt, welcher dieselbe mit einem seiner Mitgesellen oder Schützen, so eines Pfaffen Sohn ... verzehrte. Ob sie wohl vermeinten, solches heimlich zu tun, so ist es doch etliche Wochen hernach ... offenbar worden ... Als sie die Tat bekannt, hat man sie beide ... an ein offenes Seil in der Schule gebunden, und weil man vielleicht dafür gehalten, es sei dem Sixto das Veni sanctus zu seiner Strafe zu kurz gewesen, so hat man über sie das Salve Regina gesungen, auf das, so lang man sie mit Ruten haute und peinigte, man ihr Weinen, Heulen und Schreien wegen der Schüler lautem und stetem Gesang gegen die Gasse nicht hören möchte. Solches ging Lucas Geizkofler so zu Herzen, daß er es seinem Alutor (denn der Vater war nicht mehr am Leben) und seinen Brüdern Uriel und Marx klagte und nicht mehr in die Schule gehen wollte, sonderlich weil man ihn bedrohte, er würde bald auch eine Strafe zu gewärtigen haben wegen etlicher Traktätlein und Betbüchlein, so sein ältester Bruder Georg Geizkofler, römisch kaiserlicher Majestät Einnehmer und Münzmeister in Joachimsthal, weiland Herrn Johann Matthesen, seinem Seelsorger und Gevatter in Tirol gesandt hat, und er, Lucas, unter etlichen seiner Mitgesellen ausgeteilt hat. Hierauf hielten seine Mutter und Brüder für ratsam, daß man zur Verhütung ihrer aller Gefahr ihn mit ehestem von Sterzing nach Augsburg schickte, und hat demnach sein Bruder Uriel ihn bis dahin zu seinem Bruder Michael geführt, welcher ihn, Lucas, daselbst in die Kost bei Herrn Matthias Schenk, primario oder obersten Schulmeister bei St. Anna eingedingt, von dem er in die vierte Klasse ... verordnet worden.

26, 24 ff.

Mansfeld, um 1580

Vom Verhalten der Schüler, die Almosen sammeln

1. Die armen Schüler sollen in guter Ordnung, in Zweierreihen, ohne Geschrei, Geschwätz und Unruhe umhergehen, damit die Bürger sich zu Freigebigkeit und Liebe zum Schülerstand veranlaßt fühlen.
2. Das Brot, das sie empfangen, sollen sie gewissenhaft in die Schule bringen und dem ordnungsmäßig bestellten Schaffner übergeben.
3. Das Geld, welches ihnen geschenkt wird, sollen sie in eine Büchse werfen und dem Schatzmeister zur Verfügung stellen.
4. Keinem Schüler soll es erlaubt sein, auf eigene Faust irgendwo in der Stadt Speise zu erbetteln.
5. Bei der Verteilung soll jeder so oft kein Geld und kein Brot erhalten, als er die gemeinsamen Unterrichtsstunden versäumt oder seine Obliegenheiten und Pflichten nicht erfüllt hat.

96, 235

Memmingen, 16.–19. Jahrhundert
Das Kinder-, Schul-, auch Königsfest

Das Schulfest im Memmingen, früher Königsfest, jetzt Kinderfest genannt, wird am Donnerstag und Freitag in der Pfingstwoche gefeiert ... Die erste urkundliche Nachricht über das Fest wird durch eine im Memminger Stadtarchiv befindliche Festordnung vom 2. Juni 1587 gegeben: »Ein ehrsamer Rat vergünstiget, daß auf dies Jahr, altem Herkommen nach, in den Maidlein-Schulen die Königin nach angewandtem Fleiß, im Katechismo, und aller anderer Belehrung, Zucht, Gehorsam und Güte der Schrift, erwählt, und es hierauf mit folgendermaßen gehalten werde: I. Daß erstlich die Schulmeidlin, am Morgen und zu Mittag, zur Kirche gehn, nach der Mittagspredigt in des Schulmeisters Behausung Speis und Trank, wie bisher gebräuchlich ihm (d. i. d. Schulmeister) gereichet wird, darzu eine jede bringe zwei rote und zwei weiße Brote, ein paar Eier und einen Kreuzer. Darauf der Reihen mit aller Zucht gehalten werden. II. Zum andern soll derjenige, dessen Tochter Königin ist, zu dem Nachtessen niemand laden, dann den Schulmeister und sein Hausfrauen, samt den zwei Königsführerinnen, und wann die Nachtmahlzeit vollendet, mögen die anderen Maidlein, den Reihen zu halten, vor die Königsbehausung kommen. III. Zum dritten soll nicht abgestellt sein, an einem kommenlichen Tag, auf das Dickenreis zu gehen, aber allda der Königin Eltern für niemand, dann für den Schulmeister und sein Hausfrauen und Königführerinnen bezahlen, was sonsten und über je Gemeldetes mit Gastungen anderer Personen oder Schankungen für Unkosten aufgelaufen, soll gänzlich abgestellet sein und vermieden bleiben. Dann wo solchem zuwider gehandelt, ist ein ehrsamer Rat redlich bedacht, darum der Gebühr nach mit Ernst zu strafen.«

Aus diesem Dokument geht hervor, daß das Fest bereits in jener Zeit »ein altes Herkommen« war, daß es dem Schulmeister einen Teil seiner Einkünfte brachte, daß ein Tag des Festes im Dickenreis, einem dreiviertel Stunden südlich von der Stadt gelegenen, heute noch beliebten Ausflugsort der Memminger, gefeiert wurde, und daß der ehrsame Rat bereits damals vor zu großen Unkosten zu warnen Gelegenheit nimmt.

Die Feier des Festes selbst nahm in der Weise ihren Verlauf, daß der beste Schüler und die beste Schülerin als »König« und »Königin« ausgerufen und mit »vorzüglichen Prämien« erfreut, mit Krone, Szepter und Blumenschmuck geehrt wurden. Der König und die Königin des Vorjahres versahen den Ehrendienst; außerdem befanden sich noch einige Schüler, die »Gesangführer«, im Gefolge, an das sich die ganze Schuljugend anschloß. An drei Tagen der Pfingstwoche ging der Zug in die Kirche, am Donnerstag unter Gesang durch die Straßen der Stadt. Auf dem Marktplatze wurden dem ehrsamen Rat die »Königsfestlieder«

vorgetragen. Ein Königsfestbüchlein von 1785 führt den Titel: »Gottgeheiligte Jugend-Lust oder Reihen- und Maien-Lieder für die christliche Schuljugend in Memmingen.« Nachmittags zogen Eltern und Kinder, letztere in der verschiedensten Weise kostümiert, in ein Bad (Wirtshaus) vor der Stadt, woselbst »auf einem grünen Platz« mit den Schulmeistern allerlei Spiele aufgeführt wurden. Die Unkosten für die Eltern des »Königs« und der »Königin« waren so bedeutende, daß die Lehrer nur sehr bemittelte Elternhäuser auswählen konnten, was wiederum zur Folge hatte, daß nicht immer die tüchtigsten Schüler das Amt bekleideten, wie es im eigentlichen Sinn des Festes lag...

Am 17. Mai 1678 erging an die Schulmeister ein Ratsdekret des Inhalts: Die Unkosten für König und Königin bei den Schulspaziergängen sind trotz wiederholten Verbots zu groß. Die Alten treiben mehr Mißbrauch als die Kinder. Man will das Herkommen nicht ganz abschaffen, aber die Mahlzeiten, welche vor oder nach dem Spaziergang von den Eltern, dem Schulmeister oder den Schulkindern veranstaltet werden, werden verboten... Bei den Spaziergängen wird alle Moderation empfohlen; keine überflüssigen Mahlzeiten in den Bädern, womit die Eltern manchmal sehr hoch in die Kosten kommen. Der Spaziergang darf nicht etliche Tage vorher den Badewärtern angesagt werden, sondern wird von den »Visitatoren« (der städtischen Schulbehörde) nach dem Wetter bestimmt.

Die obrigkeitlichen Vorschriften scheinen im Verlaufe der nächsten hundert Jahre wieder außer acht gekommen zu sein, so daß im Jahre 1750 ein verschärfter Erlaß von den Kanzeln publiziert werden mußte...

Im Jahre 1711, dem Todesjahr des Kaisers Joseph I., war das Fest ausgefallen; unter dem 22. April 1712 richteten »sämtliche Teutsche Schuldiener« von Memmingen an den Magistrat ein Gesuch um Wiedererlaubnis der Feier. »Im Namen samtl. Schuljugend« bitten sie, »nicht allein die praemia zu bewilligen, sondern auch den vormalen gewohnten Spaziergang wiederum zu konzedieren«... Die Prämien betrugen 1 fl.–2 fl. für drei fleißige Schüler und Schülerinnen. Die Unzuträglichkeiten scheinen sich mehr und mehr gehäuft zu haben, so daß die Feier des Festes scheint ganz in Frage gestellt gewesen zu sein. Die Lehrer aber petitionierten und erhielten unter dem 6. Juni 1766 die Erlaubnis, »daß nach dem wohlabgelaufenen Examen das Königsfest, jedoch ohne Gastereien und sonst eingeschlichene Mißbräuche stattfinden dürfe.«

1789 wurden dem Schulhalter Gerstmayr für seine drei »Könige« noch »3 fl. praemia« bewilligt; doch wird ausdrücklich hinzugefügt, »da es mit Kronen und Zeptern immer abgeschmackter werde, solle es für diesmal zum letzten Mal sein; doch solle es für die Zukunft bezüglich der Prämie beim alten bleiben. Eine Petition der Schulmeister im folgenden Jahre blieb ohne Erfolg; mit der alten

Königsherrlichkeit war es nach 1789 für immer vorbei. Die Geldprämien wurden in Bücherprämien umgewandelt, seit 1877 aber für die Schulbibliothek verwendet. Obwohl die drei »Könige« Krone und Zepter bereits seit mehr als 100 Jahren abgelegt haben, erhielten sich die drei »Königinnen« noch bis in die fünfziger Jahre (des 19. Jahrhunderts) im Volksmund als »Köngana«, in weißen Kleidern und blauen Schärpen.
Aus dem Königsfest ist nun ein allgemeines Kinderfest geworden; die Hauptfreude bietet in ihm das sogenannte »Stängelein«, d. h. eine in den bayrischen Farben bemalte Stange mit Festgaben aller Art, welche teils von den Kindern selbst gestiftet sind, teils aus den Zinsen eines Kapitals von 3000 fl. bestritten werden, welches der Memminger Metzgermeister Balthasar Braun im Jahr 1855 geschenkt hat, »aus dessen Zinsen das dahier bestehende Kinderfest verschönert und die Freude der Kleinen erhöht werden soll.« Jede der 18 Klassen hat ihr »Stängelein«, das im Zuge, mit Blumen geschmückt, nach dem Reichshain hinausgetragen wird. Die Festgaben werden dort verlost. Die armen Kinder erhalten – abgesehen von ihrem etwaigen Gewinn – 30–40 Pfennig Festzehrgeld. Das Fest selbst wird in der Pfingstwoche am Mittwoch abend mit Zapfenstreich eingeführt, am Donnerstag früh zwischen 5 und 6 Uhr mit Reveille angesagt, und an diesem und dem folgenden Tag mit Festgottesdienst in der evangelischen und katholischen Kirche begonnen, durch Schülerchöre auf dem Markt vor dem Rathaus, Ausmarsch der Klassen nach dem Reichshain, Verlosung, Jugendspiele und Reigen gefeiert. Daß bayrische und deutsche Fahnen, Alt und Jung den Zug begleiten, ist selbstverständlich.

59, 189ff.

Berlin, 1657
Ein Schulkrieg und ein Versuch, ihn zu beenden

Vor acht Tagen war des verstorbenen Grafen von Wittgenstein Leiche von hinnen abgeführt worden, wobei aber zwischen den beiden Schulen Kölln und Berlin wegen der Präzedenz ein großer Tumult entstanden, also daß sie mitten in der Prozession auf der langen Brücke mit Schlägen aneinander gekommen- und die beiden Rectores das Ihrige voll bekommen; dann dem Rektor von Berlin von einem Köllnischen Schüler eine derbe Ohrfeige zugestellt worden, hingegen ein Berlinischer Schüler dem Köllnischen rectori mit einem Stein so säuberlich den Kopf gerieben, daß das rote Blut darnach gegangen. Es war eine Lust zuzusehen, wie sich die Jungen bei den Köpfen aneinander herumzauseten und dadurch ecclesiam militantem repräsentierten. Doch ist endlich dieser Tumult durch geschickte Musketiere, so an Zuschlagen nichts ermangeln ließen, gestillt worden...

Es haben die kurfürstlichen Geheimen Herren Räte empfunden, daß jüngsthin bei Abführung des gewesenen kürfürstlichen Statthalters Herrn Grafen zu Wittgenstein seligen Gedächtnis gräflicher Leiche zwischen den Scholaren beider Residenzstädte Berlin und Kölln an der Spree ein so schändlich ärgerlicher Lärm entstanden, dessen sich jeder männiglich schämen müsse... dergleichen Gezänk nun hinfüro zu verhüten, wird es dahin gerichtet, daß, wenn jemand in Berlin mit dem Tode abgegangen, auch daselbst sein Domizilium gehabt, der Schule in Berlin die Präzedenz gebühre, und ebendermaßen soll es auch, wenn allhier in Kölln dergleichen Casus sich zuträgt, mit den Schulen daselbst gehalten werden. Sollte sich jemand unternehmen hierwider zu handeln, wird man es nicht allein bei den Delinquenten, sondern auch bei dem rectore scholastico und seinen collegis zu suchen wissen.

29, 87

PADERBORN, 1666

Schuldisziplin auf einem Jesuitengymnasium

1. März: Abgefaßt mehrere Trinker.

8. März: Es prügelten sich, nachdem sie kaum das Kollegium verlassen, auf dem Vorplatze die Musiker, als sie in herkömmlicher Weise bei uns bewirtet waren; aber auch der Organist befand sich in einem solchen Zustande, daß ein anderer an seine Stelle treten mußte. Aber auch der Logiker Nikolaus Collart wurde in unserer Kirche durch den unvorsichtigen Genuß von Branntwein der Besinnung beraubt angetroffen. Nichtsdestoweniger hatte man Nachsicht mit ihm, weil er ein unverdorbener Jüngling war und die Kraft jenes Weines nicht gekannt hatte. Er mußte aus der Kirche getragen werden.

13. März: Gezüchtigt wurde der Rhetor Johannes Plöscher aus Wiedenbrück, welcher bei seinem Professor von sich und seinem Stubengenossen Theodor Friedrich Dincker, ebenfalls Rhetor, schriftlich das Geständnis abgelegt hatte, am zweiten Fastnachtstage hätten sie zwei Mägde des Herrn Bürgermeisters Fabritius betrunken gemacht, dann seien sie, nachdem sie 7 Uhr der Messe beigewohnt, zu der Scheune gegangen, in welcher die eine Magd betrunken von Branntwein dalag, sein Genosse habe dieselbe entblößt und unzüchtig berührt etc. Der letztere, obgleich mehrmals von seinem Lehrer gerufen, erschien nicht.

14. März: Plöscher begann einiges, was er am Tage vorher ohne Furcht aufgeschrieben hatte, zu leugnen. Zum P. Präfekten kam der Hauswirt der beiden

Studenten und der Schreiber des Herrn Bürgermeisters Fabritius und versuchten vergebens, die Studenten zu entschuldigen. Dincker, aufgefordert zu erscheinen, weigerte sich.
15. März: Plöscher erhielt den Befehl, wahrheitsgemäß aufzuschreiben, was er und sein Genosse am zweiten Fastnachtstage getrieben; was er jetzt schrieb, namentlich von seinem Genossen war zwar weniger schlimm, verlangte aber doch eine Sühne mit der Rute. Nun wurde zu Dincker der Claviger geschickt mit dem Befehl, er solle sich dem Präfekten stellen. Er antwortete, er werde bald da sein, kam aber nicht.
16. März: Im Auftrage des Rektor Magnifikus schickte der P. Präfekt den Pedellen mit zwei kräftigen Logikern aus, um den Dincker zu holen, wenn er nicht lieber zur öffentlichen Schande durch Soldaten oder Amtsdiener der Stadt sich holen lassen wolle; jetzt folgte endlich der Student, begleitet von seinem weinenden und ihn entschuldigenden Hauswirt, und er wurde in Gegenwart einiger Zuschauer in der Aula von seinem Lehrer mit der Rute gezüchtigt nicht nur wegen dessen, was er getrieben, sondern auch wegen seines Ungehorsams. NB. Er hatte auch an seinen Lehrer einen albernen und ganz ungeziemenden Brief geschrieben.

78, 266f.

Berlin, um 1720
Funktion der Schüler bei einem öffentlichen Schauspiel

Wie der zur Exekution bestimmte Tag eingetreten war, wurden die Verbrecher des Morgens um halb neun aus der Hausvogtei, bei dem königlichen Schlosse vorbei, auf ein zu diesem traurigen Actu expreß erbautes Gerüst auf dem Neumarkt geführet. Solches geschah unter einer ziemlich starken Eskorte Kommandierter von den zu Berlin liegenden Regimentern. Die Armenschulen und dann auch einige Schüler aus den ordentlichen Stadtschulen mit einigen Schulkollegen kamen vorher. Alsdann gingen Clement und Lehmann, ein jedweder mit seinem Priester, ohngefähr dreißig Schritte voneinander und vor jedewedem sechs Kurrendeschüler her... Daß auf dem Neumarkt und in den Häusern... viele tausend Menschen werden vorhanden gewesen sein... ist leicht zu erachten... Wie die Missetäter bei dem Gerüst anlangten, stieg ersten Clementam auf dasselbe. Alsdann folgte Lehmann... Sodann las der Hofrichter einem jedweden sein Urteil vor... Mittlerweile... kleideten sich Clement und Lehmann auf dem Gerüst aus bis aufs Hemd, Hosen, Strümpfe und Schuhe. Man entblößte ihnen hiernächst die Arme und setzte denselben Mützen auf von weißer Leinwand... Nachdem man auch damit fertig war, wurden die zum Tode Verurteilten vom Gerüst heruntergebracht, auf Schinderkarren gesetzt und mit den Armen fest an denselben gerödelt. Auch wurde ein jedweder von ihnen, gleich unten beim Gerüst, mit glühenden Zangen einmal an den entblößten Armen geknippen. Bei dem Spandauischen Tore geschah es zum andernmal. Nach diesem führte man sie, unterm beständigen Zurufen der Geistlichen, vollends zur Richtstätte ...

29, 152

SCHULPFORTA, UM 1755

Der Pennalismus, eine Form der Selbstregierung

Die Macht der Obern war zu groß. Denn wirklich hatten die Inspektoren unter den Schülern mehr Gewalt, oder übten eine größere Gewalt aus, als die Präzeptoren selbst. Und dieser Inspektoren gab es eine große Zahl. Erstlich waren alle Primaner an sich schon Vorgesetzte der Schüler aus den untern Klassen, welche ihren Befehlen gehorchen mußten. Zweitens waren unter den Primanern die zwölf ersten der Klasse Inspektoren katexochen, unter denen jeder einen Tisch von elf Mann im Cönakel unter seiner Aufsicht hatte. Diese alternierten denn auch in der wöchentlichen Inspektion. Und ein solcher Wocheninspektor besorgte erstlich das Wecken der Schüler mit dem großen Schlüssel, stellte sich dann an die Tür des Cönakels und empfing alle die mit Ohrfeigen, welche nach der gesetzten Minute sich nicht einfanden, holte alsdann den Präzeptor, der die Woche hatte, zum Frühgebet, hatte den ganzen Tag die Aufsicht über alles, was vorging, gebot, wenns Zeit war, das Zutischsetzen und Aufstehen; ordnete das Abendgebet, und führte zum Schlafengehn.

Zu diesen Inspektoren kamen drittens noch die kleinen, die in jeder Klasse angestellt waren. Unter diesen war der vornehmste der Primus, der in seiner Klasse die Aufsicht hatte, die Schüler sich setzen und stille sein hieß usw. Hernach war der erste an jeder Tafel (deren in einer Klasse mehrere waren) wieder der Inspektor seiner Tafel, welcher da wieder zu befehlen hatte. Alle diese Inspektoren nun tyrannisierten, jeder auf seine Art. Alle hatten die Gewalt, jedes Versehen, jedes Lautwerden, jedes Vergessen eines Buchs etc. mit Ohrfeigen, und nach Belieben auch mit Prügeln und Fußtritten zu bestrafen ...

Insonderheit waren die Pfeifjungen der allgemeine Gegenstand inspektorischer Tyranneien. Nämlich man belegte denjenigen mit diesem Namen, welcher irgend einmal sich auch nur verdächtig gemacht hatte, daß er bei einem der Präzeptoren besonders gut angeschrieben sei, und demselben entweder eine Klage über die ihm widerfahrenden Mißhandlungen angebracht, oder einen bösen

Streich der Obern ihm verraten habe. Solche Unglücklichen blieben keinen Tag ohne Prügel ...

Ich weiß, daß ein Knabe, aus vornehmer Familie, der sich, durch eine Klage beim Rektor, die Wut einiger Primaner von der schlechtesten Extraktion, zugezogen hatte. Dieses arme Kind wurde des Nachts von diesen Unmenschen im Bette überfallen. Sie verstopften ihm den Mund, daß er nicht schreien konnte, schleppten ihn nach dem Privet, unter welchem ein Arm der Saale hinwegfloß, banden ihn mit Stricken, hingen ihn durch eine Brille hinab, daß er über dem Wasser schwebte, und ließen ihn so die Nacht durch hängen, bis er früh gefunden, und halb tot nach der Siechstube gebracht wurde. Und die Tat blieb unentdeckt und unbestraft.

Wie gewaltsam die Obern in Ansehung der Speisen und Getränke verfahren, habe ich ... zum Teil schon erzählt. Der untere Schüler ist sogar seines Brots nicht mächtig. Wenigstens muß er wagen, sich einen Feind zu machen, wenn ein Oberer kommt und zu ihm sagt: Höre, gib mir heute dein Brot, d. h., die Hälfte dessen, und er es ihm abschlägt. So gehts auch mit Fleisch und Wein. Am kläglichsten aber ist das Schicksal der Untern an Bratentagen. Denn sobald der Braten auf den Tisch kommt, zieht ihn ein Obersekundaner an sich, welcher tranchieren muß. Ists nun ein Nierenbraten, so holt er die ganze Niere heraus, und zerlegt sie in so viel Teile, als Primaner am Tische sind, welche sie sofort verzehren, oder an ihre Lieblinge an andern Tischen verschenken. Sodann fragt der Sekundaner den ersten Primaner, oder den Inspektor des Tisches, was er für ein Stück befehle ... Eben so muß er die andern Primaner fragen, und ihnen abschneiden, was sie verlangen. Sodann versorgt er sich selbst. Und nun sieht man in der Schüssel schon nichts mehr als Knochen liegen ... Bier und Brot ist also wirklich das Beste und Nahrhafteste, was die Untern erhält, und was auch wirklich zu meiner Zeit von vorzüglicher Kraft und gutem Geschmack war. Will man Butter haben, so kann man sie bei der Knabenfrau kaufen ...

Zu allen diesen Ungemächlichkeiten der Nichtprimaner setze man nun noch die Dienstbarkeit derselben. Nicht nur jeder Untergeselle muß seinen Obergesellen aufwarten, welches noch allenfalls die Dankbarkeit erheischen würde, sondern jeder Primaner nimmt sich das Recht heraus, jeden Untern zu rufen, und zu seinen Diensten zu kommandieren, der ihm in den Weg kommt. – »Junge, hole mir einen Krug Wasser! – Junge, geh auf meine Zelle, und hole mir das Buch, oder, trage das hinauf! – Junge, kehre mich ab! – Wickle mich auf! – Mache mir meinen Zopf! – Putze mir die Stiefel!« usw. Und wenn der arme Junge nicht gehorcht, oder Ausflüchte macht, so setzt es Schläge, oder – der Primaner trägts ihm heimlich nach, und mißhandelt ihn ein andermal ...

5, 94 ff.

Dillingen usw., um 1771

Praemium, Degen und türkische Musik

Durch diese Studien brachte ich es schließlich so weit, daß ich im Griechischen immer der Erste war und am Schlusse des Schuljahres mir eine Prämie errang. In der Endskomödie hatte ich im Singspiele eine Hauptrolle und erhielt ziemlichen Beifall. Noch weiß ich's, daß man mich als Merkur an vier feinen Seilen aus den Wolken herabließ, und daß ich lange in den Lüften singen mußte, ehe ich aus meiner Wolke steigen durfte. Zuletzt ward ich wirklich vorgerufen, das Praemium ex graeco abzuholen, und konnte mich vor inniger Entzückung kaum fassen. Meine Mutter war in dem Parterre und weinte vor Feuden.
Ich kam nach Hause und ward überall als ein kleines Wundertier betrachtet, denn schon lange hatte kein Höchstädter Student ein Prämium bekommen. Mein Gönner, Herr Bürgermeister Mayr, sammelte mir sogleich wieder die vorigen Kosttage und trug im Rate vor, man sollte mir zur Belohnung 24 fl. aus der Armenkasse schenken; und es geschah. Meine Mutter ließ mir dafür ein Dutzend neue Hemden und andere kleine Notwendigkeiten machen und kaufte mir, was mir die größte Freude machte, einen kleinen Degen. Ich war nicht wenig stolz, so bewaffnet einherzuziehen ...
Wir Studenten spielten wieder eine Komödie, und ich bekam auch meine wichtige Rolle ... Bei dieser Gelegenheit ward ich mit den übrigen Studenten immer bekannter, lief mit ihnen in den Wirtshäusern und nachts in den Gassen umher, um allerlei törichte Farcen zu spielen. Bald führten wir mit Hafendekkeln, Querpfeifen, leeren Fässern, Kuhhörnern usw. eine komische türkische Musik auf, und zogen lärmend durch die Stadt; bald besuchten wir die Herbergen der Handwerkszünfte und sangen allerlei schimpfliche Lieder auf sie. Die Weber hätten uns einst deswegen beinahe recht derb abgeprügelt; aber wir entkamen noch glücklich durch die Vermittlung des Wirts. Bei solchen Anlässen war ich kleine Kröte immer einer der vordersten und mutwilligsten; denn die Eitelkeit und die Begierde, mich auszuzeichnen, hatten allzuviel Macht über mich. Wenn wir aber nichts Törichtes trieben, so zankten die Leute und sprachen: »Ach, das sind tote Studenten, es ist kein Leben hinter ihnen.« Wir trieben allerlei lustige Possen, stahlen z. B. so viele Fensterläden zusammen, als wir konnten, trugen sie mitten auf den Markt auf einen Haufen, und sahen morgens dem Spaße zu, wie sich jeder Eigentümer mit den andern um die seinigen schlug.

II, 114ff.

Berlin, 1782
Schülerprügel

Somit war Ludwig ein Gymnasiast, ein Quintaner geworden; er trat in die gelehrte Welt ein. Lateinisch sollte getrieben werden, Griechisch stand in Aussicht ... Er gesellte sich zu einer Schar älterer Knaben, die gewitzigt durch alle Listen und Abenteuer des Schülerlebens, stets bereit waren, ihren jungen Mut an jedem zu kühlen ... Wie sauer machten sie nicht manchem Lehrer das Leben; wie manchen Kampf fochten sie nicht in der Schulstube oder auf den Straßen und Plätzen aus!
... Einst war in den Lehrstunden ein schriftlicher Aufruf zum Kampfe gegen die elenden Kollegiaten, d. h. gegen die Zöglinge des benachbarten französischen Collège, von Hand zu Hand gegangen. Jeder brave Quintaner wurde darin aufgefordert, sich um vier Uhr nachmittags, mit einem Rohrstocke bewaffnet, auf dem Lustgarten einzufinden. Die Einstimmenden sollten ihre Namen unterzeichnen. Ludwig glaubte nicht zurückbleiben zu dürfen ... Wirklich traf man zur bestimmten Stunde auf den Feind. Doch plötzlich nahm die Schlacht eine für beide Heere unerwartete Wendung. Auf dem Lustgarten lagen zahlreiche Quadersteine verstreut, die bearbeitet werden sollten. In diesen Engpässen war man sich kaum begegnet, als höhere Kräfte in den Kampf der Helden eingriffen. Hinter jenen Steinen erhoben sich einige handfeste Steinmetzgesellen, die blindlings zufahrend aus der Schar der Kollegiaten einzelne herausgriffen, und an den Zöpfen mit starker Faust in die Lüfte erhoben. Die Werderschen, so unvermutet ... unterstützt, nahmen ihres Vorteils wahr, und hieben auf die zappelnden Kollegiaten unter lautem Jubel unbarmherzig ein. Einer der Kämpfer, der Sohn eines Baurats Moser, hatte diese furchtbaren Bundesgenossen in der Stille angeworben. Ludwig konnte in das allgemeine Siegesgeschrei nicht einstimmen ... Voll Entrüstung verließ er sogleich den Kampfplatz und ging nach Hause ...
Das Aktenstück, welches den Beweis der Verschwörung enthielt, war in des Direktors Hand gefallen. Untersuchung, strengste Strafe waren zu erwarten. Am nächsten Morgen trat Gedike als Richter in die Klasse Quinta, der Pedell hinter ihm mit dem Blitze bewaffnet. Nach einer donnernden Strafrede wurden die Übeltäter nach der Reihenfolge ihrer Unterschriften aufgerufen, verhört und die Strafe an ihnen vollzogen.

44, 16ff.

Idstein, 1790
Schulgesetze zur Bekämpfung der burschikosen Lebensart

Es ist also jeder Gymnasiast schuldig, den Lehrern ... allen Respekt, Ehrerbietung, Liebe und Gehorsam zu erweisen ... mithin sich weder mit Worten, noch durch Zeichen oder Tathandlungen gegen sie zu vergehen; am wenigsten aber in die grobe Ausschweifungen zu verfallen, daß er sie, es sei heimlich oder öffentlich, verspotte und beschimpfe, oder sie an ihrer Person, oder an ihren Wohnungen und Güter beleidige und kränke ...
Ebenso darf kein Gymnasiast sich einer ihm zuerkannten Schulstrafe widersetzen, oder wohl gar dem Lehrer in den Stock fallen, als in welchem ... Fall der Lehrer einen solchen ... Schüler sogleich, mit erforderlicher Hilfe der Zivilobrigkeit, in genugsame Verwahrung bringen lassen wird, damit derselbe den Tag hernach in Gegenwart aller Klassen mit exemplarischer Strafe belegt werden könne.
Kein Schüler darf, ohne Anzeige und erhaltene Erlaubnis ... eine Lektion versäumen, noch weniger aber sich ohne solche von Idstein entfernen ... Jeder Schüler muß sich zu den festgesetzten Stunden präzis mit dem Glockenschlag in dem Gymnasio einfinden ...
In ihren Wohnungen sollen die Gymnasiasten Ordnung und Reinlichkeit beobachten ... allen kindischen oder die Tugend beleidigenden Mutwillen meiden, keinen auffallenden Lärmen treiben, ihre Mitschüler, die bei oder neben ihnen wohnen, in ihrer Ruhe und Fleiß auf keine Art stören; auch ihre Zeit durch unnütze Zerstreuungen, z. E. Hunde oder Taubenhalten nicht verderben. Alles Karten- oder Würfelspielens, desgleichen alles Übermaßes im Bier-, Wein- und Kaffeetrinken, auch alles Tabakrauchens auf den Straßen, Spaziergängen und aus den Fenstern sollen sich die Gymnasiasten gänzlich enthalten ...
In Gesellschaften und auf den Straßen sollen die Gymnasiasten sich gegen jedermann höflich, bescheiden und dienstfertig ... betragen, niemand beleidigen, auch keinem weder in der Stadt noch auf dem Felde irgend einigen Schaden zufügen, oder wohl gar Obst ... entwenden. Sonderheitlich aber sollen sie sich auch zu Nachtzeiten ... ruhig und ordentlich verhalten, niemanden, er gehe mit oder ohne Laterne über die Straße, insultieren, anpacken, oder ihnen den freien Weg versperren. Eben deswegen wird insonderheit verboten, daß die Gymnasiasten nicht mit hellem Haufen und ineinander geschlungenen Armen durch die Gassen ziehen sollen. Auch darf keiner weder bei Tag noch Nacht irgend einen Tumult oder Lärmen auf der Straße treiben, nicht schreien, singen, juchzen, die Leute in ihren Häusern nicht beunruhigen, oder sonstige sogenannte burschikose Ungezogenheiten begehen! Widrigenfalls ist die Nachtpatrouille berechtigt und beordert, ihn oder sie zu arretieren ...

Alle Selbstrache, auch Zank und Streit, noch mehr aber Schlägerei und Herausfordern, es geschehe nun gegen Mitschüler, Seminaristen, Bürgersöhne oder Handwerksburschen, ist und bleibt auf das schärfste verboten. Dagegen soll jeder Gymnasiast, welcher sich von irgend jemand beleidigt findet, dem Direktor die Anzeige davon tun, welcher denn dafür sorgen soll, daß ihm die gehörige Genugtuung widerfahre ... Geld lehnen oder etwas auf Borg kaufen, es sei bei wem es wolle, bleibt gänzlich untersagt ... Zechen und borgen in Wirtshäusern, ja sogar deren Besuchung in dieser Absicht bleibt nach wie vor gänzlich eingestellt; und wird die deshalb schon vorhin bestehende Einschränkung auch noch dahin ausgedehnet, daß einem Gymnasiasten an Branntwein, Likör oder wie dergleichen abgezogene Getränke nur genannt werden mögen, nicht das geringste verabfolgt ... werden soll ... Alle Abschiedsschmausereien werden wiederholt und durchaus abgeschafft ...
Das Gymnasium zu Idstein hat sich von jeher ... auch darinnen von andern Gymnasien ausgezeichnet, daß die Lehrer den Schülern nie eine kostbare oder hervorstechende Kleiderpracht erlaubt haben ... Einfach und sauber soll der Anzug der Gymnasiasten sein ... Da man aber vorzüglich wahrzunehmen gehabt, daß sich die Gymnasiasten der beiden oberen Klassen in ihrer Tracht den Moden mancher Akademien zu nähern gesucht: so stehet solches schlechterdings nicht zu dulden, weil hierdurch auch auf die Ausschweifungen mancher übeldenkender Studenten, oder mit andern Worten, auf die sogenannte burschikose Lebensart einen gegründeten Anspruch zu erhalten vermeinen. Alle burschikose Nachäffung also in Anlegung auszeichnender Kleidungsstücke, als Federbüsche, farbige Kokarden, Epaulettes, Reitkoller, Sporen, oder wie nun die Studentenmoden dergleichen Eigenheiten mit sich bringen mögen, alles dieses wird hiermit schlechterdings abgestellt ...
Aus gleichem Grund wird das Absingen der abgeschmackten Studentenlieder, die Errichtung der Landsmannschaften und andere dergleichen törichte akademische Erscheinungen hiermit ebensowohl aufs strengste untersagt ... Aller Umgang mit leichtfertigen und liederlichen Weibsleuten, oder auch solchen, welche die Gymnasiasten aus irgend einer unlautern Absicht an sich zu locken suchen, wird hierdurch ein- für allemal, ganz und gar, und an allen Orten, auch in allen Verhältnissen auf das ernstlichste verboten. Es soll ein Gymnasiast also mit Weibspersonen keinen Umgang suchen ... mit ihnen keine Briefe wechseln, an sie keine Geschenke abgeben, oder dergleichen von ihnen annehmen, ihnen nicht vor die Häuser oder in das Feld nachlaufen, auch keine nächtlichen oder gar verdächtige Zusammenkünfte mit ihnen halten ...
Nun noch das wichtigste Stück, die Religion! ... Auch jene stehet, zumal auf Schulen, unter dem Zwang der Gesetze; und es wird also hierdurch ernstlich verordnet ... daß keiner der protestantischen Gymnasiasten ... den öffentli-

chen Gottesdienst versäumen, auch jeder bei solchem sich stille, ruhig und sittsam verhalten, und in die öffentliche Gesänge mit einstimmen, weiter, daß keiner während demselben umhergaffen, plaudern, Mutwillen treiben, mit seinem Nachbarn tändeln, oder sonsten etwas unternehmen solle, wodurch seine eigene oder anderer Aufmerksamkeit und Andacht gestöret werden könne u. s. f.

90, 198ff.

Langensalza, 1797
Der Durchbruch von Quinta nach Quarta

Im Jahre 1797 nach Ostern fand das Examen für Quarta statt. Eine wilde Gewohnheit wollte, daß die Jungen, die aus der Quinta nach Quarta versetzt wurden, sich mit dem Plumpsack durchschlagen mußten: Die Quartaner standen gewappnet im Gange; wir rückten scharf an, schlugen uns fürchterlich, trieben sie zurück und endlich zu ihrer Tür hinein, die sie fest hinter sich schlossen. Da wir die Tür nicht eindrücken konnten, so holten wir ein Scheit Holz aus dem Schulholzstall, rannten eine Füllung durch, und die Tapfersten, Bayer, Heng und ich, krochen zuerst durch.
Wir bekamen zwar Beulen und blaue Flecken, machten aber die Tür auf, und unser Korps drang ein. Nun schlugen wir uns noch eine Viertelstunde dermaßen, daß wohl keiner dabei war, der es nicht vier Wochen nachher noch gefühlt hätte.

6, 18f.

Berlin, um 1810
Leben in dumpfer Sklaverei

Wo meine Natur verstanden, wo die Lebhaftigkeit meiner Phantasie, die natürliche Weichheit meines Gefühls angeregt wurde, wie durch meine Mutter, lernte ich auch leicht und willig. So verdanke ich ihrer liebreichen geduldigen und dennoch ernsten Weise das Französische hauptsächlich und später das Englische ... Dagegen wollte alles, was die Schule, speziell was das Gymnasium forderte durchaus nicht vorwärts ... Zwei Mängel in meinen Anlagen, die ich nicht verschuldet, gesellten sich zu den geistigen Hindernissen, die sich mir entgegenstellten. Es waren: eine große Kurzsichtigkeit, und der entschiedenste Mangel an Talent zu einer guten, ja nur leidlichen Handschrift. Die erste hinderte mich, allen Aufgaben zu folgen, bei welchen die große schwarze Tafel und die Kreide zu Hilfe genommen wurden; und meine schlechte Handschrift machte das Urteil der Lehrer vorweg ungünstig auch über Arbeiten, die an sich nicht so verwerflich sein mochten ... Ich darf mir wohl das Zeugnis geben, daß ich mir in der Knabenzeit, oft unter Tränen, die ersinnlichste Mühe gab, die so gefürchteten Unterschriften »unleserlich«, »schlecht geschrieben« zu vermeiden ... Allein ich vermochte es nicht zu ändern! Da nun das wenige Gute was ich leistete, auf diese Art gar nicht zur Geltung kam, so sank natürlich die Wageschale des wirklich Schlechten, weil sie ohne alles Gegengewicht blieb, immer tiefer, und ich erhielt die schlechtesten Zeugnisse. Damit wuchs meine Mutlosigkeit, die dann zuweilen bis zur völligen Apathie herabsank ... Vergaß ich einmal, wie das glückliche Kindesalter es mit sich bringt, meine Not, die ich am besten dem Zustand einer dumpfen Sklaverei vergleiche, und wurde fröhlich oder gar laut, so war gewiß auch sogleich irgendeine mahnende Erinnerungsstimme zu hören, die mir meine Verschuldungen vorhielt, oder ich mußte den herabsetzenden Vergleich mit meinen Kameraden und Freunden aushalten ... Von meinen speziellen Verhältnissen auf dem Joachimsthalschen Gymnasium ist mir eine viel weniger lebhafte Erinnerung geblieben, als von denen in der Messowschen Schule ... Ich erinnere mich der ganzen Zeit nur als einer der Entmutigung, Niedergeschlagenheit und momentan fast des Lebensüberdrusses. Einige Momente muß ich indessen berühren. Ich war in Sexta aufgenommen; der Ordinarius der Klasse war ein Inspektor Elsner, ein Mann nicht überstreng, nicht ohne Wohlwollen sogar, aber doch nicht geeignet, das Vertrauen und die Liebe so junger Seelen zu gewinnen. Ich erinnere mich, daß die Erlernung der lateinischen Konstruktionen beim Übersetzen mir unendliche Schwierigkeiten machte und ich gar nicht behalten konnte, in welcher Ordnung der Satz aufgelöst werden müsse; sehr natürlich, weil ich mir bei den Worten Subjekt, Prädikat usw. in Folge meines grammatischen Stumpfsinnes gar nichts denken konnte und nicht begriff, weshalb hier mensa, und im nächsten Satz panis ein Subjekt sei, da doch beides ganz verschiedene Gegenstände wären. Ich bat daher den Lehrer einst dringend, er möge uns doch diktieren, in welcher Ordnung die Satzauflösung erfolgen müsse, und dachte damit das Rätsel zu lösen ... Vergeblich! Der Satz blieb mir ein Brief mit sieben Siegeln! Nur auswendig behielt ich ihn leicht, und so gewann ich vor mir selbst und dem Lehrer den Schein, als hätte ich ihn verstanden! ...

Mit unaussprechlichem Grauen erfüllte mich der Begriff »Arrest« und die Vorstellung von dem Arrestlokal des Gymnasiums, dessen eisenvergittertes Fenster nach dem Hofe hinausging ... Und als vollends einmal ein Mitschüler, ich weiß nicht mehr welcher Nachlässigkeit halber zu der Arreststrafe verurteilt wurde,

und zwar zu sechs Stunden, so zitterte und bebte ich am ganzen Leibe, da ich empfand, wie leicht ich eine solche grauenvolle Strafe ebenfalls verdienen könnte ... Und sechs Stunden erschienen mir wenig unter Lebensdauer, da eine Stunde Nachbleiben in der Messowschen Schule mir so fürchterlich gewesen war. Nicht wegen der Strafe selbst, aber wegen der Angst, die ich in dieser Stunde erduldet, vor dem Empfang zu Haus ... Nicht genug kann ich daher mein Schicksal preisen, daß ich niemals genötigt worden bin, diesen Ort des Schreckens zu betreten ...
Eine Schulszene aus dieser Zeit machte einen unvergeßlichen Eindruck auf mich; aber wieder einen schwankenden. Ein sehr träger Mitschüler war so gewissenlos gewesen, die Stunden oft zu versäumen, und diesen Betrug durch falsche Unterschriften in seinem Ordnungsbuche zu verdecken. Es wurde entdeckt und der Schuldige verurteilt vom Kalfaktor vor der ganzen Klasse so viele Stockschläge zu erhalten, als er falsche Unterschriften gemacht hatte, vierzehn. Eine Hinrichtung hätte mich nicht so mit innrem Grauen erfüllen können! Der Angstschweiß brach mir aus! Und diesmal nicht aus halb bösem Bewußtsein, denn in solcher Weise hatte ich mich nie vergangen. Dieser Schüler und die an ihm vollzogene Exekution haben sich bei mir völlig identifiziert. Ich sah ihn nach vielleicht zehn oder fünfzehn Jahren in einer Provinzialstadt, wo er als Beamter war, auf einem Balle wieder. Seine Züge hatten sich nicht im mindesten verändert, und ich sie so treu bewahrt, daß ich ihn auf der Stelle wiedererkannte ... (Er) stand aber mitten in dem eleganten Ball immer wieder in der traurigen Gestalt von damals vor mir, mit seinen von Angst und Körperschmerz verzerrten Zügen.

77, 78 ff.; 84 ff.

Bernburg, 1817
Moralischer Zwang und erweckte Bestialität

Die übrigen Lehrer und Kollaboratoren, die mir geringeren Eindruck hinterließen, brachten wenigstens keinen Schaden, ja ein paar von ihnen, der Kantor und der Franzose, verhalfen in entgegengesetzter Weise der Klasse erst recht zum Vollgenuß des Schülerlebens, indem sich der moralische Zwang, den die Bernburger Schule so gut wie jede andere auferlegt, an ihnen gewissermaßen bezahlt machen konnte.
Immerhin mag es einem Kantor schwer genug sein, sich auf gelehrten Schulen auch nur den notdürftigsten Respekt zu verschaffen; wenigstens hatte der unsrige nicht diese Gabe. In seinen Schreib- und Rechenstunden wurden, wenn die

Klasse sich einer Erholung bedürftig fühlte, sehr reichliche Allotria getrieben, die gegen ihn gelegentlich auch außerhalb der Schule fortgesetzt wurden ... So war es vorgekommen, daß während der Freiviertelstunde, in der die meisten Dummheiten vorkamen, ein Schüler mannshoch an der äußeren Kirchwand aufgeklettert war ... In diesem Augenblicke aber schwenkte der Herr Kantor um die Ecke. Er hatte das Klettern an der Kirche oft verboten, und ... so empfing er (den Kletterer) mit einer dreimal gepfefferten kantorhaften Ohrfeige, welche auf der Stelle erwidert wurde.

Eine derartige Erwiderung war ein Attentat, das vor den Schulsenat gehörte, aber obgleich der Frevler, anstatt relegiert zu werden, nur das Karzer zu sehen kriegte, so schien uns dieses doch wieder einer neuen Genugtuung zu bedürfen ... das Karzer war eine neue Auszeichnung, die erst abverdient werden mußte. Es ward daher beschlossen, dem Herrn Kantor dafür noch ein besonderes Promemoria angedeihen zu lassen.

Als besagter Herr sich demnächst auf der Eisbahn blicken ließ, wurde er höflichst ersucht, im Stuhlschlitten Platz zu nehmen. Dies war eine Artigkeit, die wir den beliebteren Lehrern zu erzeigen pflegten, an die jener aber nicht gewöhnt war. Er mochte daher denken, daß er wegen der Ohrfeige, die er empfangen, vollends versöhnt werden sollte, nahm die Einladung mit feinem Lächeln an, und – fort flog er, wie vom Sturm dahingerissen. Wer ihn eigentlich schob, wußte er nicht, kaum wußten wir es selbst ... So rasten wir mit ihm dahin, daß ihm und uns die Sinne fast vergingen, bis bei einer plötzlichen Wendung das leichte Fuhrwerk umschlug, und der unglückliche Insasse zehn Schritt weit auf seiner eigenen Gelegenheit fortschoß ...

Ich muß bekennen, daß, obgleich ich damals die Nachfolge Christi studierte, mir bei dieser Eisfahrt doch kein Gedanke an ein Unrecht kam ... und jedenfalls hatte ich es lediglich der Gnade Gottes zu danken, daß ich bei dieser Gelegenheit nicht zum Mörder wurde. – Mehr noch als unserem Kantor war es dem französischen Sprachmeister gegeben, die Bestialität der Klasse zu erwecken. Er war ein Naturalfranzose, ein kleiner, vertrockneter Mann mit pechschwarzen Haaren und limonenfarbenem Teint ...

46, 385 ff.

Jena, um 1820

Eine Schule aus der Reformationszeit im 19. Jahrhundert

Ich habe meinen ersten Unterricht in der Stadtschule zu Jena, wo ich geboren bin, empfangen, einer jener alten Schulen, wie sie in Folge der Reformation in vielen Städten gegründet worden sind. Die Schule befand sich im Hauptgebäude eines alten Klosters ... Die zwei ersten Schulzimmer vom Eingange aus gehörten der Mädchenschule, dann war der Gang durch eine Bretterwand mit schmalem Durchgange geschlossen. Dahinter war die Knabenschule und gleich hinter der Scheidewand das schauerliche Karzer der Knaben, bestehend aus einem kleinen Lattenkäfig, in welchem der Bestrafte den Blicken aller Vorübergehenden ausgesetzt war. Die Schule bestand aus vier Klassen ... So waren auch der Lehrer vier, Rektor, Konrektor, Tertius und Kantor. Ich kam im achten Jahr zum Kantor ... Bei meiner Einführung in die Schule überreichte mir der Kantor eine mächtige Tüte mit Konfekt, wahrscheinlich als ein symbolisches Zeichen der vom Fleiß zu erwartenden Vorteile. In dieser vierten Klasse beim Kantor wurde nichts gelernt als Lesen nach der alten Buchstabiermethode und etwas Schreiben. Das Schuldgeld war äußerst gering und wurde jeden Sonnabend von den Schülern dem Lehrer ausgehändigt ... Nach einiger Zeit kam ich zum Tertius, namens Wagner ... Es war ein alter Mann von einigen 70 Jahren ... Die Schüler, 20 bis 30, saßen zu beiden Seiten zweier großer Tafeln ... Der Unterricht bestand in Lesen, Schreiben, Rechnen, Aufsagen aus Katechismus und Gesangbuch, einen wie alle Tage ...

Wie die Schule noch manche alte Schulfeste und Gebräuche hatte, so war es auch Herkommen, daß Kantor und Tertius zu Martini von ihren Schülern eine Gans erhielten ... Die Gans, die Flügel mit einem roten Bande gebunden, wurde auf einen kleinen Wagen gesetzt und so in Begleitung der ganzen Klasse zu Wagners Wohnung gebracht ...

Unter die alten Einrichtungen der Schule gehörte auch eine Kurrente (Chorus currens), wie sie schon zu Luthers Zeit in Eisenach bestand. Denn Luther sagt irgendwo: »Verachte mir niemand die Gesellen, die vor der Tür panem propter deum sagen und den Brodreyen singen; ich bin auch ein solcher Partekenhengst gewesen und habe das Brot vor den Türen genommen, sonderlich zu Eisenach meiner lieben Stadt.« Zu einer solchen Kurrente habe ich auch mehrere Jahre bis zu meiner Konfirmation gehört. Wahrscheinlich hatte meine Stiefmutter, bewogen durch die damit verbundenen Vorteile, meine Aufnahme bewirkt. Es gehörten zur Kurrente 12 arme Schüler, die der Kantor, unter dessen spezieller Aufsicht sie stand, nach den Stimmen wählte. Wir hatten bei ihm wöchentlich eine Singstunde und waren vorzüglich dazu, die Liturgie zu singen und ihn bei der Leitung des Kirchengesangs zu unterstützen, auch waren einige andere kleine

Kirchendienste damit verbunden. Daher mußten wir alle Kirchen mitmachen, manchmal in der Woche viermal, sowie wir auch auf Verlangen mit dem Kantor die Leichen singend begleiteten. Außerdem zogen wir dreimal die Woche durch die Straßen der Stadt und sangen in und vor bestimmten Häusern nach den Zeiten des Kirchenjahres Verse aus Kirchenliedern, wofür wir einen oder einige Pfennige in eine alte Büchse aus geschmiedetem Eisen erhielten, zu welcher ein alter Schneider den Schlüssel hatte, der nach jedem Umgang dieselbe aufschloß und über den Ertrag Rechnung führte. Von den Bäckern bekamen wir Semmeln, die wir behalten durften. Außerdem bekamen wir jährlich einen neuen Rock von hellblauem, sehr grobem Tuch und Geld zu ein Paar Schuhen, einen schwarzen Mantel und Hosen mußten wir uns selbst anschaffen. Ferner erhielt jeder wöchentlich 12 bis 15 Pfennige aus dem Ertrag der Büchse und 6 Pfund Brot aus grobem Mehl. An den hohen Festtagen zogen wir singend von Haus zu Haus, und der Ertrag, der besonders zu Weihnachten nicht unbedeutend war, gehörte ganz uns.

9, **Bd. 2**, 242 ff.

Stuttgart, um 1830

Der Winterschlaf: Ein Schüler nimmt sich frei

Jenes winterliche Schleimfieber, das mir im zwölften Lebensjahr die Frühlingskur im großelterlichen Hause ... eingetragen hatte, kehrte in den sechs folgenden Jahren regelmäßig um dieselbe Zeit nur in immer leichteren Anwandlungen zurück. Die ersten acht bis vierzehn Tage waren wohl peinlich durch Kopfweh, Vomitive und andere Arzneien. Dann aber folgten behagliche Wochen der Rekonvaleszenz, in denen mir kein Finger weh tat, sondern bloß der Körper matt und stärkungsbedürftig, das Gemüt weich und menschenscheu und deshalb alles Angenehme erlaubt, beziehungsweise geboten, alles Widerwärtige und Anstrengende, namentlich der Schulbesuch und die Schularbeiten, verboten waren.

Kleine eintägige Schulfieber grassierten, beiläufig gestanden, unter uns Geschwistern schon von Kind auf. Eins um das andere fühlte von Zeit zu Zeit das Bedürfnis, sich das Vergnügen einer kleinen Unpäßlichkeit zu gönnen, und man hielt darauf, daß keins hierin gegen die anderen im Vorteil blieb. Oder war einmal eins wirklich krank, so schien um der sanften Behandlung und sorgsamen Pflege willen den übrigen sein Zustand so beneidenswert, daß man leicht genötigt sein konnte, sich selbst auf einen Tag zu legen. In der Regel mußte dazu das Kopfweh herhalten, das einem niemand ansieht und für das uns die periodische

Migräne des Vaters ein belehrendes Vorbild bot. Bei ihm waren die Schmerzen im höchsten Grade sogar mit Zuckungen und nervösen Aufschreien verbunden. Da konnte es denn auch bei uns vorkommen, daß der kleine Patient alle fünf Minuten, besonders wenn er die Mama in der Nähe wußte, krampfhaft zusammenfuhr, so daß die Bettlade zitterte. Sogar ein stoßweises Bellen brachte einst Theodor, weil es ihm zur Sache zu gehören schien, ziemlich wohlgelungen zustande. Wie die gute Mama daran glauben konnte, ist mir heute noch ein Rätsel ...

Meine Winterkrankheiten durfte ich nun aber mit gutem Gewissen genießen und konnte mich allmählich zum voraus darauf freuen. So oft die Christfeiertage mit ihren Wonnen vorüber waren und nun der eisige Januar sein strenges Gesicht vor dem Fenster zeigte, war meine Zeit vorhanden ...

Waren dann die ersten schlimmen Tage überstanden, so fing das stille Vergnügen an, und fern vom Zwang der Schule, abgeschlossen von der rauhen Außenwelt, spann ich mich in ein gemütliches Phantasieleben ein. Nach Herzenslust wurde jetzt gemalt und gelesen, geträumt und gedichtet, Schlittschuh gelaufen und spazieren gegangen; denn das alles war teils erlaubt, teils verordnet ...

Mit den langen Winternächten nahm auch mein Winterschlaf sein Ende. Wenn gegen Ende Februar das Eis brach, dann taute auch ich wieder auf; wie ein Vogel nach der Mauser fühlte ich wieder frische Schwingen und prüfte meine Kehle zum Gesang. Ich faßte mir ein Herz und ging wieder zur Schule, und merkwürdig – ich weiß nicht, soll ich's meinem Kopf zum Lob oder dem Schulunterrichte zum Tadel nachsagen: ich konnte sofort mit den andern weitermachen und meinen Platz in der ersten Bank behaupten, als hätte ich keine Stunde versäumt ... gleich als hätte die betreffende Maschine im geistigen Organismus derweil ohne Aufsicht für sich fortgearbeitet. Ein Beitrag zur Philosophie des Unbewußten, möchte ich sagen, wenn es nicht klar wäre: der durch zeitweise Ruhe ... gekräftigte Kopf nimmt auch die solang beiseite gesetzte Tätigkeit mit erhöhter Energie und Gewandtheit wieder auf.

27, 160ff,; 167f.

Berlin, 1838
Heyse kommt in Tee

Als ich acht Jahre alt geworden war, kam ich auf das Friedrich-Wilhelms-Gymnasium. Hier sollte ich sogleich erfahren, daß man in der Schule des Hauses, zumal eines so liebevollen wie mein Elternhaus, manches nicht lernt, was man im Leben, und wär's nur das Zusammenleben mit kleinen, oft nichtnutzigen Schulkameraden, nicht ohne Schaden entbehren kann ...

Ich war durch den Unterricht meines Vaters und meines vortrefflichen Hauslehrers Valentin Kutscheit – er hat einen damals sehr gelobten Atlas der Alten Welt herausgegeben – für die Sexta mehr als genügend vorbereitet, im Latein eigentlich schon für Quinta reif ... Da ich nun meine Schulaufgaben zu Hause aufs gewissenhafteste machte und in den Schulstunden mit einer Art Andacht zu den Lehrern aufblickte, konnte es nicht fehlen, daß ich für einen Musterschüler galt und meinen Kameraden, die eine schlechte Zensur ohne sonderliche Gewissensbisse hinnahmen, als Vorbild hingestellt wurde. Das hätten sie mir nun wohl verziehen, wenn ich mich im übrigen kameradschaftlich betragen und auch in den Raufereien auf dem Schulhof und bei den Possen, die gewissen wehrlosen Lehrern gespielt wurden danach getrachtet hätte, »Immer der Erste zu sein und vorzustreben den Andern«. Das aber konnte mir nicht in den Sinn kommen, da für mich ein Lehrer eine geheiligte Person und das Balgen in den Zwischenstunden und auf der Schule verboten war. Ja, schlimmer als das: Ich war von meinen Eltern zur unbedingten Wahrhaftigkeit angehalten worden und glaubte nun auch, wenn nach irgendeinem mutwilligen Streich ein Verhör angestellt wurde, um den Täter oder Rädelsführer zu ermitteln, verpflichtet zu sein, alles, was ich wußte, auszusagen, ohne in meiner blöden Unschuld ein Gefühl dafür zu haben, wie verächtlich die Rolle eines Denunzianten in den Augen aller tapferen Schelme ist, die lieber unschuldig büßen, als gute Freunde einer noch so wohlverdienten Strafe zu überliefern.

So konnte es nicht fehlen, daß ich meinen Kameraden immer widerwärtiger und verhaßter ward, je mehr ich bei unseren Lehrern »in Tee kam«, – (ein Ausdruck, der wohl daher stammt, daß Lieblingsschüler von ihren Lehrern dann und wann abends in ihr Haus geladen wurden). Ich selbst, durch meine Überlegenheit als kleiner Tugendbold verblendet, achtete nicht auf die sich mehrenden Zeichen der Abneigung, die ich hervorrief. Ich hielt es sogar für Unrecht, schwächeren Kameraden bei ihren Aufgaben zu helfen, oder gar eine Arbeit von ihnen abschreiben zu lassen, da die Lehrer dadurch betrogen worden wären ...

Daß so ein kleiner Heiliger zu Schaden kommt, wenn er es verschmäht, mit den Wölfen zu heulen, sollte mir auf eine beschämend lächerliche Weise klargemacht werden.

Ich saß, wenn ich nicht irre, in der Quinta, als das Reformationsfest gefeiert wurde. Alle Schulen hatten bronzene Medaillen zur Erinnerung an das Fest erhalten, die in der Art verteilt werden sollten, daß auf jede Klasse nur eine kam, über deren Verleihung an den besten Schüler die ganze Klasse abzustimmen hatte.
Als unser Oberlehrer die Stimmzettel ablas, die wir ihm eingereicht hatten, und auf jedem, außer meinem eigenen, mein Name stand, lief ein dumpfes Murren durch die Reihen der Bänke. Wie aber auch der letzte verlesen war, wieder mit meinem Namen, und der Lehrer erklärte: »So hat also Heyse einstimmig die Medaille erhalten« –, da brauste wie ein wahrer Sturm durch das Klassenzimmer der ebenso einstimmige Ruf: »Heyse nich! Heyse nich! Heyse nich!« Statt mich meines Erfolges zu freuen, saß ich auf meinem Primussitze wie ein armer Sünder, der zu Pranger und Staupe verurteilt wird, kalter Schweiß trat mir auf die Stirn, auch in dem Lächeln des Lehrers glaubte ich meine Schande zu lesen, als er sagte: »Ihr seid wunderliche Jungen. Warum habt ihr ihm denn die Medaille zuerkannt, wenn ihr sie ihm nicht gönnt? Nun muß es einmal dabei bleiben.«
... Von dieser Stunde datierte eine gründliche Reformation meiner Weltanschauung vom Standpunkt des Schülergewissens aus. Ich nahm eine entschlossene Trennung meiner häuslichen von meiner Gymnasiastenmoral vor und ließ es mir angelegen sein, mich mehr nach unten als nach oben beliebt zu machen.

39, 26ff.

Schulpforta, um 1845
Begraben und Ersäufen des Examenmannes

Die Versetzung, die jetzt, nachdem sich Schulpforta den mit der neuen Schulreform in Kraft getretenen Bestimmungen hat fügen müssen, in der Regel eine jährliche ist, war damals noch eine halbjährliche, und jeder suchte in den letzten Wochen alles aufzubieten, um die etwaigen Lücken auszufüllen, die seine Versetzung noch zweifelhaft erscheinen ließen, oder um durch die umfangreichen Prüfungsarbeiten, die bei jedem Semesterschluß üblich waren, frühere Versäumnisse auszugleichen und gutzumachen. Den ersteren waren anderthalb Wochen ausschließlich gewidmet. Sie begannen mit der sogenannten kleinen Elaborierwoche, in welcher drei Tage den mathematischen Aufgaben, einen deutschen Aufsatz und den Arbeiten im Französischen gewidmet. Die darauffolgende große Elaborierwoche war ausschließlich für die Anfertigung der lateinischen und griechischen Prüfungsarbeiten bestimmt. An allen diesen Tagen wurde des Vormittags fünf, des Nachmittags vier Stunden mit ganz kurzen Unterbrechungen stramm gearbeitet. Doch genügte diese Zeit den meisten nicht; man stand eine oder wohl auch zwei Stunden vor dem Wecken auf, und die Schüler der oberen Klassen arbeiteten ununterbrochen bis spät abends ...

Nach den großen Anstrengungen der Elaborierwoche durfte am Schlusse derselben auch der jugendliche Übermut austoben. Es geschah dies durch das feierliche Begraben des Examenmannes. Eine Strohpuppe wurde angekleidet und unter fürchterlichster Katzenmusik von dem gesamten Cötus im Kreuzgang herumgetragen. Was nur an lärmenden Instrumenten aufzutreiben war, schrillende Pfeifen, Violinen, Flöten, Pauken, Vogelknarren, blecherne Deckel, Hausglocken, wurde herbeigesucht, um den betäubenden Lärm zu veranstalten. So ging es mit wüstem Geheul durch die Kreuzgänge in den Primanergarten, wo der Examenmann unter der inmitten desselben befindlichen großen Kastanie aufgestellt wurde, während ein Primaner auf denselben eine humoristische Grabrede hielt, in welcher die Nöte und Ängste des Examens geschildert wurden. Dann stimmte der ganze Chor mit furchtbarem Geheul das Lied an: »Vater Abraham war gestorben« usw. Zufällig lag die Wohnung des ... Professors Jacob unmittelbar am Primanergarten, und es gehörte zum besonderen Ulk des Examensmannes, daß in dem auf die Frage: »Wer hat ihn denn begraben?« folgenden Refrain:

»Der erste der hieß Isaak,
der zweite der hieß Jacob«

das Ja-Ja-Ja-cob-cob-cob mit ganz besonderem Juchhe ausgeführt wurde. Nach Absingen dieses Liedes bewegte sich der Zug unter Wiederaufnahme der Katzenmusik mit womöglich noch gesteigertem Brüllen und Lärmen zur Hintertür des Schulhauses hinaus über den ganzen Schulhof hinweg bis zum Mühlenteich, in welchem der Examenmann feierlich ersäuft wurde. Zum Schluß gab es dann noch eine ergötzliche Szene. Die Küchenjungen oder, wie wir sie nannten, die »Küchenpietze«, welche im Speisesaal aufwarteten, pflegten sich um die meist noch ganz brauchbaren Kleider der Strohpuppe zu reißen. Mit Rechen und Harken bewaffnet, warteten sie schon am Ufer, um sie aufzufischen. Es kam wohl auch vor, daß sie sich in die Fluten stürzten und im Wasser um die Beute stritten, die jeder zu machen suchte.

Die Sitte des Examenmannes hat sich trotz mancher Versuche, die schon in früheren Zeiten zu ihrer Beseitigung gemacht worden sind, immer wieder erhalten. Selbst dem durch seine strenge Zucht bekannten Rektor Ilgen wollte es nicht gelingen sie auszurotten. Mit einem quos ego war er einst unter die brüllende Bande gestürzt und hatte mit seiner Tenorstimme den Lärm zum Schweigen gebracht. Aber wenn er es auch für kurze Zeit durchzusetzen vermocht hat, daß der Examenmann verboten wurde, so ist er doch unter seinem Nachfolger bald wieder erstanden.

80, 113 ff.

Königsberg, 1873 ff.

Geist des Jahrhunderts in der Volksschule

Den ersten Schulgang hatte ich sechsjährig an der Hand meines ältesten Bruders gewagt. Unsere Volksschule umfaßte acht Klassen. Die einzelnen Klassen waren überfüllt; manche zählten 80, ja 100 Schüler. Da konnten die Lehrer ihre Zöglinge unmöglich ganz in der Hand haben. Meiner Lehrer denke ich noch heute in dankbarer Verehrung, mit Ausnahme eines Trunkenboldes, der uns Kinder der Armen »Vagabunden« schimpfte und sinnlos verprügelte.
Unterrichtsmittel und Lehrverfahren konnten den Umständen nach als gut betrachtet werden. Aber die Erziehung war ein Hohn auf den Geist des Jahrhunderts. Mit Stock, Rohr, Peitsche, Hand, Faust und Fuß ward auf allen Teilen des Schülerleibes herumgearbeitet. Sogar eine richtige Prügelmaschine stand im Gebrauch ...
Diese Schultyrannei zeugt eine heillose Furcht. Manche Kinder mußten zur Schule geschleppt werden, mit Stricken gebunden, andere rissen aus, streiften tage-, ja wochenlang in der Freiheit umher, schliefen Sommer über bei Mutter Grün, während des Winters in Schuppen, mausten Obst und Feldfrüchte oder bettelten.
Eines meiner peinlichsten Schulabenteuer ist folgendes: Als ich in der fünften Klasse saß, waren wir eines Abends mit Hausarbeit überladen, und ich bat meine ältere Schwester Sophie, mir bei der Schreibaufgabe zu helfen. Das Heft wurde vom Lehrer nachgesehen. Er merkte die fremde Schrift, rief mich aus der Bank und fragte, wer das geschrieben habe.
»Ich habe es geschrieben.«
Er wiederholte die Frage. Ich blieb bei meiner Behauptung. Nun durfte ich meinen Platz wieder einnehmen; ein Schüler aber mußte meine Schwester aus dem anstoßenden Flügel herbeiholen. Sophie kam, gefolgt von ihrem Lehrer. Sie gab sofort ihre Mithilfe zu. Sie erhielt dafür eine Ohrfeige und ward vor der Knabenklasse ausgeschimpft ... Ich selber wurde, wie rechtens, von meinem Lehrer mit dem Rohr gestraft. Damit schien die Sache erledigt. Aber am Schluß des Halbjahres wurde ich nicht versetzt, trotzdem minder begabte und minder fleißige Schüler steigen durften.

Ein Lehrer sollte keinem Kinde was nachtragen ... Hätte er mich, statt vor der ganzen Klasse, unter vier Augen zur Rede gestellt, gewiß würde ich ihm die Wahrheit bekannt haben. So trieb er mich zum Leugnen, denn ein Knabe will ja nicht als Feigling vor der Klasse stehen; er glaubt vielmehr als Held zu tun, wenn er bei seiner Lüge verharrt.
Wohl ist der Schulzwang eine bedeutende Kulturtat. Aber die Schule bringt durch solche erzieherischen Pferdekuren die Kinder oft in große Verwirrung mit sich selbst, wobei sie an Aufrichtigkeit, Selbstvertrauen, Selbstachtung sehr vieles einbüßen ...
Meine Lieblingsfächer in der Volksschule waren Erdkunde, Natur- und Weltgeschichte; meine Lieblingsübung der freie deutsche Aufsatz ... Der Religionsunterricht war nicht ganz nach meinem Geschmack. Meine Mutter war fromm. Sie las gerne laut aus der Bibel vor. Wir Kinder nahmen, wie das nicht anders möglich ist, die Anschauungen der Eltern ohne weiteres hin. In der Schule aber ward uns des Guten etwas zu viel zugemutet. Vor allem das wörtliche Auswendiglernen ganzer Bibelkapitel und einer Unmasse Gesangbuchslieder langweilte! Himmel, was hagelte da nicht alles an Schlägen in unsere Reihen hinein! Ich schlüpfte im Ganzen noch ziemlich glatt durch. Dafür plagte ich mir aber oft noch während des Schulganges den Kopf, betrat die Klasse mit fiebriger Stirn und saß wie erlöst, wenn ich das im Augenblick für den Augenblick Gelernte zur rechten Zeit herunterleiern konnte.

8, 15 ff.

6.

Von der Lesewut und anderen Übungen des Autodidakten

Wilhelm von Kobell, Lesender Knabe (1795) Aus: L. Grote, Hrsg., Wilhelm von Kobell. München 1966

Kommentar

Kolberg, um 1746 ff.	Zielstrebigkeit eines künftigen Seefahrers
Frankfurt/Oder, 1749 ff.	Die Liebe zu Wissenschaften und Kenntnissen
Mirz, 1761	Ein Siebenjähriger studiert die Astronomie
Berlin, um 1802	Mußestunden des jungen Goldarbeiters
Balve, 1803–1819	Vorbildung eines Elementarlehrers
Darmstadt, um 1818	Der Lehrkurs eines Autodidakten
Eichtersheim, um 1859	Lese- und Lernwut eines Apothekerlehrlings auf dem Lande
Halle, 1870 ff.	Zwei Naturforscher im Halleschen Waisenhaus

Kommentar

Das selbstbestimmte Lernen von Kindern hat seinen Platz in gesellschaftlichen Verhältnissen, in denen Lehren und Lernen noch nicht von der Schule monopolisiert worden ist. Wer sich im 18. und im 19. Jahrhundert für die Naturwissenschaften, die Mechanik, die Chemie, Biologie oder Zoologie oder moderne Sprachen interessierte, war auf Privatunterricht angewiesen oder mußte sich selbst weiterhelfen, mit den Hilfsmitteln, die er sich beschaffen konnte. Die von Kindern, auch und gerade in drückenden Verhältnissen (aus einleuchtenden Gründen stellen sie das Gros der Autodidakten) bewiesene Tatkraft bei der Verfolgung ihrer intellektuellen Leidenschaften, ihr Einfallsreichtum und ihre Ausdauer machen staunen.

Das wichtigste Bildungsmittel des Autodidakten ist das Buch, und zwar das Buch, das zwischen dem erwachsenen und dem kindlichen Fassungsvermögen keinen Unterschied macht. Bücher sind teuer und rar, oft ist man auf veraltete angewiesen, und keine Didaktik baut Brücken zum Verständnis. Die kindgemäße Version aller Tatsachen und Ereignisse ist noch nicht erfunden; die moralisierende Kinderliteratur, die Unterhaltung und Belehrung verbindet, haben die Philanthropen zwar im letzten Viertel des 18. Jahrhunderts entwickelt und sie nimmt an Umfang schnell zu, sie findet sich in den ländlichen, aber auch städtischen Kleinbürgerfamilien jedoch immer nur in einzelnen Exemplaren vor. Hermann Sudermann (1857–1928) lernt zwar noch mit Weißes »Kinderfreund« (zuerst 1775–1782) lesen – von der Mutter ermuntert, also nicht in der Schule, was übrigens sehr oft berichtet wird –, dann ist er jedoch zur Befriedigung seiner Leselust auf die ersten Jahrgänge der »Gartenlaube« (1853 ff.) angewiesen, die sich auf dem Dachboden des Elternhauses anfinden.

Was bestimmt ein Kind zum Autodidakten? Ein wichtiges Moment liegt im Ehrgeiz, einer Art Oppositionsgeist gegen das Herkommen, die Familie und ihr Handwerk, eine Empfindung des Ungenügens und der Unzufriedenheit, die häufig von der Mutter auf ein (männliches) Kind übertragen wird, schon gar wenn die Ehe nicht glücklich oder die Frau früh Witwe geworden ist. Öfter finden sich bei solchen Kindern auch Stücke des Familienromans, Phantasien einer adligen oder exotischen Abkunft. Angeregt von der Kenntnis einer italienischen Weinstube und dem Gerücht, seine Vorfahren seien aus Italien nach Thüringen gekommen, fängt Heinrich Leo (1799–1878) als etwa Zehnjähriger an, Italienisch zu lernen.

Neben die individuellen psychologischen Voraussetzungen müssen aber noch andere treten, damit der Autodidakt Erfolg hat und nicht nur als altkluges Kind bestaunt oder gar aus pädagogischen Gründen behindert wird. Wer lernen will, wird bewundert oder jedenfalls von denen, die gelehrt sind, ohne Herablassung, eher kollegial behandelt, auch wenn er ein Kind ist. Niemand mischt sich ein, als der neunjährige Rudolf von Gottschall (1823–1909) in der Koblenzer Brigadebibliothek das Studium der Kriegswissenschaft beginnt; niemand kommt auf den Einfall, den dreizehnjährigen Gymnasiasten Gottfried Knapp (1842–1926) ins Bett zu schicken, wenn am Samstag sich Gelehrte um seinen Pensionsvater Moriz Carrière versammeln. Das ist der Vorteil des jahrhundertelangen Ausschlusses aller Entwicklungspsychologie (die es ja auch nur als grobes Klassifikationsschema gab) aus Unterricht, Schule und Gelehrsamkeit. Es zählte die Absicht, es zählte, was man wußte, nicht wann, wo und wie man etwas gelernt hatte. Die Bildungskarriere verlief individuell und wurde nicht einer für alle geregelten Schullaufbahn mit der entsprechenden Hierarchie des Alters untergeordnet. Georg Gottfried Gervinus (1805–1871) lernt daheim lesen, kommt daher erst mit acht Jahren in die Darmstädter Stadtschule, durchläuft deren zwei Klassen in einem Jahr, verbringt ein weiteres halbes in der Vorbereitungsschule und tritt dann ins Gymnasium ein, das er aus Abscheu vor dem Zwang der Schule und mit der Hoffnung auf eine Dichterlaufbahn verläßt (nach der Konfirmation), um eine Kaufmannslehre zu beginnen; mit 19 Jahren holt er den Schulabschluß doch noch nach und bezieht die Universität. Solche Bildungskarrieren waren im 19. Jahrhundert noch nicht selten, auch wenn der Sieg des immer besser organisierten Schulwesens und des mit diesem Sieg ausgearbeiteten Berechtigungswesens sie allmählich unmöglich machte.

Literatur:

R. Meyer, Das Berechtigungswesen in seiner Bedeutung für Schule und Gesellschaft im 19. Jahrhundert. In: Zeitschrift f. d. gesamte Staatswissenschaft 124, 1968

Kolberg, um 1746 ff.
Zielstrebigkeit eines künftigen Seefahrers

Bei all diesen Spielereien ward ... die Schule versäumt; ich hatte weder Lust noch Zeit dazu. Wenn meine Großmutter meinte, ich säße fleißig auf der Schulbank, so schiffte ich in Rinnsteinen und Teichen, oder ich verkehrte mit meinen Tauben; und das machte mir so viel zu schaffen, daß ich weder bei Tag noch bei Nacht davon ruhen konnte ... Einigen Vorschub zu diesen Possen tat mir Pate Runge, der nicht Frau noch Kinder hatte, mich sehr liebte und sich viel mit mir abgab. Endlich aber nahm er mich einmal etwas ernsthafter ins Verhör ... und gab mir zu bedenken, daß, wenn ich Schiffer werden wollte, so müßte ich auch fleißig in die Schule gehen, eine firme Hand schreiben und gut rechnen lernen, sonst dürfte ich nie an so was denken. Mir fuhr das gewaltig ins Herz. Ich sann nach, was denn wohl von meinem jetzigen Tun und Treiben abgestellt werden müßte. Was anders als meine Tauben, die mir so viel Zeit kosteten! ... Ich mußte meine lieben Tierchen fahrenlassen ...

So war ich also meine Tauben los, und nun kriegt ich einen so brennenden Trieb zur Schule, daß mich die Lernbegierde auf Schritt und Tritt verfolgte. Ich wollte und mußte ja Schiffer werden! Auch alle meine Christgeschenke, woran es meine Herren Paten nicht fehlen ließen, hatten immer eine Beziehung auf die Schifferschaft. Bald war es ein runder holländischer Matrosenhut, bald lange Schifferhosen, bald Pfefferkuchen, als Schiffer geformt. So mochte es in meinem achten Jahre sein, als Pate Lorenz Runge mir unter anderen Weihnachtsbescherungen auch eine Anweisung zur Steuermannkunst in holländischer Sprache verehrte. Dies Buch machte meine Phantasie so rege, daß ich Tag und Nacht darin studierte, bis mein Vater ein Einsehen hatte und mir bei dem Schiffer Neymann zwei wöchentliche Unterrichtstage in jener edlen Kunst ausmachte. Dagegen blieben die andern vier Tage noch zum Schreiben und Rechnen bei einem geschickten Lehrer, namens Schütz. Ein Jahr später aber ward die Steuermannskunst die Hauptsache.

Mein Eifer für diese Sache ging so weit, daß ich im Winter oftmals bei strenger Kälte, wenn des Nachts klarer Himmel war, während meine Eltern mich im Bett glaubten, heimlich auf den Wall und die Hohe Katze ging, mit meinen Instrumenten die Entfernung der mir bekannten Sterne vom Horizont oder vom Zenit maß und danach die Polhöhe berechnete. Wenn ich dann des Morgens erfroren nach Hause kam, verwunderte sich alles über mich und erklärte mich für einen überstudierten Narren. Schlimmer aber war es, daß man mich nun des Abends sorgfältiger bewachte; doch suchte und fand ich oftmals Gelegenheit, auf meine Sternwarte zu kommen, was mir aber, wenn ich mich morgens wieder einstellte, von meinem Vater manche schwere Ohrfeige einbrachte.

Ähnlicher Lohn ward mir auch sonst noch für ähnlichen Eifer. Zu oft hatte ich gehört, daß ein Seemann vor allen Dingen klettern lernen müsse, um die Masten bei Tag und Nacht zu besteigen, als daß ich nicht hätte begierig werden sollen, mich darin beizeiten zu üben. Hierzu fand sich erwünschte Gelegenheit durch die Bekanntschaft mit dem Sohn des Glöckners. Er war in meinen Jahren ... und wollte auch Schiffer werden. Mit diesem machte ich mich, außer der Schulzeit, auf den Boden der großen Kirche in das Sparrenwerk und die Balkenverbindungen bis hoch unter das kupferne Dach hinauf ... Auch in der Spitze des Turmes krochen wir in dem inwendigen Holzverbande hinauf ...
Bald genügte es uns nicht, im Innern uns von Balken zu Balken zu schwingen; es sollte auch außerhalb des Gebäudes geklettert werden. Wir stiegen bei den Glocken aus den Luken auf das Gerüst, von da auf den First des kupfernen Kirchendaches, und indem wir darauf wie auf einem Pferde ritten, rutschten wir längshin vom Turme bis an den Giebel und auf gleiche Weise wieder zurück. Ein paar hundert Zuschauer gafften zu unserer großen Freude nach uns beiden jungen Waghälsen in die Höhe. Aber auch mein Vater war darunter gewesen, und so konnte es nicht fehlen, daß mich bei meiner Heimkunft für die Heldentat eine derbe Tracht Schläge erwartete. Die Lust zu einem wiederholten Versuche war mir aber damit nicht ausgetrieben worden. Ich lauerte es nur ab, daß mein Vater verreist war ...
Endlich, da ich etwa elf Jahre alt sein mochte, sollte es, zu meiner unsäglichen Freude, Ernst mit meiner künftigen Bestimmung werden. Meines Vaters Bruder nahm mich auf sein Schiff, die »Susanna«, als Kajütenwächter, und so ging meine erste Ausflucht nach Amsterdam. Hier sah ich nun eine Menge großer Schiffe auf dem Y vor Anker liegen, die nach Ost- und Westindien gehen sollten. Täglich ward auf ihnen mit Trommeln, Pauken und Trompeten musiziert oder mit Kanonen geschossen. Das machte mir das Herz weit. Ich dachte: »Wer doch auf so einem Schiff fahren könnte!« – und das ging mir nun um so viel mehr im Kopfe herum, als es unter all unsern Schiffsleuten für einen Glaubensartikel galt, daß, wer nicht von Holland aus auf dergleichen Schiffe gefahren wäre, auch für keinen rechtschaffenen Seemann gelten könnte ... Ich gestand meinem Oheim, wie gern ich an Bord eines solchen ansehnlichen Ostindienfahrers sein und die Reise mitmachen möchte. Er gab mir immer die einzige Antwort ... daß ich nicht klug im Kopf sein müßte. Endlich aber ward der Wunsch in mir zu mächtig ... In einer Nacht, zwei Tage vor unserer beabsichtigten Abreise, schlüpfte ich heimlich in unsere angehängte Jolle – ganz wie ich ging und stand ...

63, 4 ff.

FRANKFURT A. D. ODER, 1749 ff.
Die Liebe zu Wissenschaften und Kenntnissen

Die sphärische Trigonometrie war noch nicht ganz geendigt, als ich die Schule und meinen vortrefflichen Lehrer verlassen mußte. Dies war für mich ein unbeschreiblicher Kummer. Ich ging im Jahre 1749 nach Frankfurt a. d. Oder, um die Buchhandlung zu lernen. Anstatt der wissenschaftlichen Übungen, wovon mein jugendlicher Geist ganz erfüllt war, ward ich zu trocknen und zum Teil beschwerlichen Geschäften angehalten. Das Beste war, daß in dieser kleinen Buchhandlung die Geschäfte, außer den Messen, oft kaum den halben Tag wegnahmen. Mein Lehrherr, welchen meine Zeichnungen, die ich schlecht genug machte, und meine mathematischen Figuren, deren Bedeutung ich ihm erklären mußte, in Verwunderung setzten, erlaubte mir, die in der Handlung nicht nötige Zeit zu meinem Studieren anzuwenden; und so war oft die Hälfte des Tages mein. Übrigens war ich etwas karg gehalten, ungeachtet mein Vater Pension für mich bezahlte ... Mein Vater hatte den Grundsatz, ein junger Mensch müsse so spät als möglich Geld in die Hände bekommen, weil die Jugend nicht damit umzugehen wisse, daher gestand er mir kein Taschengeld zu, aber an meinem Geburtstage, oder sonst bei einer solchen Gelegenheit, meldete er mir, daß er einen alten Dukaten in meine Sparbüchse gesteckt habe ... Auf mich hatte die Frugalität, in der ich erzogen ward, das frühe Gewöhnen mich in äußerliche Umstände zu schicken, so widrig sie auch schienen, die frühe Notwendigkeit mir selbst zu helfen so gut ich konnte, die beste Wirkung gehabt ... Die Liebe zu Wissenschaften und Kenntnissen erhielt mich beständig froh und guten Muts bei allen Ungemächlichkeiten. In dem kleinen Hause meines Lehrherrn konnte ich mich im Winter in keinem andern gewärmten Zimmer aufhalten, als in der Kinderstube, wo die kleinen Kinder mit der Wärterin waren, auch erhielt ich abends kein besonderes Licht. Im Buchladen ward weder ein Zimmer geheizt noch ein Licht angezündet, wir gingen im Winter nach Hause, sobald die Sonne unterging. Ich erhielt, daß mir anstatt des Frühstücks täglich ein Dreier gereicht ward; ich versagte mir das Frühstück, damit ich eine Lampe, Öl, Papier und einige wenige Bücher anschaffen konnte. So saß ich im Winter des Morgens sehr früh und oft bis spät in die Nacht in meiner kalten Schlafkammer bei meinen Büchern, vergnügter wie ein König. Im Winter legte ich mich anfänglich, der Kälte wegen, ins Bette um zu studieren. So hätte ich einmal leicht das Haus anzünden können, als ich im Bette die Nacht durch studierte und einschlief ... Damals lehrte zu Frankfurt Alexander Gottlieb Baumgarten die Philosophie und hieß ein weltberühmter Mann. Ich beneidete die Studenten, welche das Glück hatten ihn zu hören, und wenn ich konnte, schlich ich mich vor die verschlossene Tür, um einige Worte aufzufangen ... Ich machte Bekanntschaft mit verschiedenen fleißigen Zühörern dieses berühmten Lehrers der Philosophie; unter ihnen war Patzke, welcher nachher als Prediger in Magdeburg gestorben ist. Der lieh mir seine nachgeschriebenen Hefte von Baumgartens Vorlesungen ... Ich studierte diese Hefte sehr aufmerksam ... ich schrieb viel davon ab und erholte mich mündlich weiter Rats bei Patzke und seinen Freunden. In kurzem entstanden daraus Disputationen über metaphysische und ontologische Sätze, es versteht sich, alles in syllogistischer Form und lateinisch, so gut es werden wollte. Ich machte gewöhnlich den Opponenten, weil mir Zweifeln damals schon der Weg zur Wahrheit schien.

64, 25 ff.

MIRZ, 1761
Ein Siebenjähriger studiert die Astronomie

Mein Vater hatte in seiner Studierstube einen Schrank mit Büchern stehen, er verbot mir zwar, alle anderen Bücher außer dem Talmud zu lesen. Aber es half nichts. Da mein Vater die mehrste Zeit mit häuslichen Angelegenheiten beschäftigt war, so machte ich mir diese Zeit zunutze. Aus Neugierde machte ich mich über den Schrank her, blätterte alle Bücher durch, und da ich schon ziemlich Hebräisch verstand, fand ich an einigen derselben mehr Behagen als an dem Talmud.
Dies ging auch ganz natürlich zu. Man vergleiche die trockenen, einem Kinde meist unverständlichen Gegenstände des Talmuds ... die Gesetze der Opfer, der Reinigung, der verbotenen Feiertage usw., worin die seltsamsten rabbinischen Grillen mit der feinsten Dialektik, und die abgeschmacktesten Untersuchungen mit der höchsten Anstrengung der Geisteskräfte in vielen Bänden durchgeführt werden. Zum Beispiel wieviel weiße Haare die rote Kuh haben kann und doch eine rote Kuh bleibt? ... Ob der Hohepriester das Hemd und nachher die Hose oder umgekehrt angezogen hat? ... Man vergleiche, sage ich, diese herrlichen Gerichte, die man der Jugend auftischt und bis zum Ekel aufdringt, mit Geschichte, wo natürliche Begebenheiten auf eine lehrreiche und angenehme Art vorgetragen werden, mit Kenntnis des Weltbaues, wodurch die Aussichten in der Natur erweitert und das große Ganze in ein wohlgeordnetes System gebracht wird ...
Die vorzüglichsten darunter waren: eine hebräische Chronik (unter dem Titel: Zemach David, von einem gescheiten Oberrabbiner in Prag, namens Rabbi David Gans abgefaßt, der auch der Verfasser des astronomischen Buches ist, wovon in Folge gesprochen wird, und der die Ehre hatte, mit Tycho Brahe bekannt zu sein ...); ein Josephus, der, wie man aus gewissen Gründen beweisen kann,

untergeschoben ist; eine Geschichte der Verfolgung der Juden in Spanien und Portugal, und was mich am stärksten an sich zog, ein astronomisches Buch. Hier öffnete sich mir eine neue Welt, ich machte mich also mit dem größten Fleiße darüber. Man denke sich ein Kind von ungefähr sieben Jahren, das noch nie von den ersten Elementen der Mathematik etwas gesehen oder gehört hat, dem ein astronomisches Buch in den Wurf kommt und seine Aufmerksamkeit auf sich zieht, worüber ihm aber niemand Anweisung geben kann ... wie muß dieses seinen nach Wissenschaften schmachtenden Geist nicht entflammt haben! Dieses zeigt auch der Erfolg.

Da ich noch ein Kind war und die Betten in meines Vaters Hause sehr rar waren, so war es mir erlaubt, mit meiner alten Großmutter (deren Bette in gedachter Studierstube stand) in einem Bette zu schlafen. Und da ich den Tag über bloß mit dem Studium des Talmuds mich abgeben mußte und kein anderes Buch in die Hand nehmen durfte, so bestimmte ich die Abende zu meinen astronomischen Betrachtungen.

Nachdem also die Großmutter zu Bette gegangen war, steckte ich mir frisches Kienholz an, machte mich über den Schrank her und holte mein mir geliebtes astronomisches Buch hervor. Die Großmutter schalt mich zwar deswegen, weil es der alten Frau zu kalt war, um allein im Bette zu liegen, aber ich kehrte mich nicht daran und setzte mein Studium so lange fort, bis das Kienholz ausgebrannt war.

Nachdem ich dieses einige Abende getrieben hatte, kam ich endlich zu der Vorstellung von dem Himmelsglobus und seinen zur Erklärung der astronomischen Erscheinungen erdichteten Zirkeln. Dieses war im Buche durch eine einzige Figur vorgestellt, wobei der Verfasser dem Leser den guten Rat gab, daß er zur besseren Verständlichkeit ... sich entweder einen ordentlichen Globus oder eine Sphära armillaris verfertigen solle. Ich faßte also den Vorsatz, eine solche Sphära armillaris aus geflochtenen Ruten zu verfertigen; nachdem ich diese Arbeit zu Ende gebracht hatte, war ich imstande, das ganze Buch zu fassen ... Meine Großmutter, die verschiedenemal bemerkt hatte, daß ich ganz im Lesen vertieft sei und dann und wann auf aus Ruten geflochtene kreuzweise aufeinandergelegte Kreise meinen Blick richtete, geriet hierüber in den größten Schreck; sie glaubte nicht anders, als daß ihr Enkel närrisch geworden sei. Sie unterließ also nicht, meinen Vater ... zu benachrichtigen ... Er schalt ... zwar auf mich, daß ich sein Verbot, mich mit etwas anderem außer dem Talmud abzugeben, übertreten habe, freute sich aber doch innerlich, daß sein junger Sohn, ohne einen Anführer und Vorkenntnis zu haben, von sich selbst ein ganzes Werk von einer Wissenschaft habe durcharbeiten können ...

55, 17ff.

Berlin, um 1802
Mußestunden des jungen Goldarbeiters

Ich lebte immer noch sehr einsam und hatte niemanden gefunden, an den ich mich anschließen mochte. Es waren nur die Kinder meines Oheims, mit denen ich mich beschäftigen konnte, wenn ich nicht allein bleiben wollte, und ich spielte gern mit ihnen. Ich machte ihnen Kunststückchen vor; denn ich hatte einige Bände von Wieglebs natürlicher Magie gelesen ...
Des Sonntags aber saß ich am liebsten einsam auf dem Hausboden, durch dessen Luken die Sonne schien; dann wirbelten in dem Lichtstreifen Sonnenstäubchen umher, während die Spinnweben in den Farben des Regenbogens die Fäden schimmern ließen ... Ich fühlte, daß ich für meine historischen Kenntnisse mehr tun müßte. Zu dem Ende begann ich Briefe an meine Schwester, in welchen ich ihr die deutsche Geschichte nach meiner Weise erzählte. Als Materialien benutzte ich Schröckhs Weltgeschichte für Kinder, Russels Geschichte von Europa, einige Taschenkalender und ein paar Bücher, die mir nicht mehr erinnerlich sind. Ich schrieb auf diese Weise im Laufe einiger Jahre in mir sehr angenehmen und lehrreichen Stunden 52 enggeschriebene Bogen zusammen, ohne zu Ende zu kommen, weil die Verhältnisse mich aufzuhören nötigten, und schickte sie unvollendet meiner Schwester, die wohl einen Schreck über das dicke Manuskript bekommen haben mag ...
Des Abends nach der Arbeit trieb ich Mathematik. Ich hatte mir von einem Antiquar ein mathematisches Lehrbuch für Offiziere gekauft, das ich nun durchstudierte, und dadurch den ersten Grund zur Algebra legte; weshalb, wußte ich nicht; denn es trieb mich unbewußt dazu, und ich hatte keinen Zweck, als mir selber zu genügen. Mein Oheim las inzwischen in demselben Zimmer Romane vor, und ich mußte mich gewöhnen, mich dadurch nicht stören zu lassen und nicht darauf zu hören. Oft habe ich Stunden im Grübeln verloren, die mir durch ein einziges Wort zu ersparen gewesen wären; aber wo war der, der es aussprach? ... Ich saß im Winter mit der Familie an demselben Tische, denn es wurde nur ein Licht gebrannt ... Man sah dabei sehr wenig. Hatte ich einen Satz, den ich zu repetieren oder zu ergrübeln wünschte, so merkte ich mir die dazu gehörige Figur und zeichnete sie mir morgens auf das Holz des schwarzen Werktisches mit Bleistift neben meinen Platz ... Bei den vielen gedankenlosen mechanischen Arbeiten, die häufig vorkamen, konnte ich dann, ohne mit Arbeiten aufzuhören, meinen Satz vornehmen und war auf den ganzen Tag glücklich, wenn ich ihn herausgebracht hatte.

42, 186f.

Balve, 1803–1819
Vorbildung eines Elementarlehrers

Als ich 5¼ Jahre alt war, wurde ich in die dortige Elementarschule gebracht, worin ich lesen, schreiben, biblische Geschichte und den Katechismus lernte. Andere Gegenstände kamen nicht vor, weder Rechnen noch deutsche Sprache, noch weniger andere Realien. Der Lehrer, Schelte mit Namen, war dem Trunke ergeben. Am Nachmittag schlief er regelmäßig in seinem Lehnstuhle, während der ganzen Schulzeit ... Daß man in einer solchen Schule nicht viel lernt, liegt klar auf der Hand. Als ich 10¼ Jahre alt war, kam ich zur ersten heiligen Kommunion und wurde dadurch der Schule entlassen, weil der damalige Pfarrer Brunswicker sagte, ich könnte in der Schule nichts mehr lernen. Das mochte sein; aber meine damaligen Schulkenntnisse erreichten, im Vergleich zur jetzigen Schulbildung, nicht die eines 8–9jährigen Schülers; ja im Rechnen sind diese viel weiter, weil bei uns kein Rechnen vorkam.

Als ich nun der Schule entlassen war, sollte ich meines Vaters Geschäft erlernen, wozu ich gar keine Lust hatte. An nichts hatte ich mehr Freude, als am Lernen; aber meinem Vater waren die Gelehrten zuwider, und ich mußte mich fügen. Ich bat ihn, mich zu einem Vikar Schmale zu schicken, der Knaben im Lateinischen, Französischen und Rechnen unterrichtete und die Schüler bis zur Sekunda eines Gymnasiums brachte, aber auf vieles Bitten meiner Mutter gab der Vater nur zu, daß ich einige Rechenstunden nahm und die vier Spezies im reinen Zahlenrechnen lernte. Die übrige Zeit des Tages mußte ich Wollgarn spinnen und mir, als ich etwas mehr herangewachsen war, die Wolle dazu selbst zubereiten. Dabei mußte ich mit einem Esel, den wir hielten, das nötige Brennholz aus dem Walde holen und das Futter für die Kuh und die Schweine aus den Gärten und dem Felde herbeischaffen. Auch mußte ich im Frühjahr Feldarbeit verrichten und im Herbste einernten, Kartoffeln ausgraben und nach Hause fahren und im Winter dreschen helfen ...

Als mein Bruder, der 1½ Jahr jünger war als ich, herangewachsen war, mußte er dasselbe tun und ebenfalls das Geschäft erlernen, wozu dieser aber Lust hatte. Ich bat meinen Vater, zu bestimmen, wieviel Garn ich jeden Tag liefern müßte, dann wollte ich das fertig schaffen, die übrige Zeit aber dann für mich studieren. Da setzte er mir dann, ein Pfund Garn zu liefern und die Wolle dazu selbst zuzubereiten. Soviel brauchte ein Gesell nur zu liefern. Nun stand ich des Morgens um fünf Uhr auf und arbeitete in einem Zug fort, bis ich mein Quantum hatte, das ich oft schon um 2 Uhr nachmittags abliefern konnte. Dann setzte ich mich hin, schrieb, zeichnete, rechnete, kopierte Bilder und dergleichen ... Ich lieh mir Rechenbücher, Lehrbücher über deutsche Sprache, deren es damals noch wenige gab, und Zeichnungen, die ich kopierte. Der Pastor lieh mir die

Jugendschriften von Christoph Schmid und Campe, die mir sehr viel Belehrung verschafften ... Keine Stunde, ja Minute durfte mir verlorengehen. Sogar während des Mittagessens hatte ich ein Buch in der Hand, aß schnell meine Portion, damit ich Zeit gewann, etwas zu lernen. Ich hielt das Buch dann unter dem Tische, damit mein Vater es nicht sehen konnte ... Der ganze Sonntag vom Morgen früh bis zum Abend spät wurde darauf verwendet, mit Ausnahme der Zeit, in der ich die Kirche besuchen mußte ... Durch dieses Privatstudium brachte ich es so weit, daß ich meine Gedanken ziemlich sprachrichtig ausdrükken und schriftlich darstellen konnte. Auch hatte ich das Rechenbuch von Schlieper und Schürmann, die für Autodidakten gar nicht geschrieben sind, ganz durchgerechnet. Die Extraktion der Quadratwurzel machte mir die meiste Mühe ... Nachdem ich vierzehn Tage alle Versuche und Experimente vergebens angestellt hatte, fiel mir ein altes Rechenbuch aus dem vorigen Jahrhundert in die Hände, worin eine Aufgabe ... vollständig erklärt war. Dadurch lernte ich diese Rechnungsart. Aus Raffs Naturgeschichte lernte ich etwas Naturbeschreibung. An geographischen Lehrmitteln fehlte es mir ganz und gar. Wie erstaunte ich, als mir später ein Atlas zu Gesichte kam ...

Besondere Freude hatte ich an der Musik, aber gar keine Gelegenheit, irgendein Instrument zu erlernen; denn in dem ganzen Orte war nur der Küster etwas musikalisch, so viel, daß er in der Kirche die Orgel spielte. Ich kaufte mir nun einmal auf der Kirmes eine kleine Pickelflöte und versuchte es, auf dieser Melodien zu spielen ... Das hatte der Justizamtmann Hörster, der neben unserem Hause wohnte, gehört. Er ließ mich eines Tages rufen und sagte mir, daß er mich auf der Flöte unterrichten wollte. Wer war glücklicher als ich! Fast jeden Abend ging ich zu diesem gütigen Herrn und übte mich auf der Flöte ... Dazu schenkte er mir eine D-Flöte mit drei Klappen. Er legte bei mir den ersten Grund zur Notenkenntnis. Es währte nicht lange, so konnte ich mit ihm schon leichte Duette blasen. Da er beim Pfarrer einige Zeichnungen von mir, die ich kopiert, gesehen hatte, lieh er mir mehrere Kupferstiche, Porträts von Königen und Fürsten, Dichtern und Künstlern, die ich mit Tinte in Kupferstichmanier abzeichnete. Später bekam ich von einem Nachbarn, einem Juden, der sich für mich interessierte, ein Stückchen Tusche geschenkt. Nun ging es noch besser. Nun zeichnete ich die Brustbilder von Schiller, Goethe, Mozart in Punktmanier. Der obengenannte Jude, Abraham Zimmermann mit Namen, nahm diese ohne mein Vorwissen mit nach Düsseldorf, weil er glaubte, ich hätte Anlage zur Kupferstecherkunst und brachte die Nachricht mit, daß man mich, da ich ohne Mittel war, unentgeltlich ausbilden wollte. Da in solchen kleinen Städten die Eltern ... immer erst den Pfarrer um Rat fragen, so trug auch meine Mutter ... dem Pfarrer diesen Plan vor. Aber dieser war schnurstracks dagegen ...

Ich wurde nun um so mehr zum Geschäft angetrieben. Da wir auch Strümpfe

webten, so wurde ich nun auch dazu angehalten, und brachte es bald dahin, daß ich täglich 3 Paar Frauenstrümpfe oder 2 Paar Mannesstrümpfe weben konnte. Auch die Wollfärberei mußte ich erlernen, welches Geschäft mir aber, weil Urin dazu verwendet wurde, ganz zuwider war ...
Trotz aller dieser Mühsal ging die Lust zum Lernen mir nicht verloren ... Im Jahre 1819 wurde ich militärpflichtig, und da zu meiner Befreiung vom Militärdienste keine Gründe vorlagen, so blieb mir nichts anderes übrig, als den bunten Rock anzuziehen, wogegen ich den größten Widerwillen hatte, weil mir dann keine Hoffnung blieb, meinen Zweck erreichen zu können. Meine Mutter ... beriet sich daher mit dem Pfarrer und dieser sagte, wenn ich mich dem Lehrfach widmen wollte, dann wäre es möglich, mich vom Militärdienste zu befreien; denn damals fehlte es an Elementarlehrern sehr, und der Regierungs- und Schulrat Sauer in Arnsberg eröffnete jedes Jahr im Monat Juli und August einen methodologischen Kursus von acht Wochen, um junge Leute zum Lehrfache vorzubereiten. Die Zöglinge mußten dann zwei oder drei Jahre diesen Kursus besuchen und den übrigen Teil des Jahres als Gehilfen unter einem Lehrer arbeiten ... Mit Freuden ergriff ich diese Gelegenheit.

54, 3 ff.

Darmstadt, um 1818

Der Lehrkurs eines Autodidakten

Es lag wesentlich an dieser Fahrlässigkeit des Schulbetriebs, an dem Mechanismus der Methode, an der Teilnahmslosigkeit der Lehrer, an dem ungeweckten Interesse der Schüler, an dem für einen durstigen Geist allzu spärlich zugetröpfelten Quell des Unterrichts, daß zu meiner eingewurzelten Abneigung vor der Schule auch noch die Gleichgültigkeit gegen allen Schulunterricht hinzukam ... Unbefriedigt in der Schule warf ich mich daher bald in eine geistige Tätigkeit außer der Schule und begann mitten in dem geregelten Lehrkurs des Gymnasiums ein Autodidakt zu werden. Nichts war da, was mich nicht zur Bereicherung meiner Kenntnisse gelockt hätte ... An der sogenannten großen Singstunde teilzunehmen, war in den freien Willen gestellt; ich besuchte sie gewissenhaft, obwohl ich von dem theoretischen Unterricht unseres würdigen Kantors Rinck nicht das geringste begriff. Der Vater, zu allem die Hand bietend, was seinen Söhnen die geistigen Schätze verschaffen konnte, »an denen man nicht schwer trägt«, ließ mich auf meinen Wunsch Privatstunden im Zeichnen und Malen besuchen. Mehr sein als mein Wunsch war es, daß ich auch besonderen Unterricht in der Arithmetik nahm; und unter einer rationellen Methode machte ich da rasch die Fortschritte, die sich in dem Gymnasium nicht einstellen wollten; ich erinnere mich, daß ich selbst der verhaßten Geometrie auf eigenem Wege auf die Spur zu kommen suchte und mit einem der Vettern Zöppritz zu diesem Zwecke eine Wandtafel zurechtzimmerte. Auch im Französischen half eine Privatstunde nach. Ich machte mit meinem Bruder und einem Vetter Schwartz bei dem Emigranten Simon den Mozin durch, bis uns der Lehrer gestand, daß er uns nun nichts weiter lehren könne; wir hatten den Gil Blas in breiten Auszügen aus dem Deutschen ins Französische zurückübersetzt; noch neben dieser Nebenstunde las ich mit den Freunden eifrig den Telemach, und nach der Verabschiedung bei Simon übersetzte ich mit meinen Mitschülern aus Kohlrauschs deutscher Geschichte. Einen höchst anregenden geistigen Verkehr hatte ich mit einem frühreifen, etwas älteren Freunde, Aug. Nodnagel, dem Sohne armer Eltern, der seiner ungemeinen Begabung wegen aus der Stadtschule von liberalen Förderern in die gelehrte Schule versetzt ward und dort Mitschüler und ganze Ordnungen in reißenden Fortschritten übersprang. Ich las mit ihm, um mir die Langeweile des lateinischen Unterrichts in der Schule zu versüßen, Terenz, Sallust und Curtius, und ich fing nur ihm zuliebe, der sich zum Theologen bestimmte, eine Weile das Hebräische an zu treiben. Zufällig fiel mir eine italienische Grammatik in die Hände; ich studierte nun eifrig auch diese Sprache, und da der Vater dies für ein Übermaß hielt, dem er durch Anschaffung von Büchern (zunächst eines Wörterbuches, das ich wünschte) nicht Vorschub leisten wollte, so schrieb ich mir den Wortvorrat meiner Grammatik alphabetisch aus und suchte mich nun mit Hilfe dieses Notdiktionärs durch italienische Bücher zu schlagen. Einer meiner Kameraden lernte englisch, ich freute mich gelegentlich aufzuschnappen, was ich konnte; ein anderer hatte Anlaß sich mit dem Holländischen zu beschäftigen, auch da machte ich eine Weile mit; bei einem dritten, der sich frühe zur Landwirtschaft bestimmte, kam ich nie vor, ohne mich mit ihm in die Bücher des Faches zu vertiefen. Wieder ein anderer Schulnachbar schien meine eifrige Vorliebe für die Erdkunde zu teilen ... wir saßen, so oft es die Zeit erlaubte, in den Räumen der Hofbibliothek und zogen die größten Werke aus, beklagten, daß den Schülern nicht gestattet war, von dort Bücher nach Hause zu entlehnen; ich wußte sie mir aus dritter Hand dennoch zu verschaffen und erinnere mich den Colquhoun exzerpiert zu haben, indem ich mich mühselig durch die unbekannte Sprache hindurchriet; nichts war uns zu breit in dieser Materie, der dickleibige Cannabich genügte unserer statistischen Wißbegierde noch nicht. Reisebeschreibungen waren daneben ... die lockendsten Gegenstände; wir fanden aus dem pikanten Campe bald den Weg zu Lord Anson und noch trockeneren Weltreisen, ohne uns abgestoßen zu fühlen. Wo ich mich aber neben der geographischen Lektüre am meisten ausbreitete, war in der geschichtlichen. Gottfrieds Chronik mit den Merianschen

Bildern, was war dies für ein willkommenes Meer für uns unermüdlichen Entdeckungsreisenden! Der siebenjährige Krieg von Archenholz, den dreißigjährigen von Schiller lieferten uns die Prämien in die Hand; den Kohlrausch, den deutschen Plutarch und alle die zahllosen teutonisierenden Geschichtswerke gelesen zu haben, gehörte damals durchaus zu einem wackern deutschen Jungen; Gottschals Ritterburgen, den Fouqué und alle Rittergeschichten und Ritterromane zu kennen, stachelten alle Impulse jener Blütezeit unserer romantischen Literatur; zu andern Geschichtswerken wies die Besonderheit meiner Lage hin; in Wencks trockner Landesgeschichte half der hessische Patriotismus nach, das Passende aufzustöbern; in Feßlers ungarische Geschichtswerke trieb mich die ganz persönliche Sympathie mit dem namensähnlichen Helden Corvinus. Einmal so weit in die Lesewut geraten, gab es bald nichts mehr, was ich nicht mit gleicher Gierde verschlungen hätte. Und ich würde in dem unberatensten Lebensalter in eine ratlose Verirrung der Viel- und Allesleserei gestürzt worden sein, hätte es sich nicht glücklich gefügt, daß ich eingeschifft in diesen Ozean unserer Literatur wenigstens einen festen Punkt und Port ... bewahrte ... Es war für meine ganze spätere Entwicklung ein bedeutsamer Zufall, daß unser Gräzist Zimmermann frühzeitig in den Homer einzulesen unternahm und, um uns Mut zu machen, uns zuweilen in fesselndem Vortrage Stücke der Vossischen Übersetzung vorlas ... und seitdem konnte ich von dem Dichter nicht mehr lassen. An jedem Sonntag, in jeder Freistunde, bei schlechtem Wetter, wenn die Ausflüge pausierten, fand mich der Vater zu seinem humoristischen Verdrusse »immer wieder an meinem Odysseus!« ... Die Homerischen Werke wurden mir wie ein Kompaß, der mich in dem Nebel späterer Verirrungen sicher steuerte ...

Die Schätze der Hofbibliothek wurden erst in jenen Jahren dem Publikum geöffnet. Ein unternehmender Mann, Buchbinder Ollweiler, errichtete 1817 zum ersten Male eine Leihbibliothek auf größerem Fuße und mit solchem Erfolge, daß sie in drei Jahren zu 10000 Bänden und weiterhin bis zum Dreifachen dieser Zahl anwuchs: ganz Darmstadt dankte dieser Anstalt seine intimere Einführung in die Breite der literarischen Welt. Diese Anstalt aber entstand ... in unserem Hause: das hieß einem lechzenden Tantalus die lockeren Früchte doch gar zu tief hängen, als daß er sie nicht trotz manchen elterlichen Versagungen hätte erhaschen und benaschen sollen. Ich erinnere mich, mit lauter Lesekreuzern mich einmal so tief in Schulden verwickelt zu haben, daß alle Freunde die Taschen leeren mußten, um mir herauszuhelfen.

28, 32 ff.

Eichtersheim, um 1859
Lese- und Lernwut eines Apothekerlehrlings auf dem Lande

Die Lesestunden waren Wonnestunden, je einsamer desto schöner; auf das Buch kam es weniger an. Hinreißend wie Robinson, Lederstrumpf oder Sigismund Rüstig waren nicht viele: aber das machte ja gar nichts, denn ein großer Teil des Lesens war Sinnen und Träumen. Und etwas Neues mußte doch in dem langweiligsten Buch stehen. Mindestens macht man die Bekanntschaft des Autors, und nach dem Satze: Wessen Buch du liesest, dessen Geist kommt über dich, mußte immer irgend etwas dabei herauskommen. Ich erinnere mich denn auch, daß ich auf dem Höhepunkt der Lesewut nie geneigt gewesen wäre, ein Buch langweilig zu finden, und ich focht heiße Kämpfe für die ödesten Schmöker aus, in die ich alles mögliche hineinlas. Wenn ich in dem Winkelkämmerchen unter den Ziegeln saß, oder gar im Grünen mich einsam an eine alte Eiche lagerte ... da konnte das Buch so vollkommen unlesbar sein, wie ein Band von Sturms Insekten Deutschlands ... das Gedruckte wirkte wie ein Zauber; ich stellte mir die Käfer vor, die da sorgsam beschrieben waren ... Wenn von Menschen die Rede war, ging es mir nicht viel anders. Ich betrachtete ihre Worte und ihr Tun neugierig, wie das Krabbeln und Summen der Käfer, überschlug aber regelmäßig die Dialoge und die Geschicke der Liebenden, da meine kurze Freundschaft mit Luise mich genugsam belehrt hatte, daß man das Schönste und Feinste in dem Verhältnis zweier Menschen, die einander gern haben, nicht aufs Papier bannen kann. In allen anderen Beziehungen stand ich aber unter dem magischen Banne des Gedruckten und war machtlos gegen das erdrückende Herandrängen des schwarzen Buchstabenheeres, das meinen Geist umzingelte. Das damals schon übliche »Er lügt wie gedruckt« blieb mir völlig unverständlich ...

Auch die Ansichten, die ich in den Büchern und Zeitungen fand, waren mir Tatsachen, die ich mit derselben Sicherheit ergreifen und in mich hinein verpflanzen zu können glaubte, wie die Beschreibung eines Landes oder eines geschichtlichen Ereignisses ...

Es ging wohl von der weiblichen Seite der Eichtersheimer Gesellschaft zuerst die unerhörte Frage aus: Sind wir denn gebildet genug? Da war eine Arztesgattin, dort eine Pfarrerstochter, die behaupteten, man müsse etwas mehr für den Geist tun, die Lehrersfrauen läsen schon dieselben Bücher wie die Frauen höherer Beamten ... Man beschloß die Begründung eines Lesezirkels, an dem die höheren Beamten, die Pfarrer, Ärzte, Apotheker des Eichtersheimer Ländchens teilnehmen sollten, von dem aber schon die Lehrer selbstverständlich ausgeschlossen waren ... Mein Prinzipal wurde zum Geschäftsführer gewählt, weil er, sagte man, freie Zeit und junge Leute, nämlich uns, zur Verfügung hätte ...
Ich habe noch heute eine große Freude an der Öffnung eines Bücherpakets voll

Neuigkeiten, aber in jenen Jahren war mir ja jedes Buch viel neuer, enthielt jedes viel mehr Wichtiges, Wertvolles, vielleicht Erstaunliches. Das Gefühl gespannter Teilnahme, mit dem ich im Schweizer Robinson die allmähliche Entleerung des gestrandeten Schiffes las, wobei ein Schatz nach dem andern ans Licht kam, durchrieselte mich wie Seligkeit, wenn ein grauer Pack vom Buchhändler anlangte ... Da lagen zuunterst die Zeitschriften ... die Gartenlaube, die damals noch in jungen Jahren stand, W. O. von Horns Maje, das Buch der Welt mit seinen bunten Farbentafeln und, über alle geschätzt, die aristokratischen Westermanns Monatshefte ... Da wurden die neu erschienenen Bände der Romane von Mühlbach, von Hackländer, von Mügge, von Otto Müller, Becker und so manchen andern auseinandergelegt. Ich habe aus solchen Bänden auch unvergeßliche Werke wie Scheffels Ekkehard und Kürnbergers Amerikamüden hervortreten sehen ... Für mich lag regelmäßig irgendein Lern- oder Studierbuch dabei, das mich immer zuerst durch sein äußeres Gewand ergötzte ... Im Grunde gefiel mir eben fast jedes Buch schon von außen, denn es war immer eine Verheißung, und eine Ausnahme davon machten nur die »roh« versandten, die man erst heften lassen mußte ...
Ich kaufte mir beim Buchbinder Werner in Sensenheim fünf Buch gelbliches Konzeptpapier, wie es in den Kanzleien üblich war, und faltete und heftete mir in stillen Abendstunden daraus vierzig Hefte zu vierundzwanzig Seiten, auch hatte ich farbiges Papier von festerm Griff mitgebracht, und zwar blaues, violettes, grünes und rotes, und davon wurden Umschläge um die Hefte gemacht, je zehn von gleicher Farbe. Und nun erhielt jedes Heft seine Aufschrift von Theologie und Mystik an bis zu Acker- und Wiesenbau, Dichtung, Malerei, Theater, Musik waren nicht vergessen. Indem ich nun fast alle Bücher, die mir erreichbar waren, Kapitel für Kapitel las und jeden Satz bemerkte, der mir besonders wissenswert zu sein schien, um ihn dann in sein Heft einzutragen; indem ich ebenso jede Zeitschrift und jedes Tageblatt behandelte, die mir unter die Hände kamen, ja endlich jeden bedruckten Papierfetzen, sammelte ich in wenig Monaten einen ganz gewaltigen Schatz von Wissen an, dem leider nur alle Tiefe und aller innerer Zusammenhang fehlte, denn ich schrieb nicht nur die Stellen ab, die mir gefielen, sondern auch die, die mir durch ihre Dunkelheit imponierten ... in dem Wunsche, sie so lange immer wieder zu lesen, bis ich sie erfassen würde. Daß das einmal geschehen müsse, bezweifelte ich keinen Augenblick ... Niemand kann jemals Autodidakt in einem reinern, ich möchte sagen verwegenern Sinne gewesen sein als ich in jener Zeit. Der Gedanke, jemand zu fragen, der es besser verstünde als ich, kam mir überhaupt niemals in den Sinn, war mir doch sogar in der Schule niemand gegenübergetreten, dem ich ein tieferes oder reicheres Wissen zutraute, als ich leichthin zu erwerben hoffte ... In der Tat, es war ein ganz folgerichtiges und rücksichtsloses System des Selbstunterrichts, dem ich

folgte, und es gab davon keine Ausnahme. In keiner spätern Zeit meines Lebens verfügte ich über so ausgebreitete und manigfaltige Kenntnisse wie im Sommer 1861, wo ich drei Monate lang jeden Morgen von drei bis sechs und dazu noch manche Abendstunden über meinen Heften saß, rastlos eintragend und nachlesend.

75, 97f.; 101ff.

Halle, 1870ff.
Zwei Naturforscher im Halleschen Waisenhaus

Einen beträchtlichen Teil meiner Einnahmen mußte ich übrigens für meine Insektensammlungen verwenden, die ich während der wärmeren Jahreszeit ständig vergrößerte. Da gab es Nadeln und Torf zu kaufen oder Kästen herzustellen. Sehr stark wurden aber die Gelder in Anspruch genommen, wenn ich nicht widerstehen konnte, dies oder jenes Objekt zu erwerben. So kam einer der Schüler mit einem lebenden männlichen Hirschkäfer, wie ich einen solchen noch nie gesehen hatte, aus den Sommerferien zurück. Der Junge verlangte für ihn 50 Pfennig, eine Summe, von der ich fünf Sonntage hintereinander je zehn Pfennig abliefern mußte. Ich hatte aber an dem Tiere, das leider bald einging, meine helle Freude. Ein anderes Mal erwarb ich in ähnlicher Weise einen metallisch grünen Rosenkäfer; kurz, ich konnte wochenlang auf alles verzichten, wenn ich meinen Sammlungen ein schönes Stück einfügen konnte ...

Der Fang der zu sammelnden Insekten erfolgte auf Spaziergängen. Allerdings war in der Umgebung der Stadt Halle mit ihren weiten Anlagen und den in hoher Kultur stehenden Feldern nur wenig für mich zu finden. Eine Ausnahme bildete jedoch ein im Überschwemmungsgebiet der Saale liegendes Gebiet, das von zwei Armen des Flusses umgeben und zum größten Teil mit Wald bestanden war. Diese sogenannte Nachtigalleninsel oder Peißnitz gehörte einem Gutsbesitzer, der das Betreten des Grundstücks durch Fremde leider verboten hatte. Ich habe mich aber oft mit meinen Freunden dort eingeschlichen ... Besonders reich war der Wald an kleinen grünen Rüsselkäfern, denen wir eifrig nachstellten.

Ein halbes Jahr nach mir trat in unsere Anstalt der Schüler Ernst Römert ein, der bald einer meiner besten Freunde wurde. Er stammte aus einer kleinen Stadt des Eichsfeldes, wo sein Vater ... 1866 mitsamt der Mutter durch die Cholera dahingerafft worden war. Der liebe, freundliche Junge erzählte mir viel von der Steinsammlung seines Vaters und versprach ... sie mir zu schenken, ein Anerbieten, über das ich, wie man sich denken kann, hocherfreut war. Welche Mineralien sich in der Sammlung fanden, konnte er nicht sagen; sicher aber wußte er, daß darunter sich ein Stück Jaspis befände. Nun saßen wir allabendlich zwischen 7 und 8 auf der Platte unseres Tisches, hatten die Füße auf die kastenartige Sitzgelegenheit gesetzt und lasen eifrig in der »Naturgeschichte« von G. H. von Schubert, die mir aus der Bibliothek meines Großvaters verblieben war. Jedesmal schlugen wir den Abschnitt über den Jaspis auf und immer mehr befestigte sich in mir die Überzeugung, daß das Mineral etwas ganz Herrliches sein müsse, zumal Christus in einem alten, mir bekannten Kirchenliede »du edler Jaspis und Rubin« genannt wurde ... Wir lasen außerdem über die Insekten, die wir sammelten, über die Haustiere, über die Pflanzen im Feld, Garten, Wald und Wiese, über das Leben des Meeres sowie über die Pflanzen- und Tierwelt der fremden Länder. So wurde unsere abendliche Feierstunde immer mehr durch kindlichernstes Studium ausgefüllt. Immer aber gipfelten unsere Betrachtungen in der Mineraliensammlung vom Römerts verstorbenem Vater ... Einen starken Antrieb erhielt unsere freudige Beschäftigung mit der Natur durch die Mitteilung, daß in der Nähe der Stiftungen ein Mineralienhändler wohne, der eine große Sammlung schönster »Handstücke« und Kristalle besäße. An dem ersten freien Nachmittag machten wir uns auf ... Wir wurden von einem alten Mann empfangen, der ... unsere Bitte anhörte und uns – obgleich er schon an der Kleidung sah, wen er vor sich hatte – einlud, seine Schätze einzusehen. Ich fragte ihn zuerst, ob er wohl auch einen Jaspis besäße. Er zeigte uns darauf nicht nur große Handstücke des märchenhaften Minerals, sondern gab mir auch ein angeschliffenes Stück, das für ihn, wie er sagte, ohne Wert wäre ... Wir gingen darauf von Schrank zu Schrank und von Zimmer zu Zimmer und waren über die Herrlichkeiten aufs höchste erstaunt ...

Während wir uns weiter mit der alten, merkwürdigen »Naturgeschichte« von Schubert beschäftigten, vergingen Wochen und Monate, es wurde Frühling, und endlich standen wir kurz vor den Sommerferien. Da mein lieber Römert niemand hatte, den er besuchen konnte ... fragte ich bei Mutter an, ob ich wohl den Freund mitbringen dürfe, was sie mit Freuden bejahte. Römert aber nahm die Einladung nicht an ... Da nun der Tag des Schulabschlusses herangekommen war und wir wieder einmal das alte Lied »Unsern Ausgang segne Gott« gesungen hatten – ein Lied, das uns wegen der beginnenden Ferien besonders am Herzen lag –, brachte mich der Freund an den abgehenden Zug. In dem Augenblick, als dieser sich in Bewegung setzte, zog Römert ein Papier aus der Tasche und reichte es mir zu. Sehr bald sah ich, daß es ein älterer Brief seiner Schwester war, in dem ich folgendes las: »Du fragst, lieber Ernst, wiederholt nach dem Schicksal der Steinsammlung unseres lieben Vaters. Wo diese hingekommen ist, weiß ich nicht. Wahrscheinlich ist sie wie vieles andere Wertlose weggeworfen ...«

Jetzt wußte ich, was dem Freund schon längere Zeit das Herz beschwert und ihn veranlaßt hatte, auf den Besuch bei meiner Mutter zu verzichten. Sein Zartgefühl erlaubte ihm nicht, mir von der Zerstörung meiner Hoffnungen Mitteilung zu machen; er konnte dafür nur den Augenblick wählen, in dem mich der Zug in die Ferien trug, die er so gern mit mir verlebt hätte ... Unsere Freundschaft wurde dadurch aber in keiner Weise erschüttert. Wir sind uns treu geblieben, bis uns das Schicksal trennte ...
Der naturkundliche Unterricht, der auf der Oberstufe der Schule leider gänzlich eingestellt wurde, bot uns nur herzlich wenig Anregung. Er wurde in den unteren Klassen unserer Schule von einem alten Theologen namens Knauth erteilt ...

86, 117ff.

7.

Aufsteiger

Viele damals bekannte Männer waren Stipendiaten der mit säkularisiertem Kirchengut im 16. Jahrhundert gegründeten Fürsten oder Landesschulen. Friedrich Nietzsche hat das sächsische Schulpforta etwa so gesehen, wie es die Zeichnung von 1843 zeigt. Aus: B. Rogge, Pförtnerleben. Leipzig 1893

Kommentar

Es weiter zu bringen als die Eltern, ein materiell und vor allem geistig beschränktes und stagnierendes Herkunftsmilieu zu verlassen und in einem anderen Fuß zu fassen, gelingt nur wenigen und um einen Preis, der im Lauf der Jahrhunderte immer höher für das betroffene Kind wird.

Mehrere Gegebenheiten müssen zusammentreffen, damit ein Kind überhaupt die Chance zum Aufstieg bekommt. Es muß männlich sein, denn der einzige Weg nach oben führt über die bessere Schulbildung und meist das Universitätsstudium – von beidem waren Mädchen ja von vornherein ausgeschlossen. Dann muß es sich sehr früh, als Kind von fünf, sechs Jahren, durch Intelligenz, Gedächtnis und eine gewisse Fügsamkeit auszeichnen und auffällig machen. Ob Kindern diese Talente angeboren oder ob sie ihnen aufgrund einer bestimmten Familienkonstellation zugesprochen und angezüchtet werden, ist schwer zu entscheiden. Christian Wolff (1679–1754) erbt als ältester Sohn eines Gerbers den intellektuellen Ehrgeiz seines Vaters, gewiß auf Kosten der anderen Brüder. Von klein auf erfüllt er als Musterkind und Musterschüler, ohne je abzuirren, die in ihn gesetzten Erwartungen und beschließt sein Leben als berühmter und sogar in den Freiherrnstand erhobener Professor in Halle. Auch der jüngste oder einzige Sohn hat gute Chancen, in die Rolle des begabten und zum Aufstieg prädestinierten Kindes zu kommen. Viele verwitweten Mütter strengen sich an, ungeachtet ihrer miserablen ökonomischen Lage und ihrer eigenen hilflosen Unwissenheit, dem Sohn den Weg zu ebnen. Erinnert sei hier nur an Gottfried Keller (1819–1890) oder an den Naturforscher Otto Schmeil (1860–1943), aber auch an weniger berühmte, heute vergessene, die, bedenkt man ihr Herkunftsmilieu, als erfolgreiche Aufsteiger zu bezeichnen sind. Der Schriftsteller Heinrich König (1790–1869) etwa wundert sich selbst, wie es möglich war, daß er aus einer bornierten, ebenso abergläubischen wie katholischen Umwelt sich emanzipieren konnte. Nichts charakterisiert seinen Ausgangspunkt besser als die Erinnerung an das freudige Staunen des Schulkindes, als es erfuhr, auch Fulda gehöre zu einem der vier (sic!) Erdteile der Welt.

Die besondere Sorgfalt von Vater oder Mutter, die ein Kind erfährt, genügt natürlich noch nicht, es über Jahre hinweg zu erhalten, Schulgeld zu bezahlen, für Kleidung und Nahrung zu sorgen. Es müssen Fürsprecher, Gönner, Wohltäter gefunden werden, die entweder als Privatpersonen direkt helfen oder sich um ein Stipendium kümmern. Es sieht so aus, als ob das Schulwesen der frühen Neuzeit arme Schüler weniger diskriminierte, als das im 18. und vor allem 19. Jahrhundert der Fall war, wo die Schülerschaft als eigener Stand aufgehört hatte

und jeder einzelne gewissermaßen nur für sein privates Glück kämpfte. An einer Schulkarriere armer Kinder war zunehmend weder die Obrigkeit noch die Gesellschaft interessiert. Der Ausbau des Schulwesens im 19. Jahrhundert – die philanthropischen Pädagogen hatten es schon vorgedacht – folgte unter wachsendem ökonomischen und politischem Druck von ständischen bzw. Klasseninteressen an der Herstellung und Erhaltung eines status quo in der Verteilung von Besitz, Macht und Bildung. St. Thomas in Leipzig ist als schola pauperorum eine Erfindung der frühen Neuzeit, ebenso wie das vor allem in den protestantischen Ländern ausgearbeitete Stipendienwesen, die überall gemachten Stiftungen, die ausgesetzten Legate und Beihilfen für arme Schüler. Viele, man denke an die mit säkularisiertem Kirchenbesitz gegründeten Fürstenschulen, erhalten sich bis ins 20. Jahrhundert, verlieren aber natürlich angesichts einer wachsenden Bevölkerung und Schülerzahl insgesamt an Bedeutung.
Solange die den Schulen und dem Schülerstand erwiesenen Wohltaten religiös fundierte Pflicht des Gemeinwesens und aller Wohlhabenden waren, so lange berührt der Erhalt von Almosen, Freitischen, Geschenken, von abgelegten Kleidern, von Geld und Lebensmitteln das Selbstgefühl des armen Schülers nicht, so strapaziös seine Laufbahn sonst auch immer sein mag. Und etwas anderes ist für das Verständnis dieser unerforschten Kindergruppe ebenso wichtig: Solange die Theologie und ihre Hilfswissenschaften im Zentrum von Schule und Studium waren, brauchte das gelehrte Kind die kulturellen Bindungen an seine Herkunftsfamilie nicht prinzipiell infrage zu stellen, es setzte sie ja, wenn auch auf höherer Ebene, fort. Wer aber im 19. Jahrhundert Schriftsteller, Künstler oder Wissenschaftler werden will, muß schmerzhafte Dissonanzen verarbeiten, wird zwischen Familienbindungen und der für ihn lebensnotwendigen Überheblichkeit, ja Verachtung gegenüber den Denk- und Lebensgewohnheiten seines Herkunftsmilieus hin und her gerissen. Gesellschaftliche Unsicherheit und Scham oder deren Kehrseite, ein übertriebenes Ehrgefühl und allzuleichte Kränkbarkeit, kennzeichnen die Psychologie des Aufsteigers im 19. Jahrhundert.

LITERATUR:

W. Heinemeyer, Hrsg.: Studium und Stipendium. Untersuchungen zur Geschichte des hessischen Stipendiatenwesens, Marburg 1977

B. Knick/M. Mezger, St. Thomas zu Leipzig, Wiesbaden 1963

J. Kocka, Stand – Klasse – Organisation. Strukturen sozialer Ungleichheit in Deutschland vom späten 18. bis zum frühen 20. Jahrhundert im Aufriß. In: H. U. Wehler, Hrsg.: Klassen in der europäischen Sozialgeschichte, Göttingen 1979

H. Kaelble, Sozialer Aufstieg in Deutschland 1850–1914. In: Vjschr. f. Wirtschafts- u. Sozialgeschichte 60, 1973

EGELN USW., 1680 ff.

Die Welt kein Taubenhaus

Nachdem ich nun in der lateinischen Sprache so weit kommen, daß ich zur Not einen leichten lateinischen Autorem lesen, und eine kleine Epistel schreiben, und auf der lateinischen Rennbahne allgemählig alleine zu gehen mich verdreisten durfte; so schickte mich mein seliger Vater nach Egeln in die Schule, woselbst damals ein Rektor war, mit Namen Fricke ... Dieser war gar ein lieber Mann und ein getreuer, gelehrter und vernünftiger Lehrer, bei welchem ich mit Vergnügen und guten Nutzen in die Schule ging, wiewohl ich bei dieser meiner ersten Ausflucht auch viel Lehrgeld geben mußte: denn ich war jung und klein und blöde und saß mit in prima an der Tafel, an welcher der Praefectus und Adiunctus und einige große ansehnliche Leute saßen, die schämeten sich bei mir zu sitzen, und einerlei Lectiones zu treiben, und bei denen Leichenbegängnissen mit und neben mir zu gehen, und behöneten mich also, bei allen vorfallenden Gelegenheiten ... Alles dieses würde mich doch von Egeln nicht weggetrieben haben, wenn nicht etwas anders und wichtigeres eine Veränderung an die Hand gegeben hätte. Denn ich ging zu Egeln und bei einem von uns Befreundten in die Kost, mein seliger Vater hatte eine geringe Pfarre und sieben lebendige Kinder, die insgesamt nacheinander heranwuchsen, und Nahrung und Kleidung haben wollten ... und so mußte er denn notwendig darauf bedacht sein, mich an einen Ort zu bringen, da ich mit der Zeit ein freies hospitium haben und mir mein Brot verdienen, und ihn dergestalt des jährigen Kostgeldes überheben konnte.

Und in dieser Absicht nahm er mich nach Aschersleben ... Da tat er mich bei einem frommen Apotheker in die Kost und ließ mich die dasige Schule besuchen, welche zu der Zeit in gar gutem Stande war ... Und da hätte ich nun freilich meine angefangene Schulstudia mit einem gesegneten Wachstum fortsetzen und mir in Sprachen und Wissenschaften eine größere Erkenntnis zuwege bringen können; allein ich sang einen schönen Diskant und war der vornehmste Concertiste in der Kirche und im Chor, damit verdiente ich etwas Geld, und dadurch wurde ich im Gemüte dergestalt alterieret, daß ich anfing die Musik als mein Hauptwerk, und meine Studia als ein Nebenwerk zu treiben.

Und da die Hoffnung zu einem freien Hospitio noch immer unerfüllet blieb; so holte mich mein seliger Vater von da nach Hause und brachte mich nach Magdeburg zu dem damaligen berühmten Rektor ... Und da nun wurde ich zwar nach einiger Zeit insoweit mit einem freien Hospitio versehen, daß mein seliger Vater kein Kostgeld für mich geben durfte; allein ich war anfänglich bei gar armseligen Leuten, die nur ein einziges kleines Stübchen und so wenig Gelaß für mich hatten, daß ich mich oben unter dem Dache auf dem bloßen leimernen Schlage behelfen, und mit einem daselbst zugerichteten, und auf ein dürres Stroh geworfenen dünnen Bettchen vorlieb nehmen mußte; dazu kam die Flüchtigkeit meiner Jugend, die allzugroße Neigung zur Musik, die bei dem dasigen Gymnasium eingerissene zaumlose Freiheit der frequentierenden Jugend ... Dadurch befand sich mein lieber seliger Vater genötigt, mich von da zurückzuberufen, und zum andernmale nach Aschersleben zu schicken, und der Disziplin des Herrn M. Ulmanns zu untergeben, der sich denn meiner gar treulich angenommen und so herzlich für mich gesorget, daß ich innerhalb zwei Jahren drei unterschiedene Hospitia überkommen, welche aber alle so übel ausgeschlagen, daß ich wegen des elenden Traktaments, da ich z. E. anstatt der Butter oftmals kalte Erbsen auf das Brot schmieren, und nebst der Information sowohl in als außer dem Hause, solche Dienste verrichten müssen, die ich zu berühren billig Bedenken trage. Dieses bewegte mich meinen seligen Vater schriftlich anzugehen und demselben meine Not zu klagen, daran ich doch anfänglich gar hart zu bringen war, weil ich mich noch immer der Worte erinnerte, die er mir mit auf den Weg gegeben: Ein junger Mensch, der in der Welt fortkommen wollte, der müßte alles tragen, und sogar auch Holz auf sich hacken lassen können. Und da mir derselbe auf mein Schreiben antwortete, die Welt wäre kein Taubenhaus, wenn ich meinete, daß es zu Aschersleben für mich nicht wäre, und ich daselbst länger zu substitieren mich nicht getrauete, so sollte ich mich bekümmern an einen andern Orte unterzukommen. So zog ich nach Eisleben, allwo der Herr M. Elias Franke damals Rektor war, der eine rechte liebliche und angenehme Art zu dozieren hatte ...

Aber mit denen Hospitiis hatte ich mich nicht viel verbessert. Denn da waren vier Bürger, die hatten zusammen neun Kinder, unter welchen einige schon von 15 bis 16 Jahren waren, von denenselben nahm mich der eine, der ein Schuster war, in sein Haus, die übrigen gaben mir wechselweise den Tisch, sie waren aber zusammen arme Leute, und geschah es oftmals, daß wenn wir uns zu Tisch setzen wollten, die Frau Wirtin erst hingehen und etwas Geld leihen und Brot dafür kaufen müssen ... Ich habe auch in der Station ein ganzes Jahr beständig ausgehalten, bis sich der Herr M. Johann Bender ... der gerade gegen mein Hospitium über wohnte, und meine mühselige Information wußte, sich erbarmte, und mich zu einem paedagogo seiner Kinder annahm. Aber diese Freude dauerte nicht lange, denn es entstanden nachgehends einige merkliche Veränderungen in seinem Hauswesen ... Und die gaben mir Gelegenheit, mich nach Altenburg zu wenden, und in dem dasigen Gymnasio mein Glück zu suchen ...

76, 10ff.

Schulpforta, 1775
Geldnot eines armen Schülers

Herzliebster Vater Euren Brief habe ich erst heute, den 1. April erhalten. Ich habe bisher mit Schmerzen gewartet, und fast vor Freuden wurde ich außer mir, als ich hörte, es sei ein Brief an mich da, denn ich glaubte gewiß, daß etwas darin sein würde. In etlichen Tagen ist der Examen aus welcher 14 Tage währet, und wo wir verschiedene Sachen ausarbeiten müssen, die nach Dresden geschickt werden. Wir bekommen auch übermorgen Zensuren, da wir entweder wegen unseres Fleißes gelobt oder wegen unsrer Faulheit gescholten werden. Dieses wird nun alles nach Dresden in die Regierung berichtet. Da ich nun gewiß weiß, daß ich ein sehr gutes, ja fast das beste Lob bekommen werde, so kostet mich doch auch dieses entsetzlich Geld. Denn es ist hier die fatale Gewohnheit daß wer eine gute Zensur bekommt, den 6 Obersten in seiner Klasse und 5 Obersten am Tische jeden ein ganzes Stück Kuchen kaufen muß, welches 1 Gr 3 Pf. kostet, also zusammen 13 Gr. 9 Pf. Ob ich nun gleich dieses Examens 5 Gr. 6 Pf. verdient habe, so bleibt doch noch 8 Gr. 3 Pf. welche mir auch schon mein Ober-Geselle ein sehr hübscher Mensch, geborgt hat. Doch was ich übrigens verdiene langt kaum zu den vielen Wasserkrügen, welche man hier kaufen muß, denn die Untersten müssen Wasser holen, und mausen sich einander die Krüge dazu ganz entsetzlich welches ich aber nicht tun kann, denn es ist und bleibt gestohlen. Doch bei allen diesen kümmerlichen Dingen danke ich doch noch Gott, daß ich keine Schulden, als die vorhin erzählten 8 Gr. 3 Pf. habe. Daß es Euch mein lieber Vater sehr schwer fallen werde, glaube ich wohl, doch sollte ich denn nicht noch so ein gutes Andenken bei meinen Freunden haben ... Doch noch eins, was schreibt Ihr mir denn von 6 Geschwistern, ich habe gerechnet und gerechnet, bringe ihrer aber nur 5 heraus. Ihr schreibt mir von Strumpfbändern, ich weiß aber wohl nicht, ob es gut getan sein würde, denn leider fragt man hier nicht so viel nach dergleichen Sache, als nach Geld, ich würde auch noch dazu entsetzlich ausgehöhnt werden, wollt Ihr aber so gut sein und mir ein Paar schicken, so wird es mir sehr angenehm sein ...

25, 41 f.

Breslau, um 1812
Freundschaft zwischen Ungleichen

Das Einzige, was mich zu jener Zeit, nächst dem Theater und Schillers lyrischen Dichtungen, die ich wie rasend rezitierte, einigermaßen zu fesseln vermochte, war das Studium der Geschichte ... Tabellen waren mein Stolz; mehr zur Spielerei, als im ernsteren Sinne. Wenn ich einen langen mit Jahreszahlen vollgekleckten Papierstreifen an den andern kleben und dann den unendlichen Schweif voll Weltbegebenheiten auf- und abrollen konnte, wie eine Aderlaßbinde, so meinte ich, viel gewonnen zu haben. Zu dieser Kleberei war Kleister vonnöten, den ich mir aus Mehl und Wasser bereitete, der aber nicht immer fest genug ein Saeculum an das andere band. Ein Mitschüler vertraute mir, daß der rechte Brei für die Welthistorie aus Kraftmehl bereitet werden müsse, und als ich mich danach begierig zeigte, lud er mich ein, ihn zu besuchen, mit der Versicherung, sein Vater wäre ein Kraftmehlmacher.

Dieser junge Mensch hieß Ferdinand H. und wohnte auf dem sogenannten »Bürgerwerder« dicht am Oderflusse, von dem rauschenden Strome nur durch einen schmalen Damm getrennt. Ich besuchte ihn wirklich und fand im kleinen Häuschen seiner Eltern die bitterste Armut gepaart mit Reinlichkeit und treuherziger gutmütiger Einfalt. Der bleiche, in nächtlichen Arbeiten und kümmerlicher Existenz erkrankte Sohn war ihr einziges Kind; seine glänzenden Schulzeugnisse ihr einziges Glück; seine Zukunft ihre einzige Hoffnung. Alles, was ich dort sah, war so entschieden das Gegenteil von allem, was ich bisher gesehen; der junge Freund, in seiner kleinbürgerlichen Verlegenheit, so ganz verschieden von meinen bisherigen Freunden und Gesellen, daß ich von Mitleid für seine Armut, von Hochachtung für seine Kenntnisse und seinen Fleiß ergriffen, mich ihm mit ungemäßigter Lebendigkeit förmlich in die Arme warf und seine Freundschaft erstürmte. Was ich besaß, teile ich mit ihm. Meine Pflegemutter wurde durch Schmeicheleien und Bitten zu Geschenken für ihn gezwungen ... Täglich mußte er zu uns kommen. Ich fütterte ihn, wo ich wußte und konnte. Er half mir bei der Arbeit, ließ mich meine Versäumnisse nachholen, suchte mich zu fördern, und nützte mir mehr als unser Lehrer. Ich war ihm von Herzen ergeben; nur zwei Dinge schreckten mich bisweilen zurück: Erstens, der moderartige Geruch seiner Kleider, den man so grausam anzudeuten pflegt, wenn man sagt, es rieche nach armen Leuten; zweitens, die Häßlichkeit seines Gesichtes und seiner Gestalt. Er war, sozusagen, verkümmert.

Aber, wenn er sein mattes und dennoch glänzendes Auge auftat, wenn er über seine Brustleiden klagte, wenn er ahnend aussprach, daß er nicht lange leben werde und dabei nur seine armen Eltern bedauerte, die sich den Bissen vom Munde abgedarbt hätten, ihn so weit zu bringen, und wenn er stürbe, nichts davon haben sollten! – dann siegten Mitleid und Liebe über meine verwöhnten Sinne, und ich blieb ihm treu ...

In der Schule machte es Aufsehen, daß der Fleißigste und der Faulste, der Stillste und der Vorlauteste, der Sparsamste und der Verschwenderischste so innige Freundschaft geschlossen hatten. Ferdinand hieß das »Kalb«, weil ich, biblisch zu reden, mit fremdem Kalbe pflügte. Desto fester hielten wir zusammen.

Als die Nachricht von einer ungeheuren Überschwemmung zu den Bewohnern der inneren Stadt gelangte, war mein erster Gedanke an ihn. Ich eilte hinaus, wo ich nur ein Meer sah. Nicht ohne Not gelangten wir bis an die wohlbekannten Hütten. Ach Gott, nur das Dach schaute aus dem gelben Schaume der empörten Wellen, nur die Wipfel unserer Nußbäume; am Fenster von Ferdinands Dachstübchen hielt unser Kahn, und durchs Fenster gelangte man ins Haus, wo die guten alten Leute in stiller Ergebung saßen und harrten, bis die Fische ihre kleinen Gemächer wieder räumen würden.

Ferdinand kränkelte fort und fort, ohne deshalb in seinen Anstrengungen nachzulassen, oder seine heitre Milde zu verlieren. Aber er war aufrichtig, und die Unterstützungen, die ihm durch uns zuteil wurden, vermochten ihn nicht, zu schweigen, wenn er sah, daß ich nachlässig in meinen Arbeiten, leichtsinnig in meinem Umgange war, daß ich andere Götter hatte neben ihm.

Ich hörte nicht auf, ihn zu achten und zu lieben, aber er war mir mit seiner Vortrefflichkeit bisweilen lästig; ich schämte mich meiner vor ihm. Und so muß ich es bekennen, daß ich kälter gegen ihn fühlte, oder zu fühlen schien. Seine Besuche wurden seltener. Im Spätherbst blieb er acht Tage lang aus; auch in die Schule kam er nicht. Nun regte sich mein Gewissen. Ich stürzte hinaus. Seine gebeugte Mutter trat mir schweigend entgegen, führte mich an ein hölzernes Bettgestell, hob eine weiße Decke auf und zeigte mir die Leiche ihres Sohnes. »Er hätte Sie gern noch einmal gesehen«, sagte sie, »aber ich wußte nicht, ob ich nach Ihnen schicken dürfte, weil wir doch nur geringe Leute sind.«

Als ich zerschmettert von dannen schlich, sah ich den alten Vater im Hofe stehen, wie er sein eben bereitetes Kraftmehl zum Trocknen in die Sonne rückte. Er begleitete mich, ohne ein Wort zu sprechen, bis an die Hoftür ...

40, 166 ff.

Berlin, um 1820
Zu Gast im Paradies

Herrn Cleanths Bildung wurzelte in der neologischen, freigeistigen Richtung des endenden vorigen Jahrhunderts. Freimaurerei trieb er mit Leidenschaft ... Herr Cleanth unterhielt nicht die geringste Verbindung mit der Kirche und ängstigte dadurch nicht wenig die Glaubenstreue der Eltern seines halben Adoptivsohnes ... Er duldete keinen Widerspruch, war Erzieher von Grundsätzen und gab dem neuen Gespielen seines Sohnes durch eine unvergessene Ohrfeige sogleich beim Beginn ihrer Freundschaft einen Vorgeschmack, wie sich nach seinem System Charaktere zu entwickeln hätten. Diese Ohrfeige erzeugte eine Art Revolution. Erst eine wilde, stürmische nach außen hin. Der passive Held derselben, der sich handgreiflich nur von den angeborenen Eltern strafen lassen wollte, schrie, rannte davon und wollte von dem glänzenden Parkett, von der Welt der Teppiche, Konsolen, Bronzeleuchter, Spieluhren, Gemälde, nichts wissen, wenn man dort Ohrfeigen bekäme ... Der Entflohene wollte nicht wiederkommen. Erst lange Verhandlungen, Kongresse, still angestellte Vergleiche mit den doch so reichlichen Kopfnüssen, die auch zu Hause hingenommen werden mußten, zutraulichste Anreden führten den Gedenkzettelten endlich in sein Paradies zurück ...
Herr Cleanth behauptete, in seiner Wohnung kein gutes Malerlicht zu haben ... und kaufte sich in der Behrenstraße Nr. 54 ein eigenes Haus. Diese Trennung von der Stallstraße störte keineswegs den Verkehr der Kinder ...
Herrn Cleanths neues Haus war ein Palast, es konnte die Wohnung eines Fürsten sein ... Ein geräumiger Hof mit Stallungen trennte es von einem Garten, der sich an die Parkgärten der Wilhelmsstraße zog. Hier ließ sich in Glückseligkeit schwelgen. Trotz der weiten Entfernung ... wurde doch in der doppelten Existenz fortgelebt und die trübselige Hülle der Armut für Stunden, ja Tage abgestreift. Der reiche Gespiele erhielt seinen Unterricht daheim. Herr Cleanth übte sich selbst im Lehren, im Anwenden pädagogischer Systeme. Vieles, was der Sohn lernte, kam auch dem Genossen zugute ...
Immer unsicherer wurde die Brücke der Rückkehr zur Existenz der Eltern. Die häusliche Lage wurde dem Knaben gegenständlich. Er urteilte darüber, seitdem er vergleichen konnte. Von dem Naturgeheimnis der Liebe und kindlichen Anhänglichkeit an das Vaterhaus ging nichts verloren, aber der grelle Reiz der Eindrücke dämpfte sich ab. Nicht mehr wurde so aufmerksam gelauscht, wenn Vetter Wilhelm von der Selbstgerechtigkeit und der Gnadenwahl, Vetter Christian von Ungarn, seinem Ehewirrsal und den neuen Seidenhüten sprach ... Die neue Lebenssphäre stand unter anderen Bedingungen. Hier im Cleanthschen Hause kamen nur die Besuche von Hofräten, Hofrätinnen, Geheimratstöch-

tern, Professoren, Künstlern, Offizieren, jungen Studierenden, die aus Stettin ihre Empfehlungsbriefe brachten und wöchentlich an einem bestimmten Tage zu Tisch erscheinen durften ...

In der traulichen Geselligkeit eines gebildeten Hauses liegt ein unendlicher Reiz. Kein Patschuli ist dafür nötig, kein strahlender Lüster. Duft und Glanz liegt schon allein in der ganzen Weise eines solchen Hauses selbst. Die Ordnung und die Pflege verbreiten eine Behaglichkeit, die ebenso das Gemüt wie die äußeren Sinne ergreift. Die kleinen Arbeitstische der Frauen am Fenster, die Nähkörbchen mit den Zwirnrollen, mit den blauen englischen Nadelpapieren ... nebenan das Piano mit den Noten, Hyazinthen in Treibgläsern am Fenster, der gelbe Vogel im schönen Messingbauer, ein Teppich im Zimmer, der jedes Auftreten mildert, an den Wänden Kupferstiche, das Verweisen alles nur vorübergehend Notwendigen auf entfernte Räume, die Begegnungen der Familie unter sich voll Maß und Ehrerbietung, kein Schreien, kein Rennen ...

34, 132ff.

Berlin, 1839ff.

Einer, der ausgeht, die Welt zu erobern

Als ich, neun Jahre alt, vom Direktor behufs Aufnahme in das Gymnasium examiniert wurde, frug er mich am Schlusse so nebenhin, was ich denn werden wollte, und war sichtlich erstaunt, als ich ihm ohne Bedenken antwortete: Advokat ...

Ich muß aber erzählen, wie es kam, daß ich gerade nach Berlin geschickt wurde. Damals fuhr man mit der Post sechs Tage von Santomysl nach Berlin und, da die Post zu teuer war, mit einem Hauderer (Fuhrmann) noch etwas länger ... Es wurde zunächst erwogen, ob ich nicht – wie ein oder zwei andere Knaben – auf das Gymnasium nach Meseritz oder Trzemeszno ... geschickt werden sollte. Außerdem wurden Bedenken erhoben, daß man in Berlin nicht fromm sei und ich sehr bald von den alten Gebräuchen mich befreien würde. Das letztere Bedenken machte keinen tiefen Eindruck auf meinen Vater. Und in der Frage, ob ich in der Provinz bleiben oder nach Berlin wandern sollte, entschied der theoretische Satz meines Vaters: »Die Zivilisation kommt vom Westen; man muß ihr entgegengehen.« ... Er war sich des Wagnisses, daß ich leicht zugrunde gehen könnte, bewußt; dennoch entschloß er sich. Ein Bruder meiner Mutter studierte in Berlin Theologie; er hatte zugesagt, mich zu sich zu nehmen ...

Ich kam also nach Berlin, und am folgenden Tage wurde ich dem Direktor (des Französischen Gymnasiums) vorgestellt. Meine Mutter hatte mich nach ihrer besten Hinsicht auf das herrlichste ausstaffiert, ganz so, wie die polnischen Gutsbesitzer ihre Kinder auf die Schule schickten; ein einreihiger blauer Rock mit Stehkragen, vorn mit Schnüren besetzt (wie die Husarentrachten), Knebelknöpfe, zwei Schnüre, die von der Brust über die Schulter reichten und am Rücken zusammenhingen, an deren Ende eine Silberschnurtroddel; dazu eine vierkantige Mütze und ein frisch in Santomysl gefertigter Tornister ... für die Schulbücher. Man muß gestehen, daß diese Tracht in Berlin etwa auffällig für einen Schulknaben war, aber ich fühlte mich sehr wohl in derselben; denn jemand, der ausgeht, um die Welt zu erobern, muß ein Staatskerl sein.

Das Examen beim Direktor fiel leidlich gut aus, aber im Rechnen stolperte ich. Warum mußte er auch nach der Hälfte von 97 fragen? Zwei ungerade Zahlen durch zwei zu dividieren, war in der Tat eine unkeusche Zumutung.

Der Direktor sagte meinem Vater, ich sei – namentlich im Französischen– eigentlich für die Quinta reif; nur im Rechnen fehlte es, und deshalb sei er im Zweifel, ob er mich nach Quinta oder Sexta setzen solle. Er war sehr erstaunt, als mein Vater erwiderte: »Dann habe ich eine Bitte: setzen Sie ihn Letzter in Sexta! Er soll von der Pieke auf dienen, vielleicht macht er dann das ganze Gymnasium durch.«

So geschah es denn auch, und da der Zufall es fügte, daß ich Primus omnium bei meinem Abgang vom Gymnasium war, so habe ich die Hoffnung meines Vaters voll erfüllt.

Die Sorge meines Vaters, mich in der großen Stadt so allein bei einem armen Studenten, meinem Onkel, zu lassen, der wenig zu Hause sein könnte, bestimmte meinen Vater, noch irgendeinen weiteren Anhalt für mich zu suchen. Es fand sich eine Anknüpfung: ein gelehrter und ziemlich gut situierter alter Herr, ein Verwandter meiner Großmutter, war Vorbeter in der Berliner Gemeinde. Mein Vater suchte ihn auf und bat ihn, zu gestatten, daß ich ihn hie und da einmal besuchen dürfe. Der Herr gestand dies zu, sagte aber meinem Vater: »Wissen Sie denn, Herr Makower, was Sie da tun? Sie bringen den Jungen nach Berlin, lassen ihn hier etwas lernen, und dann – dann wird er auf Sie herabsehen.« – »Mag dies geschehen«, erwiderte mein Vater, »sofern seine Leistungen ihm dereinst ein Recht dazu geben!« ...

Mein Leben in Berlin war in den Jugendjahren ein recht trauriges. Ich war liebebedürftig und stand allein; kein weibliches Wesen, nicht die Mutter noch eine Schwester noch wer sonst stand mir zur Seite. Auch an männlichem Umgang fehlte es mir ... Aber es fehlte mir auch an dem Nötigsten. Ich lernte frühzeitig, daß man, ohne etwas genossen zu haben, zur Schule gehen könne. Ein Stück-

chen trocken Brot war manchmal alles, was ich begehrte – und nicht hatte ... Aber eine andere Erfahrung, die bitterer war, machte ich frühzeitig.
Immer wenn das Schulgeld gezahlt werden sollte, immer wenn neue Schulbücher, Hefte, Zeitungen, Karten oder dergleichen angeschafft werden mußten, war kein Geld vorhanden. Der Onkel hatte es eben nicht, und es mußte irgendeine günstige Gelegenheit abgewartet werden, wenn sie angeschafft werden konnten. Die Lehrer drängten und waren böse, daß die Bücher usw. von mir nicht gebracht wurden. Meine Armut immer einzugestehen, dazu konnte ich mich nicht entschließen; ich wollte auch nicht das Mitleid meiner Mitschüler empfinden. Ich erhielt manchen Tadel der Lehrer wegen meiner Vergeßlichkeit, Tadel, welche vom Standpunkte der Lehrer aus gerechtfertigt waren, mich aber doch ungerecht trafen. Natürlich konnte ein Diarium nicht leidlich aussehen, das ich mir aus den unbeschriebenen Blättern von Briefen zusammengeflickt hatte; natürlich konnte der blaue Deckel eines Heftes für Reinschriften nicht sauber sein, da ich ihn mir aus dem Papier hergestellt hatte, in welches man damals Stückenzucker einzuwickeln pflegte. Ich lernte damals ungerecht zu leiden und zugleich anzuerkennen, daß derjenige, welche die Leiden zufügt, von seinem Standpunkt aus gerecht zu sein glaubt – aber nicht die Lage des anderen ganz übersieht. Ich habe so liebe Lehrer gehabt, daß, wenn sie meine Lage übersehen hätten, sie wahrscheinlich mich eher unterstützt als gescholten hätten.
Jene Erfahrungen haben es zuwegegebracht, daß ich in meinem ganzen Leben fremde Handlungen milde beurteilt habe, in der Besorgnis, die Lage des anderen doch nicht recht zu übersehen.

56, 446ff.

STUTTGART USW., 1853
Verlorener Kampf um ein Stipendium

Die Unterhandlungen begannen und endigten damit, daß ich, nachdem ich zwölf Jahre geworden war, zu Präzeptor Staiger nach Stuttgart in die Kost kam und in die vierte Klasse des Gymnasiums eintrat ...
In einem alten, behaglichen Hause der Färberstraße wohnte die Familie Staiger ... Ich war dort mit zwei oder drei anderen jungen Leuten zusammen. Sie waren aber älter als ich und in solcher Jugendzeit wirkt schon ein einziges Jahr trennend; so kam es, daß ich ziemlich alleinstand, angewiesen auf die Kameraden der Klasse ...
Woran es mir bisher gefehlt hatte, das kam jetzt zur Geltung: in Staigers Haus bestand für alles System, für Essen und Trinken, für Erholung und Arbeiten.

Auffällig blieb mir nur und machte mich stutzig: jegliches Tun schien sich auf das Landexamen zuzuspitzen. Bisher hatte ich dies Ziel dann und wann auch bezeichnen hören, aber es schien mir die Sache selbst in kaum erkennbarer Ferne zu liegen. Jetzt hieß es stets: in zwei Jahren, in achtzehn, in fünfzehn Monaten sollst du das Landexamen machen. Ja, dachte ich heimlich im Innern, gewiß, wenn nicht vorher die Welt untergeht. Denn auf dieses oder auf ein ähnliches, dem gleichkommenden Ereignis hoffte ich mit Sicherheit.

Kurz, das Ziel ward schärfer und schärfer umgrenzt und es gab nicht mehr viel freie Zeit, mit den Kameraden herumzutollen. Ich dachte an die in den engen Käfigen Eingeschlossenen beim Hühnerlidle. Streng mußten die Arbeitsstunden eingehalten werden und nur an den Mittwochnachmittagen ging es hinauf zum Bopserwald ... Um den ganzen Ernst der Lage auch äußerlich recht zum Bewußtsein zu bringen, schafften mir die Eltern, kurz nachdem ich nach Stuttgart gekommen war, eine Studierlampe an ... Recht als Bürgen für siegreiche Durchführung der Studien, als das Merkmal eines fleißigen Schülers pflegte man die kunstreich aufgebaute Studierlampe und das Arbeiten in ihrem lichten Scheine zu betrachten. Bisher hatten immer drei bis vier Schüler sich mit einer einzigen Talgkerze begnügen müssen ... Das rasche Heranrücken der Konfirmation, die Verwirklichung dieser Handlung, die vor kurzem noch so fern schien, ließ zum voraus ahnen, daß nun auch die Monate, Wochen, Tage bis zum Landexamen im Flug herum sein werden. Alles Träumen auf Seitenwegen, alles Ableiten der Gedanken konnte zu nichts helfen ... Und wollte ich je abweichen rechts oder links vom schmal vorgezeichneten Pfade, so scheuchten mich die Mahnworte der Eltern, des Präzeptors, die Bemerkungen der Altersgenossen auf ihn zurück. So viel Wissenschaftswust, so viel Zusammenraffen aller Kräfte sei doch nur für die Kandidaten des Landexamens nötig ... Man sprach von uns wie von Verurteilten.

So verflossen die freien Tage ziemlich eintönig und freudlos. Bald wollte es scheinen, als könne es dem Kandidaten aus dem Stuttgarter Gymnasium nicht fehlen; dann griff frohe, übermütige Knabenstimmung Platz. Bald wieder verbreitete sich die Kunde, daß die Schulen von Göppingen, Markgröningen, Kirchheim zahlreiche, aufs beste eingedrillte Zöglinge, die niemals zu besiegen seien, entsenden werden; da ließ man die Ohren wieder hängen.

Aber wunderbar, jetzt stimmten diejenigen, die seither nur angefeuert und gewarnt hatten, die Eltern und der Präzeptor, ein ganz neues Lied an; laut behaupteten sie, es könne mir gar nicht fehlen, ich solle nur ganz unbesorgt sein ... Damit nagelten sie mein armes, wackelndes Herz wieder fest und ich zählte die Scharen meiner Mitbewerber nicht, als ich mich, schweres Handwerkszeug mit mir schleppend, auf den Bänken des großen Saales im Gymnasium in Stuttgart niederließ, wo die 108 Kandidaten in dichtem Gedränge sich versam-

melten. Jeder wußte, was auf dem Spiele stand: allerhöchstens 33 von den 108 konnten bestehen. So ging der Wettlauf an ... Drei Tage dauerte das Abwägen der Kräfte.
Der Vater kam; er sah mit dem Präzeptor die Konzepte durch. Die Sache sei so übel nicht, meinten sie; doch fällte man noch kein endgültiges Urteil. Aber dahin und dorthin gingen sie, wo andere Väter und Lehrer zu treffen waren und lauschten mit begierigem Ohr. Immer mehr verbreitete sich das Gerücht, daß außerordentlich viel tüchtige Streiter aus den Landschulen sich hervorgetan haben und die Maschen des Siebes beeinflussen.
In bangem Harren und vielfarbigen, sich aufwärts und abwärts bewegenden Vermutungen vergingen ein paar Tage. Da kam das Resultat. – Warum wirbelte denn alles vor mir im Kreis? ... Der neununddreißigste war ich geworden in der Bewerberschar; also durchgefallen und ganz ohne Hoffnung.
Ich fühlte mich unendlich unglücklich und hätte mich nicht gewundert, wenn etwas Schreckliches im Lauf der Natur sich ereignet hätte. Weder Sonne noch Mond blieb meinetwegen stehen. – Es wurde Abend; die Nacht brach herein; mit einer Art Freude begrüßte ich ihre deckenden Schatten ... Ermüdet ... schlief ich endlich ein. So oft ich aufwachte, freute ich mich der tiefen, nächtlichen Schatten. Dabei stellte ich mir vor, wie sie drüben in Hohenacker noch glücklich schlafen, wie sie noch keine Ahnung von meiner Nichtigkeit haben ... Was sollte denn eigentlich aus mir werden? Es waren doch noch zwei Brüder und zwei kleine Schwestern. – Wäre ich aus den Kosten gekommen, so hätten die Eltern leicht weiter sorgen können; aber so, wie jetzt die Sache lag, überstieg es, nach meiner Vorstellung, ihre Kräfte. Wie ein frecher Eindringling, der kein Recht mehr hat, kam ich mir vor, wenn ich jetzt an die Türe pochte ...
Aber freundlich wie sonst begrüßte mich die Mutter und fuhr mir mit der Hand weich über Kopf und Gesicht. Schon tauchte zitternd in meinem Herzen der Gedanke auf, es sei alles vergessen und vergeben.
Zur Stärkung pflegte mir die Mutter, wenn ich von Stuttgart herüberkam, eine große Tasse warmer Milch zu geben, in der ein Stück Zucker und ein Ei verrührt waren. Wie sonst schob mir die Mutter meine Milch zu. Mit dem ersten zaghaften Schlückchen aber merkte ich, daß heute Zucker und Ei fehlten. Nun wußte ich, wie ich stand. Aber ich sagte kein Wörtchen; die Mutter auch nicht.

71, 70ff.; 79ff.

Elbing, um 1870
Das Kartenhaus geträumter Größe

Immer mehr teilte sich mein Leben in zwei Stockwerke. In dem unteren wohnte ich gemeinsam mit allen, die um mich waren; dort kannte man mich als harmlos-stillen Burschen ... Das obere gehörte mir allein. Von dort stieg eine Jakobsleiter geradewegs in den Himmel. Dort war ich König und Volksmann, Weltumsegler und Prophet. Dort hielt ich Zwiesprache mit den Großen aller Zeiten, dort rollte ein großes Bilderbuch sich unaufhörlich vor mir ab. Dort war ich edel, tapfer, großmütig, von unermeßlichem Reichtum, Liebling der Frauen und Beherrscher der Männer. Dort schlug ich die Klügsten durch die Macht meiner Rede und kam an Fülle des Wissens selbst den Gelehrtesten gleich ...

Dieses Kartenhaus geträumter Größe, zwischen dessen luftigen Wänden mir nur zu wohl war, fiel eines Tages kläglich zusammen, angesichts einer Entdekkung, die mir jede Selbstachtung nahm und mich jäh in den Rachen der Verworfenheit stürzte.

Schon seit einiger Zeit war mir ein seltsames Gefühl auf dem Kopf bemerkbar geworden, das halb Schmerz und halb Kitzel war und mich bis tief in den Nakken hinein mit Schauern übergoß. Unter dem Druck der Hand und dem Kratzen der Nägel verlor es sich meistens, aber wenn ich stillsitzen mußte, wie bei Tische oder gar auf der Schulbank, quälte es mich so sehr, daß ich manchmal, ohne erst um Erlaubnis zu fragen, aufsprang und zur Türe hinauslief. Es war ein Krankheit – sicherlich – aber eine, von der man nicht sprechen durfte. Das sagte mir eine Ahnung, die quälerischer war als die Qual selber. Und eines Tages wurde es offenbar, das Schreckliche, nicht zu Begreifende: Ich hatte Läuse. Ich, Sudermanns Hermann, der Sohn ordentlicher Eltern und Mutters Liebling, ich, der Auserwählte, der auf den Höhen der Menschheit zu Hause war und es an Edelsinn mit den Edelsten aufnehmen konnte, ich hatte Läuse. Läuse, wie die Bettlerkinder, die verschmutzten und verwahrlosten, die daheim die Stuben nicht betreten durften. Es war in dem städtischen Petroleumsschuppen, dessen Verwaltung der guten Tante anvertaut war, wo ich beim Herausgeben der Fässer die niederschmetternde Entdeckung gemacht hatte. Als die Fuhrleute fort waren, schloß ich, um nicht überrascht zu werden, von innen das Tor, rannte weinend von Stapel zu Stapel und schrie in meiner Ratlosigkeit immerzu: »Mama, Mama, Mama!«

Aber Mama war fern, und wenn ich statt ihrer der gutenTante zu beichten gewagt hätte, ihr, die für weit geringere Fehler ein Verzeihen nicht kannte, ich würde auf der Stelle an die Luft gesetzt worden sein. Aber auch an Blechschmidt (den Schulfreund) als Mitwisser war nicht zu denken. Mühsam hatte ich mir unter den Gefährten einige Achtung erobert; die Hänseleien, die mich früher so oft in Verzweiflung gehetzt hatten, fingen gerade an, etwas seltener zu werden – wenn er nicht reinen Mund hielt, eher hätte ich mich in den Elbingfluß stürzen können, als den Fluten des nun sich ergießenden Hohnes gewachsen zu sein. So hieß es denn, die Last der Schmach in Schweigen weiterschleppen und auf ein Wunder warten, das sie von mir nahm …

Was die täglich wachsende Verzweiflung schließlich aus mir gemacht hätte, weiß ich nicht, wenn ich mich nicht eines Tages von der guten Tante plötzlich in einen Stuhl gedrückt und, ehe ich mich wehren konnte, durch zwei, drei Striche eines Staubkammes rettungslos überführt gefunden hätte. Und – Dank sei ihr! – ich wurde nicht zu den Verbrechern geworfen, ich wurde nicht aus dem Hause gejagt …

91, 108 ff.

Sarnen, um 1880

Scham und Schmach der Herkunft

Am selben Tag, nach der Religionsstunde im neuen Konvikt, zog unsere Klasse zum Garten neben den Statuen von Religion und Wissenschaft hinaus, um laut Stundenplan wie immer an diesem Nachmittag über die Landstraße ins alte Kollegihaus zur Botanikstunde zu gehen … Und jetzt geschah, worüber ich nie aufhöre, den Kopf voll Scham und Trauer zur Erde zu beugen.

Im nämlichen Augenblick kam wahrhaft meine eigene Mutter die Straße herauf. Sie mußte in Sarnen gewesen sein und zog jetzt heimwärts, einen großen häßlichen Henkelkorb am Arm, fast wie eine Hausiererin. Es war mühsam, durch die Straßen voll kotiger Schmutzlachen vorwärts zu kommen. Sie ging denn auch am Rande, langsam, gebückt, voll Sorge, sich nicht zu verunreinigen, und sichtlich schon recht ermattet. Neben den rotbäckigen Studenten mit den scherzhaften Augen und spielerischen Bewegungen erschien sie mir so alt, so abgenützt, eine solche Menschenruine, daß mir eine Blutwoge von falscher Scham zu Kopfe stieg. Und doch war es meine herrliche Mutter!

Habe ich mich überwunden, bin ich zu ihr getreten, die nur drei Schritte von mir entfernt ging, habe ich sie laut gegrüßt, habe ich gesagt: »Oh, wie schön, Mutter, daß wir uns hier einmal treffen! Jetzt hatten wir eben Religionsstunde, nun kommt Botanik … Es sind noch zwei, drei Minuten Pause, liebe Mutter, darf ich dich so lange begleiten und dir den Korb tragen?« Hab ich so gesagt und gar noch gerufen: »Kameraden, schaut, das ist meine liebe, tapfere Mutter, ich gehe noch ein Stückchen mit ihr!«?

Wenn ich das getan hätte, es wäre das Allermindeste gewesen, was ich tun konnte. Aber ich Schurke! Ich sah nur das elende, gegen die Erde gedrückte, kleine, fleischlose, knochige Figürchen, und ich hatte den einzigen gottlosen Wunsch, daß es mich nicht erspähe und daß niemand merke, dieses verblühte, vergrämte, vermergelte Frauchen sei meine Mutter.

24, 113f.

Leipzig, um 1885

Der Freischüler

Gern bin auch ich nicht in die tausend toten Stunden gegangen, aber bis zum Haß war's doch noch weit. Meine Mitschüler schimpften weidlich über gewisse Fächer, für die sie keinen Sinn hatten, über Lehrer, die ihre Faulheit durchschauten, und über die ›Bevorzugung‹ der Fleißigen. Sie waren nämlich in ihrem Urteil viel ungebundener als ich und machten von dieser Freiheit, hinter der das Vermögen ihrer Eltern stand, ausgiebigen Gebrauch. Ich war Freischüler, was ungefähr das Gegenteil eines freien Schülers bedeutet. Ich mußte zum mindesten auf einer mittleren Höhe bleiben, wenn ich nicht der öffentlichen Gunst verlustig gehen wollte ...

Was mir aber die Schule noch heute in freundlichem Lichte erscheinen läßt, das ist der dunklere Hintergrund, von dem sie sich abhebt. Meiner guten Mutter war die Schule heilig und nie hat sie mich ihr eine Stunde lang entzogen. Doch die Stunden vor und nach dem Unterricht durften nicht gleich den Schulaufgaben geopfert werden, sondern gehörten in recht ausgedehntem Maße den Aufgaben des Hauses. Wir waren sehr, sehr arm, und pfennigweise wurde das Brot verdient. Ich mußte, um einen Groschen herbeizuschaffen, Körbe mit Waren in die Vorstädte schleppen, täglich einige Male halbstündige Wege in unsern ›Garten‹ machen, wo Ziegen, Kaninchen, Hühner und Enten auf Futter warteten. Dieses Futter trug ich mir treppauf, treppab bei fünfundzwanzig Herrschaften zusammen. Meine Mutter versah währenddessen zu Hause ihre kleine Leihbibliothek, kochte für Mittagsgäste und ließ sich in ihrer Güte allenthalben betrügen. Kaum saß ich in Tertia, so gab ich Stunden, und ihre Zahl wuchs von Jahr zu Jahr, bis ich für die eigenen Schularbeiten nur noch die Zeit von zehn Uhr abends bis fünf Uhr früh übrig hatte. Müde kam ich morgens in die Schule, aber ich freute mich doch der Gleichmäßigkeit, die mir nun durch vier, fünf Stunden gegönnt war. So wurden mir die Vor- und Nachmittage, die andern eine Qual waren, zu angenehmen Unterbrechungen der häuslichen Laufereien und des

Privatlehrertums ... Ich empfand es immer als eine Gnade, ins Gymnasium gelangt zu sein, wo doch eigentlich das kleine Handwerk meinen bürgerlichen Verhältnisse angepaßt gewesen wäre.

31, 333 f.

8.

Die Erfahrung der Ungleichheit

Beim Schützenfest verteilen Bürgerskinder an die Kinder des Volks Brezeln. Lithographie von Th. Hosemann von 1864. Aus: A. Stein, Liesbeth. Erinnerungen an eine kleine Pension. Berlin 1864

Kommentar

Obwohl an sich unvermeidlich, verändert sich die Erfahrung der Ungleichheit im Lauf der Jahrhunderte. Bis weit ins 18. Jahrhundert hinein entspricht die natürliche Hierarchie in der Familie und unter den Geschwistern dem ständischen Aufbau der Gesellschaft. Daß Eltern kein Kind auf Kosten der anderen bevorzugen sollen, wird zwar schon lange gepredigt, aber nicht praktiziert und steht ja auch im Widerspruch zum Recht. Das Erbrecht begünstigt den ältesten oder in manchen Gegenden auch den jüngsten Sohn und läßt überhaupt dem Erblasser größere Freiheit bei der Verfügung über sein Eigentum.

Unter dem Einfluß verschiedener Faktoren – zu denken ist an die Bevölkerungszunahme im 18. Jahrhundert, die allmähliche Erstarkung kapitalintensiver Produktion und die Politik des aufgeklärten absolutistischen Staates – verlieren die ständischen Großstrukturen an Bedeutung, erhalten sich aber im Kleinen oder werden sogar neu gebildet. In viele Familien jedoch zieht jetzt die Gleichheit ein. Die Philanthropen, die sich ja zuerst der Familienerziehung zuwandten und die Eltern-Kind-Beziehung in ein rein pädagogisches Verhältnis verwandeln wollten, kannten nur noch eine Hierarchie, die von Erwachsenen und Kindern, von Erziehern und Unerzogenen. Soweit die bürgerliche Erziehungsidee in den Familien sich durchsetzte, machten Kinder die Erfahrung der Gleichheit vor einer im Prinzip vernünftigen Instanz. Diese Erfahrung ist gewiß die Voraussetzung dafür, am eigenen Leib im außerfamiliären Bereich Ungerechtigkeit und Ungleichheit als Stachel und Schmerz zu erleben; sie reicht aber nicht hin, die Idee der Gerechtigkeit als ein Gut auch für andere zu fassen. Der spätere Jurist Karl Heinrich Lang (1764–1835) ärgert sich zwar darüber, daß er als Zehnjähriger bei einem adligen Spielkameraden die Standesunterschiede respektieren muß; er selbst sorgt aber wenig später dafür, daß ihm, als Neffen des Herrn Superintendanten, die Bauernjungen durch Mützengruß die schuldige Reverenz erweisen. Was macht die Ideen von Gerechtigkeit und Gleichheit, die im deutschen Sprachraum viel eher Familien- als gesellschaftliche Praxis waren, im Kinder- und Schülerleben so realitätsschwach, sogar mit Gleichaltrigen? Es ist die Angst, die Angst des Kindes vor dem Verlust der elterlichen Liebe, einem immer gefährdeten Gnadenstand, an den die Angst vor dem sozialen Absturz zwanglos anknüpfen kann. Es ist auffällig, wie viele bürgerliche Autobiographen des 19. Jahrhunderts ihre eigenen Leiden genau erinnern und präzise beschreiben können und wie stumpf und mitleidlos sie gegenüber dem Leben der Dienstboten im Haus, geschweige der Armut, die ihnen auf der Straße begegnet, bleiben. Das Bettelweib gehört für Gustav Parthey (1798–1872) zu den Amüsements, die der lange Schulweg durch Berlin zu bieten hat! Horror, nicht Mitleid packt Friedrich Meinecke (1862–1954), als er in den 70er Jahren den Arbeitern ins blasse Gesicht blickt, die einen ihrer Führer diszipliniert zu Grabe geleiten – dabei wächst er selbst im Berliner Norden als Sohn eines kleinen, dazu strafversetzten Postbeamten auf.

Die Durchsetzung der Schulpflicht und der Ausbau des Schulwesens tragen zur Demokratisierung der Kinder und Schüler weniger bei, als man geneigt sein könnte anzunehmen. Zahllos die Berichte über die Schulschlachten zwischen den besseren und weniger guten Schulen, den Volksschülern (auch diese wieder gespalten in die Bürgerschüler und die Armen- oder Freischüler) und den Gymnasiasten. Höhere Mädchenschulen werden gegründet – nicht, um nun auch Mädchen an der höheren Bildung teilhaben zu lassen, sondern um sie vor der Berührung mit dem gemeinen Volk zu bewahren. Das Privatschulwesen blüht und sorgt dafür, daß den Nuancen gesellschaftlicher Differenzierung, realer oder eingebildeter, Rechnung getragen wird. So gesehen, erscheint das vormoderne Schulwesen fast egalitär.

LITERATUR:

J. Kocka, Stand-Klasse-Organisation. Strukturen sozialer Ungleichheit in Deutschland vom späten 18. bis zum frühen 20. Jahrhundert In: H. U. Wehler, Hg.: Klassen in der europäischen Sozialgeschichte, Göttingen 1979

Fulda, 1804

Bürgerliches Bewußtsein gegen adliges Herkommen

Unser vornehmster Mitschüler war nämlich ein Neffe und Pate des Fürstbischofs. Ich kannte ihn von früher her... Damals hatte ich eine Zeitlang abends einen Topf Ziegenmilch in die Küche jenes adligen Hauses zu bringen gehabt. So oft mich der langbeinige Junge meines Alters erblickte, zog er, eines Gespielen froh, mich mit in den Hof und Hinterbau, bis ihn eines Tages der Hofmeister auf diesem Sprung bemerkte und ihm mit strengem Worte zurief: »Baron Adelbert, schämen Sie sich nicht, mit dem Milchbube zu spielen?« – Diese Warnung fiel von zu hoher Treppe herab, als daß ich sie nicht hart empfunden hätte. Aber ich verwand sie; nur daß ich, so oft der verlassene Junge sich wieder zu mir stehlen wollte, ihm mit meinem längsten Arm den Milchtopf entgegenstreckte, als abwehrendes Grenzwappen meines Königreiches.

Jetzt, nach einem halben Jahrzehnte, studierten wir zusammen ... So gutmütig der wenig begabte Junge war, atmete er doch in den Gewohnheiten seines Hauses. Und so ließ er, als wir eines freien Nachmittags im Schloßgarten umherstreiften, sich einfallen, einen Groschen für drei Hiebe anzubieten, die er einem mit seinem Stöckchen über den Rücken versetzen dürfe. Wir sahen ihn verwundert an, ließen es aber auch stillschweigend geschehen, daß einer aus unserer Mitte, Sohn eines Aschensammlers, sich zu dem Geschäfte verstand. Doch kaum hatte er seinen Groschen eingesteckt, als wir über ihn herfielen, ihn auf den Rasen warfen und mit Püffen sein bürgerliches Bewußtsein zu wecken suchten. Daß wir nicht den Baron prügelten, war vielleicht echt germanisch, ohne daß wir es selbst wußten: unser Instinkt ließ das adelige Herkommen, impertinent zu sein, als historisch gelten, und wollte nur den bürgerlichen Stolz erwecken, der auf rechtlichem Wege aller aristokratischen Anmaßung ein Ende machen könnte.

43, 186ff.

Berlin, um 1810

Das Ende des Standesprivilegs und die Angst vor dem Volk

Eines Winters erhielt die Herzogin den Besuch ihrer zweiten Tochter, der Fürstin von Hohenzollern-Hechingen mit dem Erbprinzen Konstantin, der ungefähr in meinem Alter war (geb. 1801, gest. 1869) Anfangs hatte ich einen großen Respekt vor ihm, und wagte bei meiner angeborenen Zurückhaltung kaum, ihn anzureden. Als ich sah, daß er ein Mensch sei, wie alle andern, so faßte ich bald mehr Mut, und wir spielten sehr vergnügt zusammen. Weil aber allen Knaben die Kampflust angeboren ist, und sie ihre Kräfte gegeneinander versuchen wollen, so kam es auch zwischen uns sehr bald zum Balgen und Ringen, das ich in der Schule zwar weniger als andre, aber doch geübt hatte. Dabei galt es nun als höchst unwürdig, gegen alles Kriegs- und Völkerrecht verstoßend, einander in den Haaren zu raufen. Ich setzte dies als stillschweigende Bedingung bei meinem fürstlichen Gegner voraus; da er indessen, als ich einmal im Vorteil war, mir in die Haare fuhr, so tat ich dasselbe mit solcher Vehemenz, daß er in ein fürchterliches Geschrei ausbrach. Der ganze Salon eilte herbei, die Fürstin von Hohenzollern fand ihren Thronerben in Tränen, ich stand, einen Flausch seiner blonden Haare haltend, sehr verlegen daneben, und erwartete ein schreckliches Strafgericht. Aber o Wunder! Nachdem ich die Sache wahrheitsgetreu erzählt, und der Prinz nicht leugnen konnte, daß er mir zuerst in die Haare gefahren sei, so ward ich von seiner Mutter mit Liebkosungen überhäuft, dafür, daß ich ihrem ungezogenen Sohne gezeigt, wie er sich nicht alles gegen andre erlauben dürfe. »Siehst du wohl, Konstantin«, so schloß sie ihren Sermon an den zerzausten Erbprinzen, »wer ausgibt, der muß einnehmen!«

Die Trauer um Nicolais Verlust war in der Stadt allgemein. In dem näheren Freundes- und Gelehrtenkreise, der ihn in den letzten Jahren umgab, genoß er der größten Hochachtung ... Uns Kindern war bisher nichts von seiner Bedeutung in der Literatur zu Ohren gekommen; wir kannten ihn nur als den, zwar nicht unfreundlichen, doch keineswegs anziehenden Großvater; ich war daher sehr erstaunt, als der Professor Hartung in der Schule uns belehrte, daß der eben verstorbene Herr Nicolai einer der größten Berliner Gelehrten gewesen sei ...

Das Leichenbegängnis hinterließ einen äußerst peinlichen, sogar schrecklichen Eindruck. Es hatte sich dabei, wie dies noch jetzt zu geschehn pflegt, alles Lumpengesindel der nächsten Gegend vor dem Hause versammelt. Weil ein so berühmter Mann begraben wurde, so war der Zudrang stärker als gewöhnlich. Das Elend der niedern Volksklassen muß damals, wegen des Krieges, größer gewesen sein als jetzt. Mich überlief ein Schauder, als wir aus dem Hausflur durch die Reihen der gaffenden Proletarier dem Trauerwagen zugeführt wurden; mir war nicht anders, als müßten diese hohläugigen blassen Gestalten über uns herfallen, um uns zu berauben oder zu töten. In der Luisenkirche, wo der Trauergottesdienst stattfand, war es noch ärger. Alle Räume bis zu den Emporen hinauf waren dicht gedrängt voll von unheimlichem Pöbel, der mit Gepolter über die Bänke kletterte, und andere Ungehörigkeiten verübte. Von Andacht konnte unter diesen Umständen gar nicht die Rede sein; nichts als Furcht erfüllte meine Seele, daß diese rohen Volkshaufen irgendeine Gewalttätigkeit verüben möchten. Wie dankte ich Gott, als wir beim Nachhausekommen das Spalier der stechenden Blicke zum zweiten Male glücklich durchschritten hatten, und aus der Kinderstube in den friedlichen Hausgarten hinabschauten.

66, 98; 150f.

Schönhausen, um 1820
Das Kind geht mit dem Kinde – eine befristete Idylle

Jener Prinz, in dessen Diensten beide Schulmeisterwaisen standen, der Maurer und der ehemalige Schneider, wohnte des Sommers in Schönhausen, einem kleinen, hinter dem Dorf Pankow bei Berlin gelegenen Schlosse ... Dem Schlosse gegenüber lagen Wirtschaftshäuser, die zur Hofhaltung gehörten. Ringsum lagen nichts als Felder, Wiesen, Dörfer, wie eben die märkischen Dörfer sind, mit Stroh- und Schindeldächern, mit großen Wassertümpeln in der Mitte für die Gänse und die Dorfjugend, mit einer freundlichen, oft uralten Kirche ...
In diese Herrlichkeit ging es schon des Morgens in aller Frühe. Zwar nicht in einem Staatswagen, aber auch vor einem Wirtschaftswagen holten die mutigen edlen Rosse kräftig aus. Eine herrliche Fahrt, wenn sich die blühenden Kastanienbäume der von Berlin abführenden Allee damals noch fast zu einem Dache zusammenschlossen ... Unvergeßliche Tage der Freude! ... Der Onkel empfängt die Ankommenden unter einem Heck von weißem Flieder, das sich an den gelbgetünchten Wänden der Dienstwohnungen hinzog ... Wie brannte die Sonne! ... Wie klopfte das Herz, als im Freien der Tisch gedeckt wurde und aus blendweißem Prinzenporzellan mit gemalten goldenen Wappen Reis in Milch oder gar eine Tafelreliquie verzehrt werden konnte. Hier waltete eine Arkadien. Der Mensch ging mit dem Menschen. Alles war Idylle, selbst bei den Bewohnern des von ... Eosander ... erbautem Schlosses ...
Die Prinzessin lud die Dorfkinder von Schönhausen ein und ließ sie mit den eigenen Söhnen und Töchtern auf einige Stunden Kameradschaft schließen. Wenn die Lakaien den Bauernjungen die Nasen geputzt und die Kammerjungfern die Mädchen untersucht hatten, ob sie ordentlich gewaschen und gekämmt waren, durfte der Troß mit den größeren und kleineren Hoheiten an langgedeckten Tischen frisch gestrichene Buttersemmeln verzehren, Milch trinken oder Kirschen und Birnen essen. Gewiß wird in dieser Form das Talent zur Herablassung bei den Großen herangebildet; ob aber auch wahre Demut und Bescheidenheit, läßt sich bezweifeln. Wenn arm und reich, gering und vornehm zusammengehen, so tobt sich der Necksinn, der Haschegeist der Jugend bei den letzteren allein aus ... Die Unbill der jungen Löwen müßte schon besonders

wild und übermütig werden, wenn die zuschauende Brille des Hofgelehrten bei einer Gewalttat den Ausschlag nach der leidenden Seite hin geben sollte. Und mit dem fünfzehnten Jahre hört auch all diese angebahnte ›Popularität‹, dieser Umgang mit Menschenspielzeug auf.

34, 75 f.

WESSELBUREN, UM 1820

Der Abstieg

Ungefähr um dieselbe Zeit, wo ich Susannas dumpfen Saal mit der neu erbauten, hellen und freundlichen Elementarschule vertauschte, mußte auch mein Vater sein kleines Haus verlassen und eine Mietwohnung beziehen ... Wir (Kinder) schieden, zwar nicht ohne Rührung, aber doch ohne Schmerz von den Räumen, in denen wir geboren waren. Was das eigentlich hieß, erfuhr ich erst nachher, aber freilich bald genug; ich war, ohne es selbst zu wissen, bis dahin ein kleiner Aristokrat gewesen, und hatte nun aufgehört, es zu sein. Das hing so zusammen. An und für sich schaut der Kätner auf den Häuerling herab, wie der Bauer und der reiche Bürger auf ihn, und eben so wird mit einem gewissen Respekt wieder zu ihm hinauf geschaut ... Die Kinder richten sich in allen diesen Stükken nach den Eltern, und so hatte ich die Ehre der Erhebung, aber auch die Schmach des Sturzes mit meinem Vater zu teilen. Als wir uns noch im Besitz befanden, wurde mein Ansehen als Kätnerssohn noch bedeutend durch den Birn- und den Pflaumenbaum unseres Gartens gesteigert. Selbst im Winter wurde es nicht ganz vergessen, daß ich im Sommer etwas zu verschenken habe, und mancher hart gefrorene Schneeball, der mir ursprünglich zugedacht war, flog doch an meinen Ohren vorüber, weil man besorgte, daß ich zu ungelegener Zeit Revanche nehmen mögte. Kam der Frühling heran, so begann man, durch allerlei kleine Gaben um meine Protektion zu werben; bald erhielt ich ein Heiligenbild, bald ein buntes Merkzeichen, bald eine Muschel, und huldvoll versprach ich dafür, was man verlangte ...

Dies alles hatte nun ein Ende, und die Folgen waren anfangs recht bitter. Zunächst wurden meine Eltern feierlich als »Hungerleider« eingekleidet, denn es ist charakteristisch an den geringen Leuten, daß sie das Sprichtwort: Armut sei keine Schande! zwar erfunden haben, aber keineswegs danach handeln ... Dann fing man an, auf uns Kinder zu hacken. Die alten Spielkameraden zogen sich zurück oder ließen uns den eingetretenen Unterschied wenigstens empfinden, denn der Knabe, der einen Eierkuchen im Leibe hat, blickt den von der Seite an, der sich den Magen mit Kartoffeln füllen mußte; die neuen hänselten uns und zeigten sich widerwärtig, wo sie konnten, ja, die »Pflegehaus-Jungen« drängten sich heran. Diese, arme Waisen, die auf öffentliche Kosten in einem Mittelding von Mildtätigkeits-Anstalt und Hospital unterhalten wurden, bildeten nämlich die allerunterste Klasse; sie trugen graue Kittel, hatten in der Schule, wie die Grafen in Göttingen, ihre eigene Bank, nur aus anderen Gründen, und wurden von allen gemieden, so daß sie sich selbst als halbe Aussätzige betrachteten und sich nur dem näherten, den sie verhöhnen zu dürfen glaubten.

36, 161 ff.

Berlin, um 1845

Der Feind aus dem Keller

Dann aber gab man uns in eine kleine Schule, die ein Herr Liebe in der nahen Schulgarten-(jetzt Königgrätzer)Straße hielt. Sie wurde fast nur von Kindern aus uns bekannten Familien besucht, und der Direktor war ein freundlicher kleiner Mann in mittleren Jahren mit einem runden, gutmütigen Gesichte, der uns mehr im Sande seines Gärtchens graben oder spielen und singen als ernstlich arbeiten ließ ...

Von Herrn Liebe, unserm Direktor, weiß ich nur noch dreierlei zu berichten. Am Geburtstage seiner Tochter traktierte er uns mit Kuchen und Wein, und dabei mußten wir ein von ihm selbst gedichtetes Festlied singen ... Zweitens halfen wir Herrn Liebe, der mit zum Kirchenvorstand gehörte und das Ehrenamt des Klingelbeutelumhertragens übernommen hatte, das eingekommene Geld sortieren, und es ergötzte uns weidlich, ihn – wie recht hatte der Mann! – aufbrausen zu sehen, wenn sich unter den Silber- und Kupfermünzen, was leider beinahe regelmäßig geschah, Zahlpfennige und – ich habe sie selbst in der Hand gehalten – Knöpfe von verschiedenen Kleidungsstücken befanden.

Drittens habe ich Herrn Liebe zu beschuldigen, auf unser Betragen nach der Schule zu wenig geachtet zu haben. Hätte er das Auge besser offen gehalten, so wäre uns jedenfalls mancher blaue Fleck und unseren Kleidern manche Wunde erspart geblieben; denn so oft es anging, begaben wir uns aus der Schulgartenstraße nicht direkt nach Hause, sondern durch das Potsdamer Tor auf den Platz hinter demselben. Dort lauerte der Feind, und wir suchten ihn auf. Er bestand aus Mitgliedern einer Schule von bescheidenerem Schlage, die uns »Geheimratsjören«, was wir ja meistenteils waren, und die wir dafür »Knoten« riefen, ein Wort von ursprünglich nichts weniger als beleidigender Bedeutung, da es infolge eines leicht verständlichen sprachlichen Vorgangs aus dem älteren »Genote«, das ist Genosse, entstand ...

Der Führer dieser schon vor Beginn des Kampfes keineswegs sorglich gekleideten Schar entstammten einem sogenannten Blumenkeller, das heißt einer unterirdischen Verkaufsstelle von Pflanzen, Kränzen usw. am Anfang der Leipziger Straße, zu dem vom Bürgersteige aus eine Treppe hinabführte. Oft kamen sie uns von selbst entgegen; im entgegengesetzten Falle aber lockten wir sie mit bestimmten Rufen aus ihrem Keller hervor. Sobald sie erschienen waren, schlüpften wir in einen Haushof, und wie oft kam es dort zu einer Schlacht, bei der die Schulmappe als Schutz- und Trutzwaffe diente. Auch der »Feind« führte solche, und oft genug haben wir sie einander an die Köpfe geschlagen. Wenn der Zorn mich ergriff, war ich wild wie ein Kampfhahn, und auch der gelassene Ludo schlug derb genug zu, sobald ihm die Ruhe getrübt worden war. Das gleiche darf ich den meisten »Geheimratsjören« und auch den »Knoten« nachsagen. Zu einem entscheidenden Erfolge gelangte der Kampf nur selten, denn der Portier oder ein Hausbewohner machte ihm fast immer unberufen ein vorzeitiges Ende. Ich erinnere mich noch einer dicken Frau, wahrscheinlich einer Köchin, die mich am Kragen festhielt, mich auf die Straße stieß und dabei ausrief: »Pfui doch; solche jungen Herren sollten sich was schämen.« Doch Hegel, dessen Einfluß damals in den gelehrten Kreisen Berlins noch so groß war, hatte Scham »Zorn gegen die Natürlichkeit« genannt, und das Natürliche gefiel uns. So wurden denn die Kämpfe gegen die Knoten fortgesetzt, bis die Berliner Revolution ernstere Kämpfe hervorrief und die Mutter uns nach Keilhau schickte.

21, 74ff.

Kiel, um 1865
Solche mit und ohne Mützen

An dieses Ende ... (das Abitur) aber dachte der kleine Mensch nicht, der eines schönen Aprilmorgens 1865 mit seinem klappernden Ranzen von seinem Berg herabstieg und unter seiner schwarzen Septimanermütze mit dem goldenen Streifen etwas zaghaft den ersten Schulweg in die »Gelehrte Schule« antrat, durch die südliche Allee des Schloßgartens, vorbei an Frau Roß' Wohnung in die Dänische Straße einbog ... Vorbei an der Kunsthalle mit den beiden molossischen Hunden davor, weswegen sie die Fremden – trotz des ionischen Säulenportals – häufig für die Tierarzneischule hielten. Mit dem Betreten der Dänischen Straße aber begann schon der Ernst des Lebens. Viele kleine und große Gestalten mit Ranzen auf dem Rücken und Büchern unter dem Arm bewegten sich in der gleichen Richtung, aber nur die, die bunte (rote, blaue, grüne) oder mit grünen, weißen, goldenen Streifen besetzte Mützen trugen, strebten demselben Ziel zu, wie ich. Die andern, und es waren ihrer viele und wie mir schien besonders kriegerisch gesinnte, bogen bald rechts ab auf den stattlichen »Buchwaldschen Hof«, unter dessen abgetreppten Doppelgiebeln die »höhere Bürgerschule« lag. Und diese waren unsere Feinde, wie wir die ihren. »Gelehrte, Botterbesmeerte, Botterlicker«, scholl es höhnend hinter uns her, ein unversehener Puff im Vorübergehen bedeutete alles eher als den Versuch einer freundlichen Annäherung; ein langgedehntes »Szeiger« (Zeiger, ein Eitler, der sich zeigen will) markierte Verachtung des in Kleidung oder Haltung an gute Kinderstube unliebsam und undemokratisch erinnernden »Gelehrten«.

53, 78

Ilfeld, um 1875

Das Parteileben in der Schule

Im Juli 1872 ... als ich in Untersekunda saß, und noch bevor ich sechzehn Jahre alt war, verstarb mein vortrefflicher Vater ... Meine Mutter war von da ab völlig auf ihr kleines Witwengehalt angewiesen. Mein ältester Bruder war 1872 noch Kandidat der Theologie, mein zweiter befand sich auf der Universität, fünf Töchter waren unverheiratet und damit unversorgt. Es war klar, daß ich an eine Universitätslaufbahn unter diesen Verhältnissen kaum noch denken konnte. Selbst der freie Aufenthalt auf einer Anstalt wie Ilfeld war bei unsern Verhältnissen eigentlich ausgeschlossen ...
In meiner Familie dachte man daran, mich die untere Zollaufbahn einschlagen zu lassen. Ich ging nach Ilfeld zurück und gab einem gewissen jungen Meyer, dem Sohn des Klosterverwalters, Nachhilfestunden, um wenigstens das Notwendigste zu verdienen. Auf der Anstalt galt dies nicht für »standesgemäß« und eines Ilfelders ganz unwürdig. So tat ich es mit Erlaubnis des Direktors geheim in den frühen Morgenstunden. Mehr als meine Armut selbst demütigte mich solche Geheimnistuerei meinen reicheren Genossen gegenüber ... Von Obersekunda an wurde ich schriftstellerisch tätig, um mir in meiner Not zu helfen. Ich las damals Shakespeare, dessen Stücke ich verschlang. Bald begann ich, ihn nachzuahmen und selbst Stücke zu schreiben. Ich verfaßte einen »Judas Ischariot«, eine »Tante und Nichte«, welche ich einer Agentur in Hamburg einsandte und dieser verkaufte ...
Insbesondere aber beschäftigte meinen Geist das »Parteileben« der Schule ... Als ich 1871 nach Ilfeld kam, waren die Schüler daselbst von unten nach oben eingeteilt in »Knüppel«, »Neutrale« und »Alte Bengels«. Die Knüppel mußten den Alten gewisse Dienstleistungen verrichten, z. B. Wege laufen, Kleider reini-

gen usw. Aus den Alten wurde durch allgemeine Wahlen ein Ausschuß von elf Schülern bestellt, der sogenannte »Commers«. Dieser hatte eine Art Gerichtsbarkeit über alle ... Seine Beschlüsse galten für heiliger als die der Lehrerkonferenz selbst und wurden unwiderruflich ausgeführt.
Bei meinem Eintreten gab es in Ilfeld drei große Parteien: die Weißen, die Blauen und die Roten. Die Weißen waren ursprünglich eine Vertretung des alten Adels, in den Blauen fanden sich auch Söhne höherer Beamter und reicher Kaufleute zusammen, die Roten stellten das solide Bürgertum dar. Als ich nach Sekunda kam, schloß ich mich diesen an. Alle drei Parteien »kneipten« sonntags getrennt und eiferten Formen und Komment studentischen Korps nach. Sie kämpften um die Mehrheit im Ausschuß ... So war ein greifbares Ziel für einen politischen Kampf im kleinen gegeben.
Ich muß sagen, daß dieser Kampf mich bald mehr in Anspruch nahm als die eigentliche Schule. Schon in meinem ersten Sekundanersemester wurden die Roten durch innere Zwistigkeiten auseinandergesprengt und verschwanden im Klosterleben. Im Herbst 1873 stellte ich die Partei mit meinem persönlichen Anhang wieder her ...
Im Zusammenhang mit diesen Kämpfen übte ich schon früh ein gewisses Rednertalent, besonders für Bierreden ... Auch gab ich eine wöchentliche Zeitung: »Die sonnige Maiennacht« heraus, welche geschrieben und im Konversationszimmer vor versammeltem Publikum verlesen ward, und in welcher ich Personen der Gegenparteien, mehr oder weniger witzig, verhöhnte ...
Dazu kam, daß ich meine körperliche Gewandtheit, vor allem auch meine Überlegenheit im Ringen weiter ausbildete. Ich war einer der stärksten unter den Schülern, und mit einigen Ausnahmen zu Anfang wurde ich von persönlichen Angriffen verschont ... Mir half das Parteileben, meine Persönlichkeit in einer wesentlich unfreundlichen Umgebung zu behaupten und durchzusetzen.

69, 97 ff.

Obwalden bei Sarnen, um 1882

Pöbelblut, Pöbelbegeisterung und Pöbelroheit

Ich habe nie einen lebendigeren Geschichtsunterricht erlebt, als in den unteren Klassen bei Herrn Johannes. Er war von Natur etwas komisch geartet, schielte mit beiden Augen übers Kreuz, trug das Haar wie ein verwüstetes Vogelnest und blies die Backen in der Aufregung wie ein Posaunenengel auf. Die großen Figuren und Stunden der Weltgeschichte erfüllten ihn ganz. Wenn er sie in unsere kleine Schulstube beschwor, wurde die lockere Disziplin sofort straff, man sah ihm auf den Mund, begleitete ihn, der im Vortrag gewaltig zwischen den Bänken auf und ab ging, mit heißem Blick, ja man lernte seinetwegen die Stenographie, um das wundervolle Referat im Heft zu behalten ...

Mit uns teilte diese Geschichtsstunde jene Klasse, zu welcher mein bewunderter Egid Salez gehörte. Wir saßen gesondert, aber die Zahl der Bänke und Schüler machte es unvermeidlich, daß einige von uns Nachbarn der kecken Realschüler wurden. Egid hatte herrisch-freundlich gewinkt, Grund und Glück genug, mir mit List oder Gewalt den Sitz neben ihm zu erfechten. So gehörte uns denn eine Zweierbank ganz allein. In meiner dummen – wie ich jetzt meine –, aber damals so naiven, seligen Verehrung wagte ich fast nie, ihn anzusprechen. Meines Erachtens stand er zehnmal höher als ich, nicht bloß an Anmut und Frische der Gestalt und Vornehmheit des Gehabens, sondern auch an Talent, Welterfahrung, und vor allem an Herrenwillen ... Ich war furchtbar ordinär gekleidet, seine Hosen und Jacken waren aus besonders feinem zähen Stoff, und über den Hüften hatte er einen Ledergurt um den schlanken Leib gezogen, worin ein richtiges Jagdmesser stak.

So suchte ich ihm denn schweigend zu gefallen, indem ich seine Bleistifte spitzte, seine Tintenkleckse radierte, ihm die Schreibfeder vom Boden auflas, das Nastuch heimlich lieh, wenn er das seinige vergessen hatte, und zu diesem Zwecke stets ein zweites, sauberes, weißes Tüchlein mit mir trug, ja ihm die Hände unter der Bank wärmte, seine schlanken, harten, immer verfrorenen Hände, während die meinigen stets blutheiß waren, kurz, alles tat ... was nur die so bübisch reine Schwärmerei von vierzehn Jahren zu leisten und zu entschuldigen vermag.

Er sagte nie Dank, nahm es wie selbstverständlich, und es blieb unklar, ob er in mir mehr den Diener als den Kameraden sah. Oft redete er viel und zutraulich zu mir, aber immer von seinen Zielen und Hindernissen, nie von mir. Und so hörte ich ihn auch am liebsten. Er war doch der Wichtige, nicht ich. Dann wieder kam er und preßte die Lippen zusammen, und ich hatte Angst, er zürne mir ... Indessen, diese Launen hingen mit seiner Gesundheit zusammen. Er war blutarm und erschien oft mit einem Gesicht wie Alabaster in der Stunde. Dann gebärdete er sich unleidlich, er ließ absichtlich etwas unter die Bank fallen, versuchte mir beim Aufheben den Kopf unters Knie zu drücken, durchkritzte mir das Sudelheft, saß auf meiner Mütze ... Dann fürchtete ich ihn ...

Gewöhnlich aber sah er aus wie eine Apfelblüte ... Er war ein Hoteliersohn, aber einer vom Grand Hôtel, an hohe Spiegelsäle, Kristall und Porzellan und an großartigen Umgang gewöhnt. Was fand er da an mir? Nichts als Ergebenheit ...

Dennoch war ich viel zu gesund, um nicht ab und zu mich ins Gewissen zu fragen, ob das nicht auch sehr genug, ja, viel zu viel für meinen Rang sei? Gar wenn ich sah, wie meine Kaninchenhaftigkeit diesen Leoparden naturgemäß immer mehr zur Anmaßung reizen mußte ... Mit anderen benahm er sich doch höflich, wenn auch unvertraut. Durfte die Vertraulichkeit mit solchen knechtischen Opfern erkauft werden? Zum erstenmal begann der Verstand mit dem Gemüt in mir zu kämpfen und wurde täglich rebellischer. Es trug viel dazu bei, daß Herr Johannes mit urschweizerischem Gleichheitsdrang gerade jetzt die Kämpfe der Gracchen gegen das zähe Patriziat von Rom vortrug. Mit allen Nerven klammerte ich mich an die Plebs und grollte schwer den Aristokraten, die am liebsten diesen nützlichen Volksteil für immer unter den Fußsohlen gehalten hätten.

Egid beobachtete mich böse ... Er hielt es mit den Patriziern. »Nicht nachgeben, nicht nachgeben!« zischte er. »Die Plebs soll sich ducken. Sie schafft nur Dreck und Unruhe, wo sie hochkommt.«

Mir stieg das Blut zu Kopfe. Zum Glück läutete es zum Ende der Stunde. Herr Johannes entwich mit dem Satz: »Das nächste Mal frage ich ab bis zum Untergang des jüngeren Gracchen.« »Ah«, triumphierte Egid, »sie haben ihn also gebodigt, den Narren, bravo!«

»Und dennoch hat er gesiegt«, rief ich wild.

»Ich spucke auf solche Siege.«

»Dann bist du der Narr und niemand anders.«

In diesem Augenblick bekam ich einen furchtbaren Stoß vor die Brust. Jetzt ging es wie in einem Rausch. Ich vergaß mich und alles, holte blitzschnell mit der Rechten aus und traf Egid mitten ins vergötterte Gesicht. Kaum hatte ich's getan, so wurde mir sterbensübel zumut. Mag er mich töten, blitzte es mir durch den Sinn. Er hat ja das Jagdmesser im Gurt.

Aber Egid stand steif wie Wachs da, starrte mich ungläubig an und schien es nicht fassen zu können ... Es tropfte ihm Blut aus der Nase und rann auf die Oberlippe ...

Ich hätte vor Egid hinfallen mögen. Aber in Wirklichkeit zog ich mein sauberes, weißes Nastuch hervor und reichte es ihm stumm. Er schleckte das Blut, diese kleinen hellen Tropfen, mit der Zunge vom Munde und nahm dann doch mein Tüchlein und schneuzte und schnob hinein. »Habt ihr uns noch nie gesehen?« fragte er die Neugierigen. Dann gab er mir den Lumpen zurück, nahm seine Bücher auf und stieß mir mit seiner scharfen Stimme das einzige Wort entgegen: »Plebejer!« ... Jetzt raffte auch ich meine Siebensachen zusammen. Unter der Tür funkelte er mich nochmals an und befahl: »Nach dem Mittagessen auf dem Seefeld! Verstanden!« ...

Trotz des leeren Magens mochte ich nichts zu Mittag essen. Tausend Pläne, was ich tun sollte, schossen mir durch den Kopf. Aber alle kamen mir zu blaß vor. Um Verzeihung bitten? Zu spät. Eine Strafe verlangen? Lächerlich. Meine Aufregung erklären? Was interessiert ihn das! Seine Überlegenheit anerkennen? Überflüssig. Wären wir in Japan, er ein Prinz und ich sein Hausgenosse, es bliebe mir nichts übrig als den Bauch aufzuschlitzen. Aber wir waren in Obwalden ...

In geschämiger und kläglicher Verfassung schlich ich unter den Birnbaum, wo wir uns gewöhnlich trafen, und wartete ... Nein, er kommt nicht mehr. Er hat mich satt. Er kann bessere Freunde, an jedem Finger, drei, bekommen. Ich seufzte schwer. Da krachte es über mir ... ich blicke hinauf, Egid ...

»Wir wollen uns wieder schlagen, ganz gehörig, verstanden. Aber nicht mehr vor den anderen. Was verstehen die uns? Wenn wir ein Duell haben, wollen wir es hier ganz still und großartig ausfechten ...«

»Aber warum sollen wir uns hauen?« wagte ich endlich zu fragen. »Du hast den Scipio lieber, aber ich den Hannibal. Warum sollen wir uns denn prügeln?« ...

»Aber den Gracchen verhimmeln, der es mit dem Pöbel hält, du, da steigt einem schon die Galle auf, pfui.« ...

»Pöbel?« stotterte ich.

»Pöbel!« wiederholte er.

Wir beide wußten nicht, was dieses mißtönende Wort im Grunde besage. Wir hatten ihn nie gesehen. Aber mir stiegen bei diesem Ausdruck instinktiv jene dunklen Erfahrungen auf, um die ich meinem Freunde weit voraus war: kein eigenes Haus haben, in knappen Räumen wohnen, Mietzinse schulden, nicht Butter und Käse zum Kaffee bekommen, vielmal geflickte Kleider, keinen Batzen in der Weste, keinen reichen Onkel, keine hohen Vettern, immer unten stehen, dienen und von den meisten Menschen ... geringer behandelt werden ... Das war jedenfalls Pöbel. Nun durfte ich ja wohl studieren und hatte einen Herrensohn zum Freund, aber irgendwie, schwante mir, gehörte ich doch zu diesem Pöbel. Dieses aufbrausende rebellische Blut in mir war Pöbelblut, diese Liebe zum Gajus Sempronius Gracchus war Pöbelbegeisterung, dieser Schlag in Egids Gesicht war Pöbelroheit gewesen, sicher, sicher!

24, 100ff.

9.

Halber Salut bei Mädchen

Eine Kontinuität über die Jahrhunderte. Unter Anleitung der Mutter werden Mädchen früh zu Haus- und Handarbeit herangezogen und auf sie festgelegt. W. v. Kobell: Mutter und Töchter beim Nähen (um 1795). Aus: W. Scheidig, Deutsche Zeichnungen. Der Bürger und seine Welt. Weimar 1958

Kommentar

In manchem Heiligenleben tauchen Eigenschaften und Verhaltensweisen auf, aus denen jahrhundertelang auch für profane Mädchen Stoff für kasteiende Übung und Anlaß für zeitgemäßes Martyrium floß. Beispielsweise tauchen in der Kindheitsgeschichte der Katharina von Siena (1347–1380) früh die Probleme Eigensinn, Intelligenz und Neigung zu unweiblichem Betragen auf. Erst die geduldig ertragene Aschenbrödelexistenz, mit der die Eltern ihren Willen brechen wollen, aber nicht können, gibt ihr die Freiheit, Nonne statt Ehefrau zu werden.

Obwohl Mädchen früher als Jungen zur Mitarbeit im Haus und beim Kinderhüten herangezogen werden, ältere Mädchen und Frauen so gut wie jede Arbeit verrichten, kommt niemand auf die Idee, sie etwas lernen zu lassen oder ihre Arbeit unter dem Titel eines Berufs oder Handwerks anzuerkennen. Es scheint sogar, als ob Mädchen sehr oft von der Elementarbildung (Religion und Lesen) ausgeschlossen wurden, sehr viel öfter als Jungen. So kommt es, daß noch im 18. Jahrhundert viele Mütter nicht lesen und schreiben können, auch in einer Residenz wie Hannover. Warum sollen es die Töchter lernen? Caroline Herschel (1750–1848) lernt es trotzdem; Nutzen zieht sie aus ihrer Kenntnis aber erst, als es dem älteren Bruder, dem Astronomen Wilhelm Herschel, gelungen ist, sie von der Mutter, die sie als Haushaltshilfe braucht, buchstäblich freizukaufen. Familien aller Schichten und Stände verfügen über ihre Töchter in jeder Beziehung, ihre Verheiratung oder gerade ihre Nichtverheiratung stellen nur den Extremfall dieser Verfügung dar.

Vielleicht ist es eine Täuschung, verursacht durch die der Überlieferung bürgerlicher und bäuerlicher Verhältnisse ungünstige Quellenlage, vielleicht entspricht es aber der Realität, wenn man die weiblichen Kinder der Aristokratie am meisten bedauert. Sie lernen wohl dies und das, in der Hauptsache Dinge, die sie angenehm machen sollen, wie Singen, Tanzen und Klavierspielen – darüber hinaus sind sie aber von klein auf durch Kleidung und Konvention in ihrer Motorik und ihrer Bewegungsfreiheit außerhalb der Zimmer unvorstellbar eingeengt. Gebildet zu sein, gar Bildung zu zeigen, gilt fast für eine Sünde, zumindest eine Gefahr für die schöne Weiblichkeit. Elisa von der Recke (1754–1833) weigert sich anfangs, Lesen und Schreiben zu lernen, weil sie Angst hat, »albern« oder wie man in Ostpreußen sagte, »dwatsch« zu werden. Allein die Aussicht, sich durch den Unterricht die tödliche Langeweile des stundenlangen Gradestehens und Gradesitzens zu verkürzen, bringt sie von ihrem Entschluß ab. Sie erinnert sich auch, daß sie aus Sorge der Großmutter für ihre Figur und ihren Teint hungern mußte und bei jeder Ausfahrt in der verhängten Kutsche noch mit Flor umhüllt wurde. Wer mag sich da noch über Maria Theresia wundern, die mit ihrer gerade nach Paris verheirateten Tochter Marie Antoinette (sie ist 17) vor allem über Kleider, richtiges Auftreten und die Frage korrespondiert, ob sie ihr nicht, zur Behebung eventueller Figurprobleme, Wiener Korsetts verschreiben soll!

Das Bürgertum des 19. Jahrhunderts setzt den Versuch, den weiblichen Charakter von klein auf zu stilisieren, jedes Mädchen zum Muster der Gattung, keinesfalls zum Individuum zu gestalten, auf seine Art fort. Zwar setzt sich überall der Gedanke an die Notwendigkeit der Mädchenbildung durch – höhere Mädchenschulen und Pensionsanstalten schießen in vielen Städten wie die Pilze aus dem Boden – doch bleibt die dort vermittelte sog. »höhere Töchterbildung« dekorativ – nirgends wird das gelehrt, was allein im 19. Jahrhundert mit höherer Bildung gemeint war: Latein und Griechisch. Aber auch wenig, was immerhin praktisch gewesen wäre: Säuglingspflege, Pädagogik, Kochen und Medizin. Eine Ausnahme, durchaus doppeldeutig, bildet die Handarbeit, die, wie vielfach bezeugt, als Domestizierungsmittel eingesetzt wurde und vielen Mädchen moralisch den Hals brach. Für die Kasteiung der Neugier, der Bewegungslust und des unweiblichen Egoismus gab es keine bessere Geißel. Ein anderes Mittel, die bürgerlichen Mädchen zu zähmen, ist die sogenannte Ritterlichkeit des bürgerlichen Mannes, der, wiewohl mit den schmutzigen Realitäten des Lebens vertraut, sich anheischig macht, alle weiblichen Wesen seines Umkreises vor ihnen zu bewahren. Von Anfang an widersprach diese Einstellung den Tatsachen. Viele bürgerliche Familien waren gar nicht imstande, ihre unversorgten, d. h. unverheirateten Töchter standesgemäß zu erhalten. Mit 17 Jahren wird Franziska Tiburtius (1843–1927) Hauslehrerin für die Kinderschar eines Adligen bei Stralsund. Natürlich ist sie dafür nicht ausgebildet, natürlich ist auch sie den pädagogischen und gesellschaftlichen Stilisierungsversuchen ausgesetzt gewesen, die sie eigentlich hätten unfähig machen sollen, diese Arbeit anständig zu erledigen – sie ist trotzdem erfolgreich, beginnt sogar mit Hilfe ihres Bruders ein Medizinstudium (in der Schweiz) und eröffnet in Berlin 1876 mit einer Studiengenossin eine Poliklinik für Arbeiterinnen ... Solche Leben geben Rätsel auf – aber keine größeren als das Bürgertum insgesamt, das, entgegen jedem Augenschein, an einer weiblichen Bestimmung, an einem reinen Ideal des Gattungswesens jenseits aller Politik, aller Arbeit, kurz: jenseits allen Ernstes festzuhalten suchte. Als Jeanne Semmig (1867–1958) sich entschließt, Lehrerin zu werden (es ist der erste Beruf für Frauen), da widerspricht der Vater, ein Teilnehmer der Revolution von 1848, ein langjähriger Emigrant. Schauspielerin, das würde dem Vater eher zusagen, denn da würde seiner Ansicht nach jene heilige Weiblichkeit ohne Intelligenz und Eigensinn besser zu ihrem Recht kommen. Jeanne wird Lehrerin.

Literatur

J. Zinnecker, Sozialgeschichte der Mädchenbildung, Weinheim 1973

U. Hermann, Erziehung und Schulunterricht für Mädchen im 18. Jahrhundert, in: Wolffenbütteler Studien III, 1976

M. Rudolph, Die Frauenbildung in Frankfurt a. M. Geschichte der privaten, der kirchlich-konfessionellen, der jüdischen und der städtischen Mädchenschulen, hg. von O. Schlander, Ffm. 1978

Den Haag, 1659
Lernfleiß der jungen Prinzessin

hertz libster papa. ich glaube, ihro gnaden werden von ma tanten schon vernommen haben, das wir gesunt sein hir vor 8 tagen angekommen. Ihre Majestät die konigin ist mir gar gnedich, hatt mir auch schon ein huntgen geschenket; morgen werde ich einen sprachmeister bekommen, der dantzmeister ist schon 2 mall bei mir gewesen; ma tante sacht, wen imant hir ist, der woll singen kan, soll ich auch singen lernen; werde ich also gar geschickt werden undt hoffe ich, wen ich die gnade wider haben werde, papa die hende zu kussen, sollen ihro gnaden finden, daß ich fleissich gelernet habe. Das schälgen vor die königin habe ich noch nicht uberliferen konnen, weillen mein zeuch noch auff dem schiff undt von unsern leutten auch noch zuruke sein ...

52, 25

Göttingen, 1777
Aussichten eines versuchsweise geschulten Mädchens

Beste Luise! Deine Frage habe ich nun wohl recht verstanden. Meinst Du denn, daß Kochen und Spinnen angenehmer ist, als wenn ich ein historisches Collegium bei meinem Vater höre? Freilich wenn ich Latein oder einen schweren Satz im Euklides auszuarbeiten habe, so vergeht mir wohl zuweilen die Geduld, aber da denke ich denn, wenn ich diesen Satz und Latein fix verstehe, so lerne ich dadurch, wie eine Brille beschaffen sein muß, und das ist doch wohl angenehmer, als bei Hitze und Frost in der Küche zu stehen. Und wird es mir manchmal ein wenig sauer, so werde ich jetzt schon genug dafür belohnt, weil mir mein Vater so manches Extra-Vergnügen dafür erlaubt.
Du mußt Dir aber ja nicht einbilden, daß ich nichts von weiblichen Arbeiten verstehe: im Kochen nehme ich es doch wohl mit Dir auf, und meine Mutter macht mir oft Schmeicheleien über mein flinkes Stricken. – Ich kann spinnen, nähen, mit Wein umgehen, denn ich besorge größtenteils den Keller allein; nur im Putzmachen fehlt's mir noch ein wenig, da möchtest Du wohl schon mein Meister sein, und meiner Mutter vollends komme ich in diesem Kapitel all meine Tage nicht bei. Nicht einmal, sondern wohl zehnmal hat es mir mein Vater freigestellt, ich sollte keine Lernstunde mehr haben, sondern nur weibliche Sachen treiben – aber ich hielt es noch nicht für ratsam, wahrhaftig nicht bloß weil ich fürchtete, meinen Vater bös zu machen.
... Weiber sind nicht in der Welt, bloß um Männer zu amüsieren, Weiber sind

Menschen wie Männer: eines soll das andere glücklich machen ... Nun, macht ein Weib einen Mann bloß dadurch glücklich, daß sie seine Köchin, Näherin und Spinnerin ist? Ei so wollt' ich mich doch lieber als Köchin, Näherin und Spinnerin vermieten, so könnt' ich ja von dem Teufel, wenn's ein Teufel ist, wieder loskommen. – Aber meinst Du denn nicht, daß ein Mädchen durch das, was ich lerne, einen Mann wirklich amüsieren könne? Meinst Du, daß ich durch mein Lernen dem Stande, dem ich gewidmet bin, ganz entgehe? Wie, wenn ich nun einen Kaufmann oder Fabrikanten kriegte, der nach Spanien, Frankreich, Holland, Italien, England, Schweden usw. handelt, und ich verstehe die Sprache dieser Länder und könnte ihm gar seine Korrespondenz führen? Wieviel Kaufmannsweiber gibt es denn, die so ein halb Dutzend Sprachen verstehen; und müßte mein – will's Gott! – Künftiger denn nicht ein Flegel sein, wenn er mir nicht eine Köchin bezahlte, weil ich ihm einen Buchhalter ersparte? Freilich wählen können wir Mädchen nicht, weder ich noch Du; wenn ich also einen Gelehrten kriegte, so wäre mein bißchen Lernen verloren, aber Schaden tät's mir doch auch nicht. Gesetzt ich müßte der Haushaltung wegen, Klavier, Singen, Mathematik und Latein niederlegen, meine Sprachen spräche ich doch noch immerfort, und mein Mann hätte doch sein Vergnügen dabei, und ich läse doch immer so was nebenher von Rom. Denn immer vor dem Herd zu stehn, wäre meine Sache auch nicht ...

85, 107ff.

Berlin, 1795
Eine ganz besondere Freude

Am 26. September wurde meinen Eltern nach fünf Töchtern der erste Sohn geboren. Wenn jene auch nicht mit weniger Liebe empfangen, dieser ohne alle Ungeduld erwartet worden, so war seine Geburt doch ein ganz neues Glück für das ganze Haus. Auch für uns Kinder war es eine ganz besondere Freude, einen Bruder statt einer Schwester begrüßen zu können. Einige Tage nach seiner Geburt hing mir Papa einen sehr schönen Perlenschmuck um den Hals, den ich Mama, an ihrem Bette kniend, im Namen des kleinen Bruders überreichen mußte. Diese Perlenschnüre, die meine Mutter auch da noch trug, als sie keinen andern Schmuck mehr tragen konnte, sind uns immer, wie zu ihrem Bilde gehörig, von ihm unzertrennlich geblieben.
Die Geburt eines ersten Sohnes, eines Stammhalters und Erben, ist in der großen Welt als Fortpflanzung eines edlen Namens und eines großen Vermögens so allgemein für ein Glück anerkannt, daß die Teilnahme an demselben in der Berli-

ner Stadt- und Hofgesellschaft wirklich so aufrichtig als lebhaft war, um so mehr, da man in Berlin nicht wußte, daß die bedeutenden Güter meines Vaters weder Lehne, noch Majorat, sondern Allodium waren und ihm daher die Resignation, mit der er eine Tochter nach der andern empfangen, um so höher angerechnet hatte. Unter den vielen Glückwünschen zeichnete sich der der Königin Luise aus, die meiner Mutter sagen ließ: »sie freue sich mit ihr über ihren Sohn, obgleich sie ihr gewiß den ihrigen vorweg genommen habe.« Es war vierzehn Tage vor der Geburt Friedrich Wilhelms IV., den die schöne junge Mutter am 15. Oktober desselben Jahres dem Vaterlande schenkte.

87, 14

Gotha, 1808

Ratschläge der Tante für das verwaiste Mädchen

Liebe Lotte dein Verluß an deiner Lieben Seeligen Mutter ist unersetzlig, Gott hat es gethan under deßen Willen wier unß bügen müßen, folge den Lehren deiner Seeligen Mutter durch ein friedliges betragen mit deinen Brüdern so wird dier Gott beystehen, u. dier auch beruigung in deinem gemühte schencken. Liebe Lotte, du bist ja kein Kind mehr du bist ja 15 Jahre alt u. kanst schon viel leisten in der Haußhaldung ohne deinen Körber anzugreiffen, u. hast das glück die Treie Katriene zu haben mit der du rathschlagen kanst wegen der Kogerey, u. um alles liebe Lotte sehe mir auf ordnung das es nicht schmutzig bey dir außihet oder unordenglig; Schencke mir dein Zutrauen u. Schreibe mir Ja wenn dier waß fehled ich werde dir jmmer Mütterlig beystehen besonderst liebe Lotte sehe Ja auf das Weißzeig – du würst ja noch bey der Heißen das neehen auslernen waß auch gud ist – u. dann liebe Lotte werde Ja denckend auf Haußhaldweßen u. erfülle den wunsch deiner Lieben Seeligen Mutter, die mir oft gesacht hat, die Lotte will ich zu einer guden Haußhälderen erzieen, du hast recht das du im Kleinen stübgen mit der Katriene Schläfts das die Eckstube doch recht sauber gehalden werden kann. deine Treie Tante. H. Zimmer.

32, 41 f.

Berlin, 1817

Der Wahn war kurz – Aus Lilis Tagebuch

17. 1. Ich werde nie ohne Reue an diesen Abend denken und ihn gewiß nie vergessen! – Ich glaube, ich war von Therese angesteckt und bei Tische so lustig und ausgelassen, daß ich gewiß wohl recht unangenehm wurde. Vater winkte mir oft, mich nicht so gehen zu lassen, aber in meinem Taumel achtete ich nicht darauf. Ach, wann werde ich denn behalten, daß ein Mädchen nie liebenswürdig sein kann, wenn sie nicht in den ihr von der Natur bezeichneten Schranken bleibt, d. h. wenn sie bescheiden und sanft ihre weibliche Würde behauptet und nicht so ausgelassen und wild alle Sitte und Schicklichkeit von sich wirft, wie ich gewiß an diesem unglücklichen Abend tat. Ach, sogar eine freundliche Ermahnung des Vaters kam mir ganz sonderbar und überflüssig vor, und hätte ich mich gewiß meiner unglücklichen Verblendung überlassen, wenn nicht Gustav, mein guter teurer Bruder, mir die Binde von den Augen gerissen hätte. Er kam zu mir, als ich mich auszog, und sagte mir so sanft und freundlich, wie unweiblich, und Therese so ähnlich, mein Betragen am heutigen Abend gewesen sei, wie sehr es den Vater gekränkt und ihn selbst betrübt habe – er sagte es mir mit Tränen in den Augen – die meinigen flossen längst. – Der Wahn war kurz gewesen, aber die Reue sehr bitter. – Ich versprach ihm noch heute, dem Vater alles zu sagen, seine Verzeihung zu erbitten und mich nie, nie wieder so zu vergessen. Und wenn ich es täte, bat ich ihn, so möchte er mich immer wieder wie heute zu dem verlassenen Weg zurückführen. – Er versprach es mir, umarmte mich und ging. Ach, wie viel lieber habe ich ihn nach dieser Unterredung! Wohl mir! Ich werde immer an meinem Bruder einen Freund, einen treuen Ratgeber, eine sichere Stütze haben. – Und nun flog ich zum Vater und gelobte ihm unter tausend Tränen Besserung, und gewiß, ich will mein Versprechen halten und recht über mich wachen, damit mein Leichtsinn, meine Unbesonnenheit mich nicht herabsinken läßt ...

67, 89

Berlin, 1820
Der Unterschied zwischen Felix und Fanny

Du hast mir, liebe Fanny, während meiner diesmaligen Entfernung viel lange und gute Briefe geschrieben, mit denen ich sehr zufrieden und Dir dafür dankbar bin. Ich bin dagegen in Deine Schuld geraten ...
Deine letzten Lieder sind in Viry, von wo ich sie morgen zurückbringe und dann jemand suchen werde, der sie mir leidlich vorsingt. Felix' letzte Fuge hat mir Herr Leo sehr unvollkommen vorgespielt, er findet sie sehr gut und in echtem Stil, aber schwer. Mir hat sie wohl gefallen; es ist viel und ich hätte ihm kaum zugetraut, daß er sich so bald darin finden würde, ernsthaft zu arbeiten, denn zu einer solchen Fuge gehört denn doch gewisse Überlegung und Beharrlichkeit. Was Du mir über Dein musikalisches Treiben im Verhältnis zu Felix in einem Deiner früheren Briefe geschrieben, war eben so wohl gedacht wie ausgedrückt. Die Musik wird für ihn vielleicht Beruf, während sie für Dich stets nur Zierde, niemals Grundbaß Deines Seins und Tuns werden kann und soll; ihm ist daher Ehrgeiz, Begierde, sich geltend zu machen in einer Angelegenheit, die ihm sehr wichtig vorkommt, weil er sich dazu berufen fühlt, eher nachzusehn, während es Dich nicht weniger ehrt, daß Du von jeher Dich in diesen Fällen gutmütig und vernünftig bezeugt und durch Deine Freude an dem Beifall, den er sich erworben, bewiesen hast, daß Du ihn Dir an seiner Stelle auch würdest verdienen können. Beharre in dieser Gesinnung und diesem Betragen, sie sind weiblich, und nur das Weibliche ziert die Frauen ... Dein Vater.

38, 95 ff.

Königsberg, 1826
Widerwillen gegen das väterliche Ideal von Weiblichkeit

Mein Vater hatte unter den Goetheschen Dramen eine besondere Vorliebe für die »Natürliche Tochter«. Es war daher auch eines der ersten, welche ich gelesen, und zwar ihm selbst zum großen Teil vorgelesen hatte. Er hatte mich die hohe und einfache Schönheit der Sprache bewundern lassen, die ich selbst empfand, aber er hatte meine Aufmerksamkeit auch bei dem Stoffe und bei dem Ausgang der Dichtung festgehalten, und mir den Charakter Eugeniens als einen solchen gerühmt, der sich zu entscheiden und zu bescheiden wisse, was für Frauen doppelt unerläßliche Eigenschaften, und recht eigentlich Tugenden wären.
Mich ließ das Drama damals gänzlich kalt. Die langen Gespräche, bei denen

nach meiner Meinung alles nur darauf hinauslief, daß ein unglückliches Mädchen sich ohne Neigung verheiratete, zogen mich nicht an, und da die Jugend und das reife Alter sehr verschiedene Ideale haben, und die Jugend sich glücklicherweise noch nicht auf sittliches Transigieren versteht, so flößte mir meines Vaters Ideal von Weiblichkeit, so flößte mir Eugenie mit ihrer Resignation eigentlich nur Widerwillen ein. Ich hätte es viel natürlicher gefunden, daß sie ihr Vaterland verließ, als daß sie sich ohne Liebe verheiratete, und zwar auf die ungewisse Möglichkeit hin, einmal im Vaterlande den Verwandten nützen zu können, welche sie verstoßen hatten.
Als ich das gegen meinen Vater aussprach, tadelte er mich, indem er mir sagte, er bedaure es, daß er mich das Drama habe lesen lassen, ich verstände es offenbar noch nicht ... Er hatte offenbar damit die Absicht gehabt, meine Wißbegier anzuregen, und mich zu wiederholtem Lesen der Dichtung zu veranlassen. Indes sie mißfiel mir so gründlich, daß seine Absicht fehlschlug. Und der heimliche Gedanke, meines Vaters Vorliebe für Eugenie rühre hauptsächlich von seiner Ansicht her, daß jede Frau sich verheiraten müsse, und daß eine Frau, je gebildeter sie sei, sich auch um so würdiger in eine ihr nicht angemessene, ja unerwünschte Ehe schicken könne, machte mir die Resignation der natürlichen Tochter noch viel widerwärtiger.
Eines Tages, als ich bei meiner Tante war, brachte ich das Gespräch auf Eugenie, und darauf, daß der Vater sie und ihren Entschluß so erhaben fände. Die Tante hörte mir mit ihrem freundlichen und traurigen Gesichte zu, und sagte dann ganz kurz: »Laß dir doch nichts einreden! Das sagen sie so, weil es ihnen bequem ist!«
Das hatte ich eigentlich zu hören erwartet, aber die Tante brach plötzlich ab, als ihr Mann hereintrat, der, in Erscheinung, Sprache und Manier gleich unangenehm, irgend etwas von ihr begehrte. Als er fortgegangen war, sagte sie: »Es ist Unsinn zu behaupten, daß eine Frau sich an etwas gewöhnen könne, was ihr abstoßend ist. Habe ich mich denn an mein Los gewöhnt? Ich wußte, daß ich mein Todesurteil unterzeichnete, als ich mich verheiratete, und ich habe es ihnen gesagt. Aber sie haben mir alle zugeredet, alle – nun bedauern sie mich alle!«
Sie hatte das mit einer ihr ganz fremden Bitterkeit gesprochen, und die Anklage, welche sie mit ihren Worten gegen ihre von ihr sehr geliebten Brüder, gegen den verstorbenen Onkel und gegen meinen Vater aussprach ... fiel mir schwer auf das Herz. Mehr noch erschreckte mich der plötzliche deutliche Blick auf das Unglück meiner Tante ... und der Gedanke, daß man mir einst Ähnliches zumuten könne, bestürzte mich vollends.
An jenem Tage aber, in meinem fünfzehnten Jahre, faßte ich den Entschluß, mich nie zu einer Heirat überreden zu lassen, und mich nie anders als aus voller Überzeugung und Liebe zu verheiraten. An jenem Tage entwickelte sich mir

zum ersten Male ganz vollständig die Vorstellung, daß das Kind auch seinen Eltern gegenüber Rechte habe, es entwickelte sich in mir der Begriff meiner angeborenen Selbständigkeit auch meinem Vater gegenüber, den ich vorher nie zu denken gewagt haben würde ...

51, 51 ff.

Stuttgart, 1833

Bildung und Fransenstricken: Eine Art Universitätskursus für Mädchen

Als ich mein sechzehntes Jahr erreicht hatte, kamen meine Eltern zu der Ansicht, daß noch etwas Weiteres für meine Bildung geschehen sollte, und beschlossen, mich nach damaliger Sitte zu einer Art Universitätskursus in die Residenz zu schicken, wo die jungen Mädchen vom Lande sich in allerlei Künsten vervollkommnen konnten; man lernt »Bildung und 's Fransenstricken«, bezeichnete es eine Frau Base ...
Es ging in kein Seminar noch Institut, nur in eine bescheidene, anständige Mansardenwohnung ... Es war Frau von R., eine sehr geachtete Dame, die mich mit noch zwei jungen Mädchen in ihre Familie aufnahm ... Der Studienplan war bald entworfen für die sechs Monate ... Frühmorgens um acht Uhr ging's hinab ins Sonnengäßle ... zur Frau Huttenlocherin, in die »Kochet«, wo ich noch die letzte Feile in dieser edlen Kunst erhalten sollte. Frau Henriette Huttenlocherin war von hoher Geburt für ihr Fach, eine Tochter der einst berühmten Landschaftsköchin, der Frau Löfflerin, Verfasserin des vielbekannten und vielbenützten schwäbischen Kochbuchs ... (Sie) war keine Gastwirtin, sie hatte nur eine Speiseanstalt für Familien, Fremde und solide ledige Herren ... Kaum werden mir's vielleicht meine jungen Leserinnen glauben, wenn ich sie versichere, daß die Kochstudien mir mehr Vergnügen gemacht als ein anderes Kolleg – die Tanzstunde, die ich mit sieben jungen Gefährtinnen bei Herrn Kümmerle besuchte. Schon zwei Jahre zuvor ... hatte ich einige Wochen den Unterricht des Herrn Traub ... genossen. Er war zwar etwas altersteif, hatte aber eine gewisse imponierende Würde und sah seinen Beruf in idealem Lichte an, hat mir auch eine von ihm verfaßte kleine Schrift über die Tanzkunst verehrt, in der er den hohen Wert, die symbolische Bedeutung jedes einzelnen der fünf Pas oder Stellungen auslegte ... Herr Kümmerle, mein zweiter Tanzlehrer, war ganz und gar nicht ideal, weder in der Auffassung seiner Kunst, noch in seiner Erscheinung ... obwohl er die dünnen Beine, auf denen sein kugelrunder, kleiner Körper ruhte, gar flink bewegte und alleweil höchst eigenhändig die Geige dazu

spielte, während er uns Kindern vom Lande die verschiedenen Tänze einübte und dazu in schaudervollem Französisch kommandierte ...

Die »Nähet«, auf gut deutsch Nähschule genannt ... habe ich gründlich, wenngleich nicht mit besonderer Vorliebe durchgemacht ... Eine Witwe war es, Frau Schäfer ... die mit ihren Töchtern sich hier in gemeinsamer Tätigkeit nach schwerem Geschick wieder ein freundliches Heim geschaffen ... Die Schwestern teilten sich in die verschiedenen Arbeitszweige; die eine, eine Künstlerin, fertigte die Zeichnungen zu den Buntstickereien, die eben stark in Mode waren; die andere gab Anleitung zum Weißnähen, die dritte zum Zeichnen der Leinwand, zum Weißsticken ...

In der »Kleidernähet« bei Madame Freund in der Hauptstätterstraße da ging's etwas lauter und lustiger her ... Das Kleidermachen war dazumal keine so künstliche Sache wie heutzutage; ein mäßig gefaltetes Gewand, eine »schottische«, »griechische«, oder auch eine »Plustaille« war alles, was aus den einfachen Stoffen: Zitz, Kattun oder Gingham verfertigt wurde ...

Doch ich will eilig die Nähstube verlassen ... und nur geschwind noch einkehren in der Holzgasse, allwo ich bei Jungfer Nane Wenz das Fälteln und Feinbügeln erlernte. Sie war eine schöne, stattliche Bürgerstochter, die mit ihrer fleißigen Hand noch ihren Vater, ein altes schlotteriges Mannli, und ein müdegeschafftes Mütterlein ernährte. Die fein gefältelten Jabots, die mein Vater, wie andere Herren aus der alten Schule, dazumal noch trug, die haben mir viel Seufzer ausgepreßt ...

Obgleich nun, wie aus dieser Schilderung zu ersehen, die praktischen Studien in meiner Universitätszeit weit überwiegend waren, so sind Künste und Wissenschaften doch auch nicht völlig vernachlässigt worden. Die Wissenschaft war vertreten durch eine französische Stunde bei Mr. Parmentier, die ich mit einigen anderen jungen Mädchen teilte. Der Jüngling hatte etwas Düsteres und keine sehr lebensvolle Weise, uns seine Sprache beizubringen, in der er uns Stück für Stück Exempel aus Hirzels Grammatik übersetzen ließ ... Studien in der edlen Musika waren durch mein entschiedenes Nichttalent leider erspart; je und je eine Oper, ein Konzert im Museum ... Je und je benutzte ich eine freie Stunde, um Übungen im Zeichnen zu machen unter der Aufsicht einer jungen Malerin ... Sie war glücklich und sehr beliebt in Miniaturbildern auf Elfenbein, wie sie damals Mode waren ...

Unter die Vorteile unseres Kosthauses gehörte aber auch die »Einführung in gebildete Familien«, mit denen Frau von R. bekannt war, und die dann pflichtgetreu die Dame mit ihren »Kostjungfern« ein- oder einigemal zum Tee luden ... Am meisten unter diesen Einladungen beglückte mich die in das gastliche Haus Gustav Schwabs ... in dessen Dichtungen ich lange schon heimisch war ... Als »Backfisch und Kostfräulein« war ich freilich nur eine Art von Gattungswesen, das just nicht in ein persönliches Verhältnis zu der Familie trat ... ich war glücklich, da zu sein und zuzuhören ...

95, 55 ff.

Stuttgart, 1843 f.

Fächerkanon und Stundenverteilung an einer höheren Mädchenschule

Moralische Erzählungen: eine Stunde in Klasse I
Religiöse Gedächtnisübungen: fünf Stunden in den Klassen I–IV und VI
Biblische Geschichte: dreizehn Stunden in den Klassen I–VII
Bibelkunde: eine Stunde in Klasse VIII
Andachtsübung: vier Stunden in den Klassen V–VIII
Moral: eine Stunde in Klasse VIII
Kirchengeschichte: eine Stunde in Klasse VIII
Seelenlehre: eine Stunde in Klasse VIII
Insgesamt werden 27 Stunden auf religiöse Stoffe und moralische Zwecke verwandt.
Anschauungsunterricht: fünf Stunden in den Klassen I–II
Schreiblesen: drei Stunden in Klasse I
Lesen und Vortrag: dreizehneinhalb Stunden in den Klassen I–VI
Schönschreiben: dreizehn Stunden in den Klassen I–VI
Rechtschreiben: viereinhalb Stunden in den Klassen III–V
Deutsche Sprachlehre: vierzehn Stunden in den Klassen II–VII
Deutsche Schriftenkunde: zwei Stunden in Klasse VIII
Rechnen: sechzehn Stunden in den Klassen I–VIII
Geschichte: sieben Stunden in den Klassen V–VIII
Erdkunde: neuneinhalb Stunden in den Klassen IV–VIII
Naturgeschichte: siebeneinhalb Stunden in den Klassen VI–VIII
Naturlehre: drei Stunden in den Klassen VII–VIII
Französisch: siebenunddreißig Stunden in den Klassen I–VIII
Singen: zwölf Stunden in den Klassen III–VIII
Formenlehre, Zeichnen: dreizehn Stunden in den Klassen II–VIII
Tanzen: zehn Stunden in den Klassen II–VIII
Handarbeiten: siebenundvierzig Stunden in den Klassen I–VIII
Abgesehen vom Unterricht in den Fächern Rechnen, Geschichte, Erdkunde, Naturlehre/Naturgeschichte, vielleicht könnte man Französisch noch dazurechnen, verfolgt der Unterricht nur ästhetische, keine sachlichen Bildungs-

ziele. Die Mängel der wissenschaftlichen Bildung werden auch nicht durch die Vermittlung hauswirtschaftlicher oder andrer spezifisch ›weiblicher‹ Kenntnisse ausgeglichen.
Die Gesamtstundenzahl beträgt 244; in den Klassen I–II werden je 26, in den restlichen je 32 Wochenstunden im Vor- und Nachmittagsunterricht erteilt.

37, 106

Oldenburg, um 1844
Die Theorie der Handarbeit

Es gehörte zu den allgemein geglaubten Theorien, daß man kleine Mädchen gar nicht früh genug an die Handarbeit herankriegen könne, und zwar aus ethischen Gründen. Eine Theorie, die die preußischen Lehrpläne später unter der Ägide des Geheimrats Karl Schneider in den weisen Satz verarbeiteten: »Die erziehliche Aufgabe des Handarbeitsunterrichts liegt in der Pflege weiblicher Sorgfalt, Sauberkeit und geduldigen umsichtigen Fleißes bei der Herstellung bescheidener Arbeiten.«
Und so wurden mir denn eines Tages zwei hübsche, mir sehr in die Augen stechende Taschentücher in die Hand gegeben, das eine durch feine rote, das andre durch blaue Streifen in saubere Vierecke geteilt. Sie waren für die Brüder bestimmt, und die Schwester – ich kann höchstens sechs Jahre gewesen sein – sollte sie säumen. Ob man sich wohl eine Vorstellung davon macht, was es heißt, wenn so ein kleines Mädchen vor einem zugemessenen Stück Saum sitzt, das es mit immer schwärzer werdendem Faden allmählich zu schließen sucht, und dabei draußen die Sonne scheinen sieht und die Jungen toben hört? Es war so ein dumpfes Gefühl von »der Frauen Zustand ist beklagenswert«, das einen erfüllte. Gewiß, ich hatte gehört, daß Stine Schubert nachmittags sechs- oder gar achtmal »herumstricken« mußte, und ich bewunderte, wie sie das Leben ertrug; aber da waren sie zu dreien und strickten um die Wette, da war wenigstens ein Sport dabei. Aber so allein – Und wenn man lange Stiche machte, half es einem auch nichts, dann wurde unbarmherzig wieder aufgetrennt. Auch das Stricken wurde mir frühzeitig beigebracht; bei einer gelegentlichen Abwesenheit schreibt meine Mutter: »Daß Helene sich ja in acht nimmt, wenn sie strickt, sie könnte Theodor stechen.«

49, 24

Tübingen, 1867
Unnatürliche Lateinkenntnis bei einem Mädchen

Mein Latein war unterdessen da liegen geblieben, wo der allzu gewissenhafte Haierle es gelassen hatte. Nun erbot sich Ernst Mohl als angehender Philologe, den Unterricht wieder aufzunehmen. Es war auch eine Eigentümlichkeit jener Tage, daß all die jungen Menschenkinder sich immer gegenseitig aus Freundschaft unterrichteten ... Die Mama war entzückt von diesem Vorschlag, aber das Töchterlein keineswegs. Ich bildete mir nämlich ein, daß einzig das Lateinische, das damals bei Mädchen für eine Unnatur galt, an meinem Mißverhältnis zur Welt schuld sei. Zudem war mir das Römervolk mit seiner starren, nüchternen Vernünftigkeit und seiner grausamen Zweckmäßigkeit unerfreulich, somit liebte ich auch ihre Sprache nicht, deren schöne Treffsicherheit und durchsichtige Klarheit ich noch nicht würdigen konnte. Und gar auf ihre Literatur, die mir lauter Flickwerk schien, sah ich von der Höhe meines Homer tief herunter. Um dieses Volkes, um dieser Sprache willen sollte ich mich von den Buben mit Steinen werfen und von den Mädchen verklatschen lassen! Wären es noch die Griechen gewesen! Die ganze Kinderei meiner jetzt vierzehn Jahre kam über mich, und es gab für meine aufgeregte Einbildung keine Grenzen mehr. Das Latein war der Vampyr, der mir am Leben fraß! Die Römer hatten nur in der Welt herumgesiegt und Geschichte geschrieben, damit ich in Tübingen ein unglücklicher Mensch würde! Und der Freund, der sich mir zugeschworen hatte, gab sich zum Helfershelfer her! Es war gräßlich. Ich versteckte mich auf dem Speicher ... Aber als Mama auf der Suche nach mir den Speicher heraufgestürmt kam, da verriet mich ... ein Schopf, der ... hervorglänzte, und ich wurde an den Zöpfen die Treppe hinabgezerrt. Ich schluchzte und grollte in mich hinein und nahm erst vor der Tür wieder Haltung an, aber eine ungnädige. Doch der junge Lehrer verstand es, mir des Tacitus Germania so schmackhaft zu machen, daß ich schon auf der ersten Seite meinen Unmut fahren ließ. Ich fühlte mich auch als Deutsche geschmeichelt, daß mir der alte Römer über meine Vorfahren so viel Verbindliches zu sagen hatte ... Ich übersetzte die ganze Germania, schrieb sie schön ins reine und überreichte sie meiner Mutter, die nun wieder ganz mit mir zufrieden war ... Und zur Belohnung führte mich Mama auf den ersten Ball nach Niedernau ...

Man denke sich ein bescheidenes, lieblich ernstes Schwarzwaldtal ... daselbst ein anspruchsloses Kurhaus mit einem großen Tanzsaal, der an sich kein Schaustück war, der sich aber zur Sommerzeit an den Nachmittagsstunden der Sonn- und Donnerstage in ein Stück Jugendparadies verwandelte. Junge Mädchen in den duftigen Sommerkleidern damaliger Mode aus Mull oder Jakonet, die den Trägerinnen das Ansehen von Wiesenblumen gaben, Studenten in Couleur, geduldige Mütter an den Wänden, Geigenschrillen, Tanzgewirbel; niemand fragte danach, wie hoch das Thermometer stand. Der Kotillon ging meist in ein förmliches Rasen aus, denn bei der Überzahl der Herren mußten viele ohne Tänzerinnen bleiben und hielten sich dann beim Kehraus schadlos. Jeder Tänzer hing seiner Dame einen Mooskranz um den Arm, und an der Zahl der Kränze sah man, wie oft sie aus der Tour geholt worden war. Die heimgeschleppten Kränze hing man dann zu Hause als Trophäen auf.

48, 143 f.

Berlin, um 1885
Das Verlangen nach eigentlicher Arbeit

Ich war nahezu siebzehn Jahr, also sozusagen erwachsen, als ich aus der Pension ins Elternhaus zurückkehrte. Der Konfirmandenunterricht, der noch ein halbes Jahr dauerte, war schön; aber er konnte mich nicht ausfüllen. Im Haushalt, in dem ich mich nun beschäftigen sollte, waren außer der noch rüstigen, immer fleißigen Mutter zwei ältere Schwestern und drei Hausmädchen tätig. Die winzigen Pflichten, die mir oblagen, trugen keine Verantwortung in sich, also keine Freude am Gelingen. Die eigentliche Arbeit machten andere ... So fehlte jede Befriedigung; man war sich selbst und anderen zur Last. Was sollte ich da? Was sollte überhaupt aus mir werden? – Ich habe später oft gesagt, ich habe ein Jahr lang Staub gewischt und Rosinen abgestielt ... Es ist schwer, den heute heranwachsenden Mädchen einen Begriff zu geben, von der trostlosen Öde eines solchen Daseins ... Ohne irgend jemand etwas zu sagen, entschloß ich mich eines Tages, in das Arbeitszimmer des Vaters zu gehen. Da hatte man sonst nur mit einem Schulzeugnis in der Hand gestanden, das waren peinliche Erinnerungen. So war mir doch etwas beklommen zumute. Aber alles eher, als dieses Leben fortsetzen. Der Vater hatte ja schließlich den Wunsch, den ich auszusprechen gedachte, meiner um vierzehn Jahre älteren Schwester gewährt, obwohl sie als Älteste von dreizehn, zeitweise vierzehn Geschwistern, von denen die nächste Schwester um vier Jahre jünger und überaus zart war, wahrlich ein gerütteltes Maß von Arbeit und Pflichten gehabt hätte. Von ihr war nur das Versprechen verlangt worden, daß sie der Mutter weiterhin helfen und daß man erst in den letzten Monaten vor dem Abschluß von ihren eigenen Interessen etwas merken würde. Diese Notwendigkeit lag bei mir nicht vor. Immerhin klopfte mir das Herz gewaltig, als ich in das Zimmer trat und meine Bitte vortrug, in das Seminar gehen und Lehrerin werden zu dürfen. Ohne jedes Bedenken stimmte der Vater zu; ja, er begrüßte meinen Entschluß als eine Erleichterung seiner wirtschaftlichen Lage, denn er sei nicht imstande, seine fünf unversorgten Töchter sicherzustellen. Ich war überrascht und sehr glücklich. Recht anders beurteilten freilich meine Brüder und der größere Teil des Bekanntenkreises – von anderen gar nicht zu reden – meinen Plan. Ein Mädchen solle heiraten, das sei ihr einziger Beruf, alles andere sei Torheit.

60, 79 f.

Verzeichnis der Quellen

1 *Altmann*, W.: Zur Geschichte der Lese- und Industrieschule zu Sanz, Kr. Greifswald 1803–19. In: Mitteilungen der Gesellschaft für deutsche Erziehungs- und Schulgeschichte 10, 1900

2 *Anton*, G. K.: Geschichte der preußischen Fabrikgesetzgebung bis zu ihrer Aufnahme durch die Reichsgewerbeordnung. Leipzig 1891

3 *Arnim*, B. von: Dies Buch gehört dem König. In: Sämtliche Schriften, Bd. 10. Berlin 1853

4 *Baader*, Ottilie (1847–1952): Ein steiniger Weg. Lebenserinnerungen. Stuttgart und Berlin 1921

5 *Bahrdt*, C.F. (1741–91): Geschichte seines Lebens, seiner Meinungen und Schicksale. Von ihm selbst geschrieben. Frankfurt a. M. 1790

6 *Bechstedt*, Ch. W. (1787–1867): Meine Handwerksburschenzeit. Köln 1925

7 *Belli*, J. (1849–1927): Erinnerungen aus meinen Kinder-, Lehr- und Wanderjahren. In: Die rote Feldpost unterm Sozialistengesetz. Stuttgart und Berlin 1912

8 *Bergg*, F. (1867–1913): Ein Proletarierleben. Bearbeitet und hrsg. von N. Welter. Frankfurt a. M. 1913

9 *Beyer-Fröhlich*, M. u. a., Hrsg.: Deutsche Selbstzeugnisse, Bd. 1–12. Stuttgart 1930ff. (Deutsche Literatur in Entwicklungsreihen, Reihe XXV)

10 *Bismarck*, Hedwig von (1815–?): Erinnerungen aus dem Leben einer 95jährigen. Halle 1910

11 *Bronner*, F.X. (1758–1850?): Ein Mönchsleben aus der empfindsamen Zeit. Hrsg. und eingeleitet von O. Lang. Bd. 1 und 2. Stuttgart 1911 und 1912

12 *Brück*, A.P., Hrsg.: Kurmainzer Schulgeschichte. Texte, Berichte, Memoranden. Wiesbaden 1960

13 *Buchner*, E.: Das Neueste von gestern. Kulturgeschichtlich interessante Dokumente aus alten deutschen Zeitungen, Bd. 1–5. München o. J.

14 *Büsching*, A.F. (1724–1793): Eigene Lebensgeschichte in vier Stücken. Halle 1789

15 *Butzbach*, J. (1478–1526): Das Johannes Butzbach Wanderbüchlein. Chronika eines fahrenden Schülers. Aus dem Lateinischen übers. und hrsg. von D.J. Bekker. Leipzig 1912

16 *Deussen*, P. (1845–1919): Mein Leben. Leipzig 1922

17 *Diehl*, W.: Philipp, Landgraf von Hessen-Butzbach (1581–1643). Darmstadt 1909

18 *Dietz*, J. (1665–1738): Meister Johann Dietz, des Großen Kurfürsten Feldscher und Königlichen Hofbarbier. Nach der alten Handschrift hrsg. von E. Consentius. München 1915

19 *Dinter*, G.F. (1760–1831): Dinters Leben, von ihm selbst geschrieben. Ein Lehrbuch für Eltern, Pfarrer und Erzieher. Neustadt 1829

20 *Dittersdorf*, K. von (1739–99): Lebensbeschreibung. Seinem Sohne in die Feder diktiert. Hrsg. von N. Miller. München 1967

21 *Ebers*, G. (1837–1898): Die Geschichte meines Lebens. In: Werke Bd. 10, Stuttgart o. J.
22 *Ebner-Eschenbach*, Marie von (1830–1916): Meine Kinderjahre. In: Erzählungen, Autobiographische Schriften. Hrsg. von J. Klein, München 1958
23 *Eisenschmidt*, H. (1810–1864) in (9, Bd. 11)
24 *Federer*, H. (1866–1928): Aus jungen Tagen. Nachgelassene Kapitel zur Lebensgeschichte. Luzern 1950
25 *Fichte*, J.G. (1762–1814): in (*Mencken*, F. E., Hrsg.: Dein dich zärtlich liebender Sohn. Kinderbriefe aus sechs Jahrhunderten. München 1965)
26 *Geizkofler*, L. (1550–1620): Lucas Geizkofler und seine Selbstbiographie. Von Adam Wolf. Wien 1873
27 *Gerok*, K. (1815–1890): Jugenderinnerungen. 4., verb. und verm. Aufl. Bielefeld und Leipzig 1890
28 *Gervinus*, G. G. (1805–1871): Gervinus' Leben. Von ihmn selbst. Leipzig 1893
29 *Glatzer*, R., Hrsg.: Berliner Leben 1648–1806. Berlin o. J.
30 *Gottschall*, R. von (1823–1909): Aus meiner Jugend. Erinnerungen. Berlin 1898
31 *Gregori*, F.(1870–?): in (*Graf*, A.: Schülerjahre. Erlebnisse und Urteile namhafter Zeitgenossen. Berlin 1912)
32 *Grimm*, Lotte (1797–1833): Briefe an Lotte Grimm. Hrsg. von E. Hünert-Hoffmann. Kassel und Basel 1972
33 *Grimm*, L. E. (1790–1863): Meine Lebenserinnerungen. Hrsg. von A. Stoll, Leipzig 1911
34 *Gutzkow*, K. (1811–1878): Aus der Knabenzeit. In: Werke in zwölf Teilen, hrsg. von R. Gensel, Berlin o. J.
35 *Hansjakob*, H. (1837–1916): Aus meiner Jugend. Heidelberg 1880
36 *Hebbel*, F. (1813–1863): in (*Bornstein*, P.: Der junge Hebbel. Wesselburen. Lebenszeugnisse und dichterische Anfänge. Bd. 1 und 2, Berlin 1925
37 *Heintzeler*, E.: Das Königin-Katharina-Stift in Stuttgart 1818–1918. Stuttgart 1918
38 *Hensel*, S.: Die Familie Mendelssohn 1729–1849. Nach Briefen und Tagebüchern. Bd. 1 und 2. Berlin 1911
39 *Heyse*, P. (1830–1914): Jugenderinnerungen und Bekenntnisse. Bd. 1 und 2. 5., neu durchgesehene und stark verm. Aufl. Stuttgart und Berlin 1912
40 *Holtei*, K. von (1798–1880): Vierzig Jahre. Bd 1–8. Neu Hrsg. und durchgesehen von M. Grube. Berlin 1843–1850
41 *Hufeland*, Chr. W. (1762–1836): Leibarzt und Volkserzieher. Selbstbiographie. Neu hrsg. und eingeleitet von W. von Brunn. Stutgart 1937
42 *Klöden*, K. F. (1786–1856): Jugenderinnerungen. Hrsg. von M. Jähns. Leipzig 1874
43 *König*, H. (1790–1869): Aus einer Jugend. Leipzig 1852
44 *Köpke*, R.: Ludwig Tieck (1773–1853). Erinnerungen aus dem Leben des Dichters nach dessen mündlichen und schriftlichen Mitteilungen. Leipzig 1855
45 *Kröger*, J. Chr.: Reisen durch Deutschland und die Schweiz mit besonderer

Rücksicht auf das Schul-, Erziehungs- und Kirchenwesen, auf Schullehrerseminaren, Waisen-, Armen-, Blinden-, Taubstummen- und andere Wohltätigkeitsanstalten. Bd. 1 und 2., Leipzig 1833–1836
46 *Kügelen*, W. von (1802–1867): Jugenderinnerungen eines alten Mannes. Leipzig o. J.
47 *Kurz*, F. (1846–?): Verkehrsgeschichte des Arlberg von 1218–1898. Kufstein 1899
48 *Kurz*, Isolde (1853–1944): Aus meinem Jugendland. Stuttgart und Berlin 1919
49 *Lange*, Helene (1848–1930): Lebenserinnerungen. Berlin 1921
50 *Langer*, A. (1836–?): Erinnerungen eines Dorfschullehrers. Berlin o. J.
51 *Lewald*, Fanny (1811–1889): Meine Lebensgeschichte. 1. Abteilung, Bd. 1 und 2. Berlin 1861–1862
52 *Liselotte von der Pfalz* (1652–1722): in: (*Mencken*, F. E., Hrsg.: Dein dich zärtlich liebender Sohn. Kinderbriefe aus sechs Jahrhunderten. München 1965
53 *Litzmann*, B. (1857–1926): Aus dem alten Deutschland. Erinnerungen eines Sechzigjährigen. Berlin 1923
54 *Lübke*, P. (1798–1860): Aus dem Leben eines Volksschullehrers. In: W. Lübke: Lebenserinnerungen. Berlin 1923
55 *Maimon*, S. (1753–1800): Geschichte des eigenen Lebens. Berlin 1935
56 *Makower*, H. (1830–1897): in (*Richarz*, M., Hrsg.: Jüdisches Leben in Deutschland. Selbstzeugnisse zur Sozialgeschichte 1780–1871. Stuttgart 1976)
57 *Markgraf*, B.: Das moselländische Volk in seinen Weistümern. Gotha 1907
58 *Marx*, F. (?–?): in (*Esselborn*, K., Hrsg.: Unter der Diltheykastanie. Schulerinnerungen ehemaliger Darmstädter Gymnasiasten. Zur 300 Jahr Feier des Ludwig-Georg-Gymnasiums. Darmstadt 1929)
59 *Maser*, H.: Das Kinder-, Schul-, auch Königsfest in Memmingen. In: Mitteilungen der Gesellschaft für deutsche Erziehungs- und Schulgeschichte 1. 1891
60 *Mommsen*, Adelheid (1869–19?): Theodor Mommsen im Kreise der Seinen. Erinnerungen seiner Tochter. Berlin 1937
61 *Müller*, J., Hrsg.: Quellenschriften zur Geschichte des deutschsprachlichen Unterrichts bis zur Mitte des 16. Jahrhunderts. Gotha 1882 (Reprint Hildesheim 1969)
62 *Nathusius*, Marie (1817–1857): Lebensbild der Heimgegangenen. In: Ges. Schriften, Bd. 13. Halle 1867
63 *Nettelbeck*, J. (1738–1824): Eine Lebensbeschreibung von ihm selbst aufgezeichnet. Hrsg. von W. Sohn. Meersburg und Leipzig 1930
64 *Nicolai*, F. (1733–1811): Über meine gelehrte Bildung. Berlin und Stettin 1799
65 *Nieritz*, G. (1795–1876): Selbstbiographie. Leipzig 1872
66 *Parthey*, G. (1798–1872): Jugenderinnerungen. Neu hrsg. von E. Friedell. Berlin 1907
67 *Parthey*, Lili (1800–1829): Tagebücher aus der Biedermeierzeit. Berlin und Leipzig 1926
68 *Paulsen*, F. (1846–1908): Aus meinem Leben. Jena 1909

69 *Peters,* C. (1856–1918): in: (*Hellpach,* W.: Erzogene über Erziehung. Dokumente von Berufenen. Heidelberg 1954
70 *Pfannmüller,* G.: Ludwig Wilhelm Luck. Pfarrer und Chronist von Wolfskehlen, ein Freund Friedrich Hebbels. Friedberg 1915
71 *Pfister,* A. (1839–?): Pfarrers Albert. Fundstücke aus der Knabenzeit. Stuttgart, Berlin und Leipzig 1901
72 *Platen,* A. von (1796–1835): Der Briefwechsel. Hrsg. von L. von Scheffler und P. Bornstein. Bd. 1–4. München und Leipzig 1911–1931
73 *Platter,* Th. (1499–1580): in: (*Meyer,* Chr., Hrsg.: Ausgewählte Selbstbiographien aus dem 15. bis 18. Jahrhundert. Leipzig 1897)
74 *Raff,* Helene (1865–19?): Blätter vom Lebensbaum. Wiesbaden 1838
75 *Ratzel,* F. (1844–1904): Glücksinseln und Träume. Leipzig 1905
76 *Reimann,* J. F. (1868–1743): Eigene Lebensbeschreibung oder Historische Nachrichten von sich selbst, namentlich von seiner Person und Schriften. Braunschweig 1745
77 *Rellstab,* L. (1799–1860): Aus meinem Leben. Berlin 1861
78 *Richter,* W.: Aus dem Tagebuch des Paderborner Studienpräfekten P. H. Rexing 1665–1667. Ein Beitrag zur Schuldisziplin des 17. Jahrhunderts. In: Mitteilungen der Gesellschaft für deutsche Erziehungs- und Schulgeschichte 4, 1894
79 *Rietschel,* E. (1804–1861): Jugenderinnerungen. Leipzig 1881
80 *Rogge,* B. (1830–?): Pförtnerleben. Nach eigenen Erinnerungen geschildert. Leipzig 1893
81 *Rosenkranz,* K. (1805–1879): Von Magdeburg bis Königsberg. Berlin 1873
82 *Sastrow,* B. (1520–1603): in (*Meyer,* Chr., Hrsg.: Ausgewählte Selbstbiographien aus dem 15. bis 18. Jahrhundert. Leipzig 1897)
83 *Scheffler,* K. (1869–1951): Der junge Tobias. Eine Jugend und ihre Umwelt. Hamburg und München 1962
84 *Schieber,* Anna (1867–1945): Doch immer behalten die Quellen das Wort. Erinnerungen aus einem ersten Jahrsiebent. Heilbronn 1932
85 *Schlözer,* Dorothea von (1770–1825): in: (*Schlözer,* L. von: Dorothea von Schlözer der Philosophie Doktor. Ein deutsches Frauenleben um die Jahrhundertwende. Stuttgart, Berlin und Leipzig 1923)
86 *Schmeil,* O. (1860–1943): Leben und Werk eines Biologen. Lebenserinnerungen. Heidelberg 1954
87 *Schwerin,* Sophie (1785–1863): Ein Lebensbild aus ihren eigenen Papieren zusammengestellt von ihrer jüngeren Schwester. Leipzig 1911
88 *Seume,* J. G. (1763–1810): Mein Leben. In: Werke in zwei Bänden. Hrsg. von A. und K. H. Klingenberg. Berlin und Weimar 1965
89 *Siemens,* W. von (1816–1892): Lebenserinnerungen. Berlin 1916
90 *Spielmann,* C.: Die Schulgesetze des Idsteiner Gymnasiums von 1790. In: Mitteilungen der Gesellschaft für deutsche Erziehungs- und Schulgeschichte 13, 1911
91 *Sudermann,* H. (1857–1928): Das Bilderbuch meiner Jugend. Stuttgart und Berlin 1922

92 *Weinsberg*, H. von (1517–1598): Das Buch Weinsberg. Aus dem Leben eines Kölner Ratsherrn. Hrsg. von J. J. Hässlin. München 1961
93 *Weiss*, K. (1828–19?): Ein deutscher Schulmann. Lebenserinnerungen. Wiesbaden 1905
94 *Wiedemann*, Luise (1770–1846): Erinnerungen. Göttingen 1929
95 *Wildermuth, Ottilie (1817–1877): Leben, nach ihren eigenen Aufzeichnungen zusammengestellt und ergänzt von ihren Töchtern. Stuttgart 1888*
96 *Winhaus*, (?): Schulgesetze der Lateinschule in Mansfeld um 1580. In: Mitteilungen der Gesellschaft für deutsche Erziehungs- und Schulgeschichte, 13, 1891
97 *Wundt*, W. (1832–1920): Erlebtes und Erkanntes. Stuttgart 1920
98 *Zimmern*, F. Chr. von : Die Chronik der Grafen von Zimmern. Hrsg. von H. M. Decker-Hauff. Bd. 1–3. Stuttgart und Konstanz 1964–1972

Nachwort

Vom Nutzen des Schülers für die Schule und die Schulgeschichte

Die Schule fällt aus!

Wer erinnert sich nicht an die freudige Erregung, die um sich griff, wenn wegen allzu großer Hitze, allzu großer und langandauernder Kälte, wegen eines Rohrbruchs oder anderer technischer Katastrophen die Schule, und zwar vorschriftsmäßig, ausfallen mußte. Ja, die Freude war nicht kleiner, wenn wegen der plötzlichen oder auch langwierigen Krankheit von Herrn W. oder Fräulein S. ein Unterrichtsausfall eintreten mußte, den der am großen Stundenplan jonglierende Direktor nicht durch Entsendung einer Vertretung kompensieren konnte. Es mochten Tage sein, aber auch bloß Stunden, die überraschend frei wurden, in denen man frei hatte und sich auch ungewohnt frei fühlte. Der Stundenplan, die ganze Wocheneinteilung, der Dienstplan des Schülers nicht weniger als der des Lehrers, waren außer Kraft gesetzt und mir scheint, daß gerade in diesen Zeitlücken neben dem Glück die Last recht fühlbar wurde, die man uns mit der Zumutung, den Dienstplan täglich und viele Jahre lang treulich zu erfüllen, aufgebürdet hatte. Wenn die Schule schon nicht »abgeschafft« (Everett Reimer), die Gesellschaft nicht einmal langsam »entschult« (Ivan Illich) werden konnte – worüber man vor zwanzig Jahren wenigstens noch nachgedacht hat – und wenn selbst geringfügige Kursänderungen des Supertankers Schulwesen immer unwahrscheinlicher geworden sind, dann sollten Wissenschaftler, Eltern und Lehrer sich wenigstens dafür einsetzen, daß an der Institution Unterrichtsausfall nicht gerüttelt wird. Ganz umsonst und nebenbei erhalten Kinder und Jugendliche eine unbezahlbare Lektion in Sachen ›Gesellschaft und Individuum‹, in der Dialektik von ›Zwang und Freiheit‹, der man außerdem eine sozialhygienische Nebenbedeutung zusprechen kann, denn bei einer Hohlstunde z. B. merken die Kinder, wie lang und langweilig 45 Minuten ohne den Lehrer sein können, obwohl man doch bisher gemeint hatte, bei Herrn W.'s Geschichtsunterricht müßte sich dem Willigsten der Magen umdrehen vor lauter Ödnis …

Schreibe ich jetzt Unsinn? Es gibt gar keinen, bedauerlicherweise, weswegen man den Ausweg woanders suchen muß: »Stop making sense« (Talking Heads). Man könnte die Freistunden, den Unterrichtsausfall auch betrachten wie eine von der Organisation unbeachtete, nutzlose Rumpelkammer, die aufzuräumen und schön herzurichten so unvorhergesehene Folgen hat

wie die Flurbereinigung oder die Bachregulierung. Wenn neben dem angestrebten Nutzen endlich auch der Schaden gesehen wird, ist es viel zu spät. Dabei bemerke ich, daß auch die Metapher der Rumpelkammer oder der Flurbereinigung neue Sinnproduktion nicht verhindert...
Wer so denkt, macht sich verdächtig; denn allzu lange war die Perfektionierung der Schule eine Sache des Fortschritts, als daß man sich jetzt so ohne weiteres Überlegungen gestatten könnte, die diesen Rahmen sprengen. Nicht anders als die Mitglieder einer beliebigen Industriegewerkschaft, die Arbeitnehmer in einer umweltunverträglichen und immer schon zerstörerischen Produktion müssen aber auch alle umdenken, die mit Schule und Erziehung zu tun haben. Es ist selbstverständlich, daß gerade hier nur wenige den Schaden sehen und niemand sich einer Schuld bewußt ist. In den knapp 200 Jahren, die unser Schulwesen auf dem Buckel hat, ist Schritt für Schritt alles verwirklicht worden, was aufgeklärten Köpfen schon am Anfang des 19. Jahrhunderts vorgeschwebt hat, als Fern- und Traumziel, als notwendig für das Bildungsparadies der Nachfahren, für das man sich krummgelegt hat. Die Kinder gehen alle in die Schule, und zwar alle immer länger, bis ins heiratsfähige Alter – das hat Rousseau sich im 18. Jahrhundert schon so ausgedacht, und niemand hätte damals vermutet, daß eine solche Langzeitbetreuung nicht bloß für eine privilegierte Elite, sondern für alle möglich werden würde. Lehrer aller Schulgattungen und -stufen sind wissenschaftlich und pädagogisch ausgebildet. Der didaktisch und psychologisch ahnungslose Altphilologe des Gymnasiums ist genauso ausgestorben wie der Schneider oder gar Korporal, mit minimalen Fähigkeiten im Singen, Lesen und Schreiben, der sich vor allem auf den Rohrstock verließ, wenn es um Erziehung ging. Sie sind alle, genau wie sie es im 19. Jahrhundert auf allen Versammlungen und in allen Petitionen verlangt haben, Staatsbeamte geworden, auch wenn es bei den Volksschullehrern etwas länger gedauert hat. Längst werden sie auskömmlich entlohnt und könnten sich, wie man es im 19. Jahrhundert ins Auge gefaßt hat, entlastet von den Sorgen für die eigene Familie, besonders im Fall von Krankheit oder Tod, der großartigen Aufgabe der Kinder- und Jugendbildung widmen... Schulbildung wird kostenlos verabreicht, ist auch Mädchen zugänglich, die nicht mehr zur Erlangung einer fragwürdigen ›höheren Töchterbildung‹ an teure Privatschulen und Pensionate oder zum Studium gar ans Ausland verwiesen werden müssen. Auch wenn man die mit dem Schlagwort ›Chancengleichheit‹ mitgemeinte Gesellschaftsphilosophie nicht bloß für illusionär, sondern überhaupt für fragwürdig hält, es ist ja nicht wenig, daß die formalen Bedingungen für gleiches Recht auf Bildung gegeben sind. Auch subtilere Formen von Herrschaft und Willkür innerhalb der Schulmauern sind durch die Verrecht-

lichung der wichtigsten Vorgänge dort beseitigt worden: die Zeugnisse, Noten und Prüfungsverläufe sind, gerade weil sie vor Gericht gezogen werden können, vielfältig wissenschaftlich rationalisiert worden. Eine Abiturarbeit beispielsweise wird von mindestens drei Gutachtern beurteilt, im Regelfall; bei Uneinigkeit können es noch einige mehr werden. Die Liste der Erfolge, die für die Schule errungen worden sind, ließe sich fast beliebig verlängern. Von hellen, luftigen Schulhäusern, Turnhallen und Sportplätzen, Labors und Bibliotheken war noch gar nicht die Rede...

Den Eifer und den Lärm vieler vergangener Jahrzehnte noch im Kopf, ist der Schulhistoriker dann doch verblüfft, wenn er bei Betracht der Gegenwart statt glückseliger Heiterkeit allüberall nur auf gelassenen Mißmut stößt. Gerade nach den Reformen der 60er und 70er Jahre und dem Austausch einer ganzen Generation von Lehrern und Erziehungswissenschaftlern möchte man schon fast Katerstimmung ausmachen. Was läuft denn jetzt noch schief? Um welchen Wurm müssen wir uns heute kümmern?

Achtung Lobby

Unser Schulsystem hat keine Lücken und Löcher mehr, die endlich zu füllen in einem plausibel zu machenden allgemeinen Interesse läge. Wirkliche Verbesserungen wären heute nur noch durch kleine und große Umbauten möglich, aber bestimmt nicht mehr, wie 200 Jahre lang, durch die immer perfektere Exekution von Gesetzen, nach denen die Schule einmal angetreten und an denen sie auch nichts geändert hat. Was sind das für Gesetze?

Ich komme auf den Unterrichtsausfall zurück, immer schon ein Klagepunkt. Früher hatten die Eltern meist den Schwarzen Peter; denn sie brauchten ihre Kinder zur Arbeit und zum Geldverdienen. Es gab die Einrichtungen der Winter- und der Sommerschule, der Abend- und Sonntagsschule, mit denen solchen Verhältnissen Rechnung getragen werden mußte. Natürlich konnte das Kind, das der Schule nur so kurze Zeit zur Verfügung stand, bloß dürftig gebildet werden. Schule kostet viel Zeit, Kinderzeit, immer mehr, bis Schulzeit und Kinderzeit, Jugendalter und Schulalter identisch geworden sind. Heute haben nicht mehr die Eltern, sondern hat Vater Staat den Schwarzen Peter in der Hand, wenn »Lücken in der Unterrichtsversorgung« auftreten, die doch heute genug arbeitslose Lehrer füllen könnten. In sprechender Doppeldeutigkeit heißt es auf einem Flugblatt »Schüler erhalten Lehrer und bessere Arbeitsbedingungen, wenn alle Lehrer Arbeit erhalten.«[1] Man weist uns darauf hin, daß ein Lehrer zu seinem Erhalt Schüler braucht. Was passiert, wenn die Geburtenzahlen sinken, ohne daß die

Richtgrößen für Lerngruppen geändert werden? Ist der Lehrer überhaupt Lehrer, wenn er nicht unterrichtet, wenn er keine Schüler hat? Und ist der Schüler ebenso, vorausgesetzt er will lernen, auf den Lehrer angewiesen wie dieser auf ihn? Man kann zwar sagen, daß die Schule ein Unterrichtsmonopol beansprucht und mit dem Schulzwang auch versucht durchzusetzen – das hat aber nichts daran geändert, daß lebenswichtiges Wissen gerade nicht in der Schule gelernt und gelehrt wird. Z. B. die Liebe oder die Sprache, das Schwimmen oder die Musik. Würde sich das ändern, wenn »alle Lehrer Arbeit erhalten«? Natürlich nicht; denn die Schule ist ja nicht bloß eine Institution, sondern ein Mechanismus. Sie kann jeden Stoff verarbeiten, es kommt aber immer bloß die Schulfassung heraus: bei Politik: Gesellschaftskunde, bei Liebe: Sexualkunde, immer wieder Streß und Langeweile. Außerdem sind Lehrer keine beliebig vermehrbaren Maschinen oder – das Bild paßt wegen des Konnexes Aufklärung und Erziehung besser – Lampen, und die Helligkeit nimmt zu, je mehr angeknipst werden. Natürlich kann ein einziger Lehrer nicht hundert in einem schlechtgelüfteten und geheizten Raum zusammengepferchte Kinder, diese vermutlich noch hungrig und müde, ohne weitere Hilfsmittel außer Tafel, Stock und Kreide unterrichten. Aber solche Verhältnisse gehören ja längst der Geschichte an. Was sich aber als Gesetz, als Schulmechanismus erhalten hat, ist der lehrerzentrierte Unterricht, der sich damals als schulgemäß herausgestellt und seither unverdrossen praktiziert wird, gleich, ob im Kaiserreich oder in der Republik. Natürlich weiß jeder, der ein wenig Schulgeschichte kennt, wie oft der Frontalunterricht von Versuchen mit dem Gruppen- oder Projektunterricht, von Ausflügen in die Natur oder sogar die Fabrik unterbrochen worden ist. Er weiß aber auch, wie seltsam kurzlebig und wenig verallgemeinerungsfähig solche schönen Neuerungen waren und sind. Immer wieder sitzen wir im Klassenzimmer, haben Bücher und Schreibwerkzeug und hören und sehen Herrn W. oder Fräulein S., die allerdings heute grundsätzlich mit Frau S. angesprochen wird…

Je größer der gesellschaftliche Reichtum ist, je mehr die technischen und sozialen Ressourcen außerhalb des Schulgeländes darauf warten, genutzt zu werden, um so deutlicher erscheint die Schule als langes Ritual auf der einen und praktische Bewahranstalt auf der anderen Seite.

Ist das eine bösartige Übertreibung? Wenn Kinderzeit öffentlich berechnet wird, dann geht es um Unterrichtsausfall und noch öfter um etwas scheinbar ganz anderes, die Zeit nämlich, die Kinder vor dem Fernseher zubringen. Diese Stunden werden ihnen mißgönnt, sie werden für psychische, sprachliche, motorische und soziale Defizite verantwortlich gemacht, vor allem solche, die man fürchtet, selten welche, die man schon nachgewiesen hat. Pro-

pheten, die das Fernsehen und die drei oder vier Stunden vor dem Apparat verbrachte Zeit zum Erzübel erklären, finden sofort Gläubige. Gern hören enttäuschte Lehrer die Botschaft von der TV-induzierten Aggressivität, Sensationslust und Phantasielosigkeit. Läßt sich aber so die Sisyphosarbeit in der Schule wegerklären?
Wie auch immer man die Qualität der Fernsehsendungen, die Langzeitfolgen des Fernsehkonsums und die Wünschbarkeit anderer Unterhaltungen beurteilen mag, wer hier als Pädagoge, Wissenschaftler, Lehrer, Mutter oder Vater sich so gern sorgt, der sollte sich doch auch fragen, was eigentlich jeden Tag in den vielen Stunden geschieht, es sind mehr als drei oder vier, die Kinder und Jugendliche uns zur Verfügung stellen, nicht ganz freiwillig. Man kennt den täglichen Stundenplan, vielleicht die Lehrbücher, den Lehrer und sogar die Curricula und die Rahmenrichtlinien, das ist nicht gemeint. Man müßte fragen, warum der ganze, in der Schule mit viel gutem Willen betriebene Aufwand so schwache, ja, fast gar keine Wirkungen in die erwünschte Richtung zeigt? Warum, wenn das Fernsehen vom Inhalt und Rezeptionsmodus her so primitiv ist, die schulgebildeten Kinder so leicht darauf hereinfallen?

Von vorn anfangen

»Es ist unbedingt einzuräumen, daß jedes generelle Urteil dieser Art vielfältiger Restriktionen bedarf, aber dennoch möchte ich auf Grund zahlreicher direkter und indirekter Zeugnisse von urteilsfähigen Männern sowie nach eigenen Wahrnehmungen die Überzeugung aussprechen, daß das gesamte deutsche Volksschulwesen im großen und ganzen im Vergleich mit der darauf verwendeten Zeit und Arbeitskraft von Lehrern und Schülern ein ganz unverhältnismäßig kleines Resultat an wirklicher Volksbildung liefert. Was ließe sich in acht Schuljahren, in 5–8000 Unterrichtsstunden, nicht alles lernen!«[2] – »Genau!« möchte ich zustimmen, überrascht, einen Bundesgenossen gefunden zu haben, wenn der Text sich nicht (an einigen Details leicht zu vermerken) als ein aktueller Beitrag aus dem 19. Jahrhundert zu erkennen geben würde. Gustav Rümelin (1815–1888) griff damals in die Debatte um Schulzwang und Volksbildung ein, weil das Schulschiffchen noch manövrierfähig schien. Was kann die Schule unter Berücksichtigung der Elternrechte leisten, und wie läßt sich diese Leistung, die die Schule bzw. der Lehrer an und mit den Kindern vollbringt, überprüfen?
Die Einzelheiten von Rümelins Vorschlag brauchen mich hier nicht zu beschäftigen. Er wollte das Realitätsprinzip in die Pädagogik einführen. Die

Schularbeit sollte konkret sein, Lehrer und Schüler sollten das Ziel kennen und alle wissen, wann sie es erreicht hätten. Die Simulation von Arbeit in der Schule, eine Gefahr, die mit der Auskoppelung aus dem Produktionsprozeß und der Freisetzung des Kindes- und Jugendalters für die Aufgabe der »Bildung« immer schon latent war, hätte vermieden werden können. Man wäre heute auch eher in der Lage, die Schule aus einem überholten Lernort zu einem Ort der Kinder- und Jugendkultur zu machen, wenn die Lehrer und die ganze um die Schule entwickelte Expertenkultur nicht weiter das Geheimnis verwalten müßten, das mit dem Wort »Allgemeinbildung« immer angedeutet, nie verraten wird...

Ich bin mir nicht im klaren darüber, ob ich durch enttäuschte Liebe an die Geschichte der Schule zurückverwiesen wurde oder ob mir das Studium der Vergangenheit die Augen für die Gegenwart geöffnet hat. Wie es wirklich gewesen ist, können wir nicht wissen. Aber wenn die Geschichte auch nicht vernünftig ist, so kann man sich vieles doch verständlich machen, wenn man sich in ihre Seltsamkeiten, Fremdheiten, ganz allgemein Einzelheiten vertieft, die unaufhörlich vom Putz des Konformismus zugedeckt und verklebt werden. Wer war Rümelin? Ein im 19. Jahrhundert bekannter und einflußreicher württembergischer Kultusbeamter – kein pädagogisches Lexikon verzeichnet seinen Namen. Wer oder was, muß man fragen, wird aussortiert? Vom »Wechselseitigen Unterricht« z. B. ist nichts übrig geblieben. Bell und Lancaster haben Anfang des 19. Jahrhunderts diese Methode aus Sparsamkeitsgründen empfohlen. Ein Lehrer, so tönte es, könnte tausend Kinder unterrichten – mit Hilfe eines Monitorensystems, das aufgeweckte Kinder (gegen eine Belohnung) zu Hilfslehrern machte. Vielleicht war dieses System allzu ineffektiv? Wie sollen Kinder Kinder unterrichten können? Das hätte der ›natürlichen‹ Hierarchie von jung und alt widersprochen, von Wissenden und Unwissenden, mit der u. a. in der verbürgerlichten Gesellschaft Herrschaft begründet wird. Es bleibt der schöne Name »Wechselseitiger Unterricht«, und es folgt die Beobachtung, welche Rolle er in der außerschulischen Bildung gespielt hat, wo Gymnasiasten sich auf diese Weise in Gegenständen bildeten, moderne Fremdsprachen etwa, die ihnen die Schule vorenthielt, oder Mädchen von ihren Brüdern oder den Freunden der Brüder mit der Wissenschaft bekannt gemacht wurden, so daß sie auch mal etwas zu denken abbekamen. Von dort kommt man zum Phänomen des Autodidakten, des Kindes, das an der eigenen Bildung bastelt und oft sehr weit kommt, auch ohne den Segen schulischer Autorität. Die ganz andere Wettbewerbskultur der alten Schule, das Zertieren, die öffentlichen Prüfungen, die Verteilung von Prämien und Preisen und gegebenenfalls die Ernennung zum Primus, das alles ist verschwunden. Viele Gründe wurden dage-

gen angeführt, entscheidend waren pädagogische, die gegen die Überhebung der Kinder in solchen Zeremonien und gegen die öffentliche Rolle sprachen, die sie dort spielen konnten. Schule ist zwar fast ausschließlich eine Veranstaltung des Staates, der (heute wäre das überflüssig) eifersüchtig sein Monopol behütet, aber Schule ist dennoch kein öffentlicher Raum geworden, weder im buchstäblichen noch im übertragenen Sinn. Schularbeit, wie langweilig, ineffektiv, gar simuliert sie oft genug sein mag, hat Ende des Jahrhunderts zumindest das Gute, die Kinderarbeit, besonders die gesundheitszerstörende in Fabriken und Bergwerken, beseitigt zu haben. So wird oft argumentiert, und man vergißt über den grauenerregenden Bildern vollständig, sich die Frage zu stellen, ob es denn ganz allgemein richtig ist, Kinder von der Arbeit auszuschließen und sie statt dessen viele Stunden auf eine Art zu beanspruchen, die gar nicht kindgemäß ist.
Mögen diese Beispiele von träumerischer Versenkung in Geschichte und Verknüpfung einzelner Fäden mit der Problemlage der Gegenwart genügen. Vielleicht versteht es sich jetzt schon fast von selbst, warum ich der Autobiographie, entgegen landläufiger Meinung, den Vorzug vor allen anderen Quellen gebe, wenn es um eine Geschichtsschreibung der Erziehung in praktischer Absicht geht. Daß man ihre Subjektivität so gern für Beschränktheit, ihre Meinungen für unwichtig, ihre Erfahrungen für Zufall, ja, daß man überhaupt so gern den einzelnen zugunsten des repräsentativen Schnitts übergeht, das spricht für mich das nachdrücklichste Urteil über eine nun schon so lang gehaltene Rede über Bildung. Ob sie wirklich mehr ist als Herrschaft unter Verzicht auf physische Gewalt, müßte sich erst noch herausstellen.

Anmerkungen

1 GEW Nordrhein-Westfalen, Herbst-Aktion 1986 »Neueinstellungen statt Arbeitsplatzvernichtung / Arbeitsplätze schaffen durch Arbeitszeitverkürzung

2 Gustav Rümelin, Über das Objekt des Schulzwanges. Zeitschrift für die gesamte Staatswissenschaft 24, 1868